W0323736

Cherie Soria

Mit Engeln speisen

Gesunde Rezepte für himmlische Körper
Himmlische Rezepte aus dem Lichtreich der Pflanzenwelt

Mit Illustrationen von Kim Waters

WINDPFERD

Titel der Originalausgabe: *Angel Foods*
Erschienen bei: The Book Publishing Company
Copyright © 1996, 2003 Cherie Soria

1. Auflage 2004
© 2003 by Windpferd Verlagsgesellschaft mbH, Aitrang
Alle Rechte vorbehalten
Aus dem Amerikanischen übersetzt: Anke Kleemann und Silke Kleemann
Umschlaggestaltung: Marx Grafik & ArtWork,
unter Verwendung einer Illustration von Kim Waters
Illustrationen im Innenteil (Engel): Kim Waters
Gesamtherstellung: Schneelöwe, Aitrang
www.windpferd.de
ISBN 3-89385-442-8

Printed in Germany

Widmung und Danksagung

Ich widme dieses Buch meiner Lehrerin, Dr. Ann Wigmore, die so viele Menschen mit ihrer „Living Foods"-Kost beeinflusst hat. Ich kann sie noch immer hören.

Ich danke meinem größten Helfer Dan Ladermann, für seine Liebe und Unterstützung bei allem, was ich tue. Ebenso danke ich allen meinen Schülern, die im Verlauf der Jahre meine Rezepte ausprobiert und mich dazu ermutigt haben, die Gabe der Nahrungszubereitung zu teilen. Daniel Maziarts und Solara, großer Dank an euch, ihr seid dafür verantwortlich, dass ich gelernt habe, mit Engeln zu kommunizieren.

Meine dankende Anerkennung geht an Laurie Masters, für ihr scharfes Auge und die hervorragende Editionsarbeit bei der Überarbeitung der zweiten amerikanischen Ausgabe. Dank auch an Kathryn Agrell von der Agrell Group und Jan Voltz für die Unterstützung beim Redigieren. Ich möchte meiner Dankbarkeit gegenüber Morning Hullinger und allen Mitarbeitern bei Black Bear Press Ausdruck verleihen, für ihre Einstellung, dass nichts unmöglich ist, und ihre liebevolle Unterstützung.

Zuletzt ein besonderer Dank an all meine Führer und Engel dafür, dass sie mich zu Kim Waters geführt haben, deren unglaublich empfindsamen und schönen Zeichnungen diese Seiten zieren.

INHALT

Einleitung

„Zu lieben, um geliebt zu werden, ist menschlich,
doch zu lieben um der Liebe willen ist engelsgleich."
Alphonse de Lamartine

Mit Engeln speisen ist eine göttlich inspirierte, einzigartige Anleitung zur Zubereitung köstlicher, nahrhafter Gerichte aus dem Lichtreich der Pflanzenwelt. Von Vorspeisen bis zu Desserts, vom Keimen bis zur Herstellung eigener hausgemachter Nuss- und Samenkäse, bringt Ihnen dieses himmlische Rezeptbuch ein ganzes Füllhorn aufregender und gewagter Gerichte ins Haus. Es enthält eine Vielzahl gekochter und ungekochter fettarmer Rezepte mit internationalem Geschmack, verlockenden Stoff zum Nachdenken, und erklärt sogar, wie man einen Küchengarten anlegt. Sie werden sehen, dass *Mit Engeln speisen* außerdem ein lichtvolles Kochbuch voller origineller Engel-Illustrationen und meditativer Gebete ist, das Sie darin bestärkt, die Heiligkeit der Nahrung zu ehren, indem Sie Liebe und Achtsamkeit in den Vorgang der Essenszubereitung legen.

Nahrung ist, wie alle Materie, Schwingungsenergie. Wenn wir Nahrung zu uns nehmen, überträgt sich ihre Schwingung als vitale Lebenskraft auf uns. Je frischer und lebendiger die Nahrung daher ist, desto mehr Lebenskraft erhalten wir. Die meisten von uns können diese Lebenskraft nicht mit bloßen Augen sehen, aber sie kann durch Kirlian-Fotografie für jeden sichtbar gemacht werden. Diese bemerkenswerte Art der Elektrografie fängt das Energiefeld um lebendige Wesen herum ein, und Doppelblindstudien haben nachgewiesen, dass das Bewusstsein dieser Lebenskraft das feine Energiefeld sogar noch mehr stärkt und vergrößert. Wenn freiwillige Versuchspersonen im Rahmen wissenschaftlicher Experimente ihre Heilenergie auf Wasser richten und man Pflanzen mit diesem Wasser gießt, wachsen die Pflanzen daraufhin schneller, größer und sind krankheitsresistenter! Wir können das Gleiche mit unserer Nahrung machen, indem wir bei der Zubereitung unserer Mahlzeiten Liebesenergie auf sie übertragen.

Wir denken nur selten daran, den Nahrungsmitteln, die wir zubereiten, unsere Ehre zu erweisen oder dankbar für die Ernährung zu sein, mit der sie uns versorgen. Wir wollen Essen, das gut schmeckt und nicht allzu viel Zeit zur Vorbereitung und beim Verspeisen in Anspruch nimmt. Wir wissen, dass das, was wir unserem Körper zuführen, einen direkten Einfluss auf unsere Gesundheit hat, und dass es uns gut tut, mehr frische Nahrung aus dem Pflanzenreich zu uns zu nehmen. Was wir wirklich brauchen, sind also leichte, gesundheitsfördernde, einfache und köstliche Gerichte, die mit Liebe und Sorgfalt zubereitet sind – nicht nur, weil sie für die bestimmt sind, die wir lieben (uns selbst eingeschlossen), sondern auch aus Respekt und Dankbarkeit der Nahrung selbst gegenüber.

Ich habe immer sehr gerne gekocht, doch erst vor nicht allzu langer Zeit habe ich bewusst damit begonnen, meine Verbundenheit mit der Natur und dem Göttlichen mit in die Küche zu bringen. Wie viele Menschen öffnete ich mich für ein neues spirituelles Bewusstsein, das alle Aspekte meines Lebens umfasst. Es war eine natürliche Weiterentwicklung meiner neu gefundenen Achtsamkeit, sich auf meine liebste Kunstform auszudehnen – die Zubereitung köstlicher, nahrhafter Mahlzeiten. Beim Waschen und Vorbereiten jeder einzelnen Frucht oder jedes einzelnen Gemüse schwelgen meine Augen nun in seiner Schönheit. Ich würdige seine Einzigartigkeit und fühle mich dankbar und geehrt, diejenige sein zu dürfen, die es mit

anderen Nahrungsmitteln kombiniert, um schmackhafte, gesunde kulinarische Kunstwerke für mich und meine Lieben zu kreieren. Ich nutze diese Zeit auch zur Meditation und als Gelegenheit, mit meinen himmlischen Wächtern und anderen göttlichen Liebesenergien Kontakt aufzunehmen. Ich habe entdeckt, dass die Zubereitung gesunder Mahlzeiten eine spirituelle Erfahrung sein kann – und wenn unser Körper gesund und kräftig ist, ist es für unseren Geist ein Leichtes, sich emporzuschwingen!

Malen Sie es sich nur einmal aus ... jedes Mal, wenn Sie den Kühlschrank öffnen, in die Obstschale greifen oder Ihre Sprossen ernten, fühlen Sie grenzenlose Dankbarkeit für diese essbaren Segnungen. Beim Kochen lassen Sie göttliche Liebe in die ausgewählten Nahrungsmittel fließen und fühlen zugleich, wie jede der Zutaten Liebe ausströmt, wenn Sie sie in der Hand halten. Sie fühlen tiefe Wertschätzung und Dankbarkeit für die Nahrung. Wenn Sie dies tun, beginnen Sie vielleicht eine spirituelle Verbindung mit dem Essen zu spüren, und werden das Gefühl haben, gesegnet zu sein, einfach dadurch, dass Sie in diesem Moment sind. Selbst die niedrigsten Tätigkeiten können heilige Akte werden, wenn man seine Achtsamkeit bewusst auf Liebe einstimmt.

Sollte es für Sie etwas übertrieben klingen, mit der Schwingungsenergie der Nahrung zu verschmelzen und mit Engeln und anderen höheren Kräften zu sprechen, kann ich nur sagen – versuchen Sie es! Wenn sich Ihre Gedanken von den Nahrungsmitteln entfernen, halten Sie einen „Plausch mit dem Geist" oder sagen Sie Engelsgebete auf. Viele Beispiele dafür finden Sie im Verlauf dieses Buchs, sie sollen Ihnen dabei helfen, Ihre eigenen Kommunikationswege mit dem Geist zu finden. Wenn Sie mit Ihrem „Höheren Selbst" verbunden sind und auf diese Weise Mahlzeiten zubereiten, wobei Sie die frischsten und schönsten Zutaten verwenden, die erhältlich sind (vorzugsweise aus organischem Anbau), ist es ganz natürlich, die den Nahrungsmitteln innewohnende Vollkommenheit zu ehren und zu schützen, indem man sie so wenig wie möglich kocht und bearbeitet.

Aufgrund des Verlusts von lebenswichtigen Vitaminen, Enzymen, freundlichen Bakterien und anderen wertvollen Mikroorganismen, der durch unnötiges Kochen verursacht wird, betonen heute selbst Ärzte und Wissenschaftler die Bedeutung von frischer Rohkost in unserer Ernährung. Die moderne Medizin kommt endlich auf die Höhe überlieferter Weisheit und hilft uns, die Krankheiten zu vermeiden, die durch die typische amerikanische Durchschnittsernährung – ein wahres Trauerspiel – verursacht werden.

Ich möchte damit nicht sagen, dass man nie wieder gekochtes Essen zu sich nehmen sollte – ich koche immer noch gerne und gehe auswärts essen. Dieses Buch ist nicht nur für „Rohkost-Puristen" gemacht. Tatsächlich erfordert nahezu die Hälfte der Rezepte in diesem Buch ein wenig Kochen. *Mit Engeln speisen* bietet mit der Anregung, dass der Verzehr von mehr ungekochten und lebendigen Nahrungsmitteln uns allen zugute kommen könnte, einen ausgewogenen Ansatz für eine gesunde Ernährung. Natürlich sind die meisten Menschen nicht daran gewöhnt, viel Rohkost zu essen, daher empfehle ich, es langsam angehen zu lassen. Sie können dazu ein ungekochtes Gericht in Ihren täglichen Speisenplan aufnehmen und die Anzahl erhöhen, wenn Sie sich bereit dafür fühlen. Für die meisten Leute sind die Sommermonate der beste Zeitpunkt, um mit Rohkost warm zu werden; obwohl roh nicht notwendigerweise kalt bedeutet. Gerichte können deutlich über Körpertemperatur erwärmt werden und immer noch ihre Lebenskraft behalten. Eine gute Faustregel ist: wenn Sie den Finger hineinstecken, sollte es sich warm anfühlen – nicht heiß.

Mein größtes Anliegen mit diesem Buch ist, dass Sie mit Ihrer Nahrung in Kontakt stehen, wenn Sie sie kaufen oder anbauen, wenn Sie sie waschen, schälen, in Scheiben schneiden, und natürlich, wenn Sie sie essen! Selbst wenn Sie auf dem Nachhauseweg kurz anhalten und eine Pizza kaufen, seien Sie dankbar für ihre Segnungen. Es ist nicht nötig, sich etwas vorzuenthalten, doch Sie werden in zunehmendem Maße merken, dass Sie das möchten, was gut für Sie ist. Wenn Sie also diese Pizza essen, sagen Sie Ihren himmlischen Wächtern, dass Sie einen besonderen Leckerbissen für sie haben – Pizza! Wenn Sie nicht ständig Pizza essen, und die Mahlzeit mit Liebe füllen und achtsam essen, wird es Ihnen aller Wahrscheinlichkeit nach nicht schaden.

Mit Engeln speisen bietet Ihnen weit mehr als 240 großartige Rezepte. Es zeigt eine neue Art, wie man mit der Zeit der Nahrungszubereitung umgehen kann. Denken Sie daran: wenn Sie kochen, obwohl Sie es hassen, Zeit in der Küche zu verbringen, könnten Sie diese Energie auf das Essen übertragen!

Ziehen Sie stattdessen lieber in Betracht, einfache Rohkost zu Abend zu essen – sie erfordert wenig Vorbereitung, fast kein Aufräumen danach und hinterlässt ein leichtes Gefühl. Zuallererst lassen Sie Liebe in Ihr Essen fließen. Machen Sie die Zeit, die Sie rund ums Essen verbringen, zu einer Zeit voller Liebe und Frieden. Sie werden sich verjüngt und voller Liebesenergie fühlen, und diejenigen, mit denen Sie Ihre köstlichen Mahlzeiten teilen, werden ebenso empfinden!

ERSTES KAPITEL

Der Erdengel antwortet

Ein Gespräch mit dem Geist über die Einheit

Geist, fließe in mein Herz und bringe mir Licht und Liebe, damit ich sehe, dass ich eins mit aller Schöpfung bin. Hilf mir, nicht zu urteilen, die Mauern der Trennung zu durchbrechen und zu erkennen, dass ich eins bin mit allen Bewohnern der Erde. Wir alle sind Geist, Liebe, Energie und Schwingung. Wir sind Funken göttlichen Lichts unseres Schöpfers, der Quelle all dessen, was ist. Bitte hilf mir, indem du mein Bewusstsein für das Licht in allem und jedem wachsen lässt. Hilf mir, achtsamer zu werden, indem du mich leitest, im Augenblick zu leben, mich lehrst, die Heiligkeit all meiner Handlungen zu erkennen, und mir hilfst, die feineren Energien und Schwingungen wahrzunehmen, die uns alle verbinden.

Bitte unterstütze mich dabei, eine Aura der Heiligkeit rund um den Vorgang der Nahrungszubereitung zu schaffen. Wenn ich Essen zubereite, hilf mir, voller Liebe und Wertschätzung auf seine Gegenwart ausgerichtet zu sein. Erlaube der Universalen Lebenskraft, durch mich zu fließen und das Geschenk der Nahrung mit zusätzlichem Licht und Liebe zu erfüllen. Hilf mir wahrzunehmen, wie die Energie der Nahrung in Antwort auf die reine Liebe der einen Göttlichen Quelle zunimmt. Ich liebe dich, ich preise dich, ich bin eins mit dir und allem, was ist.

Liebe ist die Antwort auf jede Frage!

Während wir uns entwickeln und lernen, ändern sich unsere Wahrheiten häufig. Die Gesundheit betreffende „Wahrheiten" unterliegen, wie jede wissenschaftliche Erkenntnis, der Neuinterpretation, wenn neues Wissen ans Licht gebracht oder altes Wissen wiederentdeckt wird. Neue Forschungsergebnisse ersetzen fortwährend die Fakten von gestern darüber, was das Beste für unseren Körper ist und welche Nahrungsmittel wir als am gesündesten erachten dürfen. Jeden Tag, so scheint es, werden neue Informationen veröffentlicht, die unsere Vorstellungen über Fette, Zucker, Kohlenhydrate, Proteine, Vitamine, Mineralien, Enzyme und die Rolle, die sie für unsere Gesundheit spielen, auf die Probe stellen. Nach fünfundzwanzig Jahren als „Ernährungswissenschaftlerin" und internationale Ausbilderin in der Kunst der veganen und vegetarischen Nahrungszubereitung, bin ich zu der dankbaren Erkenntnis gekommen, dass ebenso wie die Leute unterschiedliche Persönlichkeiten haben, jeder Körper anders auf Nahrung reagiert, wie auch auf Gedanken und Gefühle ... und dass all diese Elemente in Kombination mit Bewegung und Lifestyle an der Erschaffung unserer Gesundheit arbeiten. Im Folgenden habe ich mich bemüht, so gut wie möglich nach meiner Erfahrung und meinem Wissen auf die Fragen zu antworten, die mir in meinen Kursen am häufigsten gestellt werden.

Es wird viel über Enzyme gesprochen. Wie können wir wissen, ob wir genug bekommen?

Enzyme sind ein notwendiger Bestandteil für den Verdauungsprozess. Wenn Nahrung auf mehr als 40,5 Grad Celsius erhitzt wird (handwarm), hört die Enzymaktivität auf, und auch die Lebenskraft der Nahrung geht verloren. Wenn Ihre Ernährung mehr gekochte Gerichte als Rohkost umfasst und Sie sich Sorgen über die ausreichende Enzymversorgung machen, dann essen Sie mehr ungekochte Nahrungsmittel, trinken Sie rohe Gemüsesäfte, und/oder nehmen Sie Nahrungsergänzungen mit Enzymen.

Produziert unser Körper Enzyme?

Wissenschaftlichen Untersuchungen zufolge produziert unser Körper Enzyme, doch nicht nur zum Zwecke der Verdauung. Wir erzeugen einen begrenzten Vorrat an Enzymen für die Funktion all unserer Organsysteme. Ein Mangel an Enzymen verursacht Alterung und altersbedingte Krankheiten. Wenn wir gekochtes Essen zu uns nehmen, dem es an Enzymen fehlt, treiben wir Raubbau mit unserem Enzymvorrat, der dann für die Verdauung verwendet wird. Der hohe Enzymgehalt ist einer der Gründe, warum Rohkost in dem Ruf steht, Gesundheit und Langlebigkeit zu fördern.

Es scheint viel Arbeit zu sein, mehr Rohkost in meine Ernährung aufzunehmen. Wie kann ich anfangen?

Vielen Leuten fällt es leicht, den Tag mit rohem Obst zu beginnen, als leichtes Frühstück oder eine halbe Stunde vor ihrem regulären Frühstück. Das Hinzufügen eines Rohkostsalats oder anderer roher Nahrungsmittel zu ihrer Nachmittags- oder Abendmahlzeit, sorgt für ein sogar noch höheres Empfinden von Energie und Vitalität. Der Verzehr von Nahrung in ihrem natürlichen (ungekochten) Zustand erhöht das Bewusstsein der Vollkommenheit der Natur. Wenn man diesen Wechsel erst einmal vollzogen hat, sprechen einen die Nahrungsmittel am meisten an, die einem das beste Gefühl geben. Nach einer Weile verringert sich die Lust auf Nahrungsmittel, denen es an Lebenskraft fehlt.

Und im Winter? Brauchen wir keine heißen Mahlzeiten, wenn es draußen kalt ist?

Kaltes Essen kann bei winterlichem Klima zu kühlend sein. Ich schlage vor, die Speisen sanft zu erwärmen, sodass sie wärmer als Körpertemperatur sind (um 40,5 Grad). Nehmen Sie Obst und Gemüse außerdem früh aus dem Kühlschrank oder legen Sie es vor der Zubereitung in warmes Wasser. Eine andere Möglichkeit ist, die Mahlzeit mit einer Tasse warmer Suppe zu beginnen, damit ein Rohkostsalat oder ein anderes ungekochtes Gericht Ihren Körper nicht auskühlt.

Wie kann ich die Essgewohnheiten meiner Familie ändern?

Wir können andere nicht ändern; wir können nur mit gutem Beispiel vorangehen. Auch Kinder müssen ihren freien Willen ausüben. Finden Sie heraus, welche gesunden Nahrungsmittel Ihrer Familie schmecken und entwickeln Sie um diese herum Gerichte. Fügen Sie dann nur jeweils ein neues Lebensmittel hinzu. Geben Sie nicht auf, wenn es ihnen beim ersten Mal nicht schmecken sollte; bereiten Sie es beim nächsten Mal anders zu. Kinder, die eine Gemüsesorte gekocht nicht mögen, essen sie oft roh mit einem Dip, besonders, wenn das Gemüse in lustige Formen geschnitten ist! Kinder lieben es auch, Keimlinge und Grünkraut zu ziehen. Sie haben Spaß daran, in die Essenszubereitung eingebunden zu werden. Sogar sehr kleine Kinder können bei Salaten und anderen ungekochten Speisen helfen. Geschichten über die Nahrungsmittel, ihre Herkunft, wie sie wachsen und wie dankbar wir für sie sind, helfen dabei, das Interesse der Kinder an gesunder Nahrung anzufachen. Beziehen Sie Ihre Kinder in die Dankgebete für das Essen ein, und erzählen Sie ihnen von ihren Schutzengeln. Nutzen Sie diese besondere Zeit, die sie gemeinsam verbringen, um spirituelles Bewusstsein in ihr Leben zu bringen.

Wie wichtig ist es, meine eigenen Keimlinge und Grünkraut anzubauen?

Keimlinge und Sprossen zu ziehen nimmt nur wenige Minuten pro Tag in Anspruch. Wenn Sie sich erst einmal auf die in der Nahrung vorhandene Lebenskraft eingestimmt haben, wird es Ihnen große Freude bereiten, eigene Keimlinge anzubauen. So wie Sie sie nähren, werden Sie von ihnen ernährt. Beim Verzehr können Sie die Vitalität der Keimlinge schmecken und fühlen. Im Wesentlichen essen Sie die Liebe, die Sie gegeben haben! Keimlinge und sogar junges Grünkraut kann man in vielen Reformhäusern kaufen, und obwohl sie teurer sind als die liebevoll zu Hause gezogenen, sind wir froh darüber, dass sie verfügbar sind. Keimlinge und junges Grünkraut strotzen nur so vor Lebenskraft! Sie sind schließlich noch lebendig!

Es wird viel über Öl gesprochen. Welche Öle sind am besten?

Welches Öl das gesündeste ist, ist eine jener Wahrheiten, die sich ständig ändern. Wenn ich mit Öl koche, verwende ich immer Olivenöl. Man sollte am besten so wenig Öl wie möglich verwenden und Braten auf hohen Temperaturen vermeiden. Für Salate empfiehlt sich eine kleine Menge kaltgepresstes Olivenöl, um in den Genuss der Omega-3-Fettsäuren zu kommen. Ich rate, nicht mehr als zwei oder drei TL pro Tag zu verwenden, da es die Östrogenproduktion unterstützt. Einige Tropfen geröstetes Sesamöl geben eine schöne orientalische Note; Maisöl ist gut zum Backen geeignet; und Erdnussöl ist meine erste Wahl zum Kochen im Wok auf hoher Temperatur. Es ist angebracht, den Gebrauch von Öl einzuschränken, da sie Freie Radikale bilden. Bewahren Sie Öl immer im Kühlschrank auf, damit es nicht ranzig wird und so schädliche Freie Radikale bildet. Sehr fetthaltige Lebensmittel wie Avocados oder eingeweichte oder fermentierte Nüsse und Samen sind Ölen, die aus Nahrungsmitteln gewonnen sind immer, vorzuziehen. In dem Maße, wie sich Ihr Geschmack verändert – und das wird er auf ganz natürliche Weise tun, wenn Sie anfangen, natürlichere, ungekochte Nahrung zu sich zu nehmen –, werden Sie merken, dass ölige Speisen Sie weniger reizen werden.

Warum ist es wichtig, Nüsse und Samen einzuweichen?

Nüsse und Samen einzuweichen beseitigt die Wachstums-Hemmstoffe, die das Keimen beeinträchtigen. Wenn sie erst keimen, enthalten sie mehr Lebenskraft und sind leichter verdaulich. Während des Keimprozesses beginnen sie die Transformation von einer Nuss oder einem Samen zu Gemüse. Einen Schritt weiter zu gehen und ihnen das Fermentieren zu erlauben, macht sie sogar noch leichter verdaulich und füllt sie mit kostbaren Lactobacillus-Kulturen (Bifidus und Acidophilus). Lesen Sie das zweite Kapitel, *Gartenengel sprießen überall*, für mehr Information zum Ziehen von Sprossen und Keimen, und das dritte Kapitel, *Engel haben Kultur*, um mehr über fermentierte Speisen wie Käse aus Nüssen oder Samen zu erfahren.

Was ist der Nutzen von fermentierten Nahrungsmitteln?

Vergorene oder fermentierte Speisen, wie Käse oder Joghurt aus Nüssen, Vegekraut, unpasteurisiertes Miso und *Rejuvelac* sind leicht verdaulich und enthalten verschiedene Lactobacillus-Bakterien. Diese freundliche Flora ist eine wichtige Stütze für die Gesundheit unseres Verdauungstraktes, indem sie eine gesunde Umgebung für die Produktion und Aufnahme von Nährstoffen fördert. Sie sind außerdem reich an Enzymen und B-Vitaminen. Käse aus Nüssen oder Samen kann mit Kräutern gewürzt oder gesüßt werden. Im fünften Kapitel, *Engelsgleiche Appetithappen & Sündhafte Aufstriche*, finden Sie einige köstliche Rezepte!

Welche Süßstoffe sollte ich verwenden?

Fruchtsüßstoffe und Fruchtsirup machen sich in Obstgerichten am besten. Dattelpaste, Vollrohrzucker und reiner Ahornsirup passen gut zu Getreide und anderen stärkehaltigen Nahrungsmitteln, sowie zu Käsen aus Nüssen und Samen. Ich vermeide den Gebrauch von Honig, da es ein tierisches Produkt ist.

Was ist Ihrer Meinung nach das Wichtigste für diejenigen von uns, die sich gerade erst an diese Art der Ernährung heranwagen?

Machen Sie sich klar, dass Sie keine großen Opfer bringen müssen, um sich gesund zu ernähren. Sie müssen das nicht von einem Tag auf den anderen vollbringen, lassen Sie es also langsam angehen. Essen Sie die Nahrungsmittel, die sie am liebsten mögen. Wenn Sie etwas gekocht mögen, stehen die Chancen gut, dass Sie es ungekocht ebenso mögen werden! Denken Sie daran, dass es wichtig ist, was Sie essen – doch was Sie über Ihr Essen denken ist ebenso wichtig. Segnen Sie also, was auch immer Sie essen, und genießen Sie es in der Erkenntnis, dass es Ihrem höchsten Interesse dient. Wenn Sie das nicht glauben können, dann wollen Sie es vielleicht noch gar nicht!

Wer sind die Divas unter den Küchengeräten?

So gerne Sie auch kochen, „a little help from your friends" – nämlich den Divas unter den Küchengeräten – kommt immer gelegen. Sie sind für nichts anderes da, als Ihnen das Leben leichter zu machen!

Antihaftbeschichtete Pfannen: gibt es in vielen Größen und sind wichtig zum Braten ohne Öl.

Dörrgerät: wärmt und trocknet Lebensmittel bei geringer Temperatur. Großartig zur Herstellung von Trockenfrüchten, gewürzten Nuss- und Samenkeimlingen, und zum „Backen" von Gerichten, ohne ihren gesamten Enzymgehalt zu zerstören.

Durchschlag: eine Schüssel mit durchlöchertem Boden, notwendig, um Pasta abzugießen, Gemüse zu waschen und Käse aus Nüssen und Samen herzustellen.

Handmixer: ein kleiner, tragbarer Apparat, der mit Mixstäben Flüssigkeiten vermischt. Großartig für Salatdressings und Saucen.

Keimboxen/Keimgläser: aus Ton, Plastik oder Glas erhältlich in verschiedenen Größen. Wird zum Keimen und bei der Zubereitung von Käse aus Nüssen oder Samen verwendet.

Knoblauchpresse: ein praktischer Artikel, der das Schälen, Hacken und Zerdrücken von Knoblauch hinfällig macht.

Küchenmaschine/Food Processor: das vielseitigste Küchengerät überhaupt; es kann alles, was ein Standmixer macht, und hackt, zerkleinert, schneidet und raspelt zusätzlich. Großartig für die Zubereitung von Sauerkraut, Essener-Brot, Zucchini-Pasta und anderer in diesem Buch vorgestellter Gerichte.

Limettenpresse: ein praktisches Gerät, wenn Sie viel Limettensaft verwenden. Ähnelt einer großen Knoblauchpresse.

Mandel-Nuss-Mühle oder Getreidemühle: mahlt Nüsse, Körner, Gewürze und Zucker.

Messer: jede Küche braucht zumindest ein Schälmesser, ein 12 cm langes Sägemesser, ein Kochmesser und einen Wetzstein.

Messerschärfer: in vielen Ausführungen erhältlich. Unentbehrlich in jeder Küche.

Feines Sieb: Nützlich, um Nuss- oder Kokosnussmilch abzuseihen. Kann benutzt werden, um die feinen Härchen von Mangonektar oder geriebener Ingwerwurzel zu entfernen.

Obst- und Gemüseentsafter: ein elektrischer Entsafter, der unentbehrlich für die gesunde Küche ist. Nicht für Zitrusfrüchte empfohlen, es sei denn, das Gerät hat einen speziellen Zitrus-Aufsatz. Manche Geräte stellen auch Nussbutter her, Babybrei, „Eiscreme" aus frischen gefrorenen Früchten und andere Köstlichkeiten!

Salatschleuder: zum Waschen und Trocknen von Blattgemüse.

Schneidemaschine/Raspler/Reibe: ein Handgerät, mit dem man perfekt hobeln, würfeln und raspeln kann.

Spiralizer/Durchlaufschnitzler: ein (handbetriebenes) Gerät, mit dem man Gemüse in lange Strähnen Engelhaar-Pasta verwandeln kann.

Springform: zum Kuchenbacken. Der Rand ist abnehmbar zum leichteren Servieren.

Standmixer/Blender: ein Muss für jede Küche. Mixt, püriert, und mischt Saucen, Dressings und Shakes.

Sushi-Matte: eine 22 x 25 cm große Bambusmatte, die ausschließlich zum Rollen von japanischen *Sushimaki* verwendet wird.

Weizengras-Entsafter: hand- oder elektronikbetrieben erhältlich. Wird nur zur Herstellung von Weizengras-Saft verwendet.

Zitruspresse: als Handpresse oder elektrisch erhältlich. Ein nützliches Gerät zum Auspressen von Zitrusfrüchten.

Was in Himmels Namen ist Agar-Agar?

Ich empfehle in diesem Buch viele gesunde, wenn auch außergewöhnliche Produkte, von denen die meisten im Reformhaus oder Supermarkt erhältlich sind. Kaufen Sie jede Woche ein oder zwei davon, und machen Sie sich mit ihnen vertraut. Im Nu werden sie Ihnen nicht mehr außergewöhnlich vorkommen!

Agar-Agar: ein farbloses See-Gemüse (siehe *Wissenswertes*, Seite 217), das als Ersatz für tierische Gelatine verwendet wird.

Anaheim Chilis: relativ früh blühende Pepper mit kleinen weißen Blüten und langen milden Früchten. Der Schärfegrad liegt, auf einer Skala von 0 – 10, bei 2. Anaheim Chilis werden in New Mexico seit mehr als 300 Jahren angebaut.

Arrowroot/Pfeilwurzelstärke: ein gesunder Ersatz für Stärkemehl.

Basmati-Reis: ein wundervoll aromatischer Reis aus Ostindien. Braucht nur 30 Minuten Kochzeit.

Buchweizengrütze: unbehandelter, enthülster Vollkornbuchweizen. Keimen lassen und für Cerealien oder Brot verwenden.

Celestial Seasonings®: stellt seit 1969 Tee ohne künstliche oder naturidentische Aromen her.

Carob/Johannisbrot: natürlich süß und nahrhaft. Verwenden Sie es als Ersatz für Schokolade.

Getreidekaffee: ein pulverisierter Getreidetrank als Kaffeesurrogatextrakt. Meine Lieblingsmarken sind Roma und Pero.

Glutenmehl: Weizenmehl, aus dem die Stärke entfernt worden ist. Verwenden Sie es als Bindemittel für Brot und Pasteten, zur Zubereitung von Seitan, oder fügen Sie es zu Brotrezepten hinzu, um den Proteingehalt zu erhöhen und das Ergebnis zu verbessern.

Hirse: ein gelbes, aromatisches Getreide. Kochen Sie es wie Reis oder lassen sie es keimen und fügen Sie es zu Cerealien und Broten hinzu.

Kamut: ein nichthybridisierter Weizen, leichter verdaulich als herkömmlicher Weizen. Kamut ist eine alte Weizensorte, die ursprünglich aus Ägypten stammt. Kamutkörner sind ca. doppelt so groß wie herkömmliche Weizenkörner und besitzen 20 – 40 % mehr Eiweiß.

Meeresgemüse: geschmackvolles, im Meer angebautes Gemüse. Reich an Vitaminen und Mineralien.

Meersalz: ein natürliches, sonnengetrocknetes, handgeerntetes, feuchtes, mineralienreiches Salz.

Mirin: ein süßer Reiswein, der in der japanischen Küche verwendet wird. Mirin wird aus Reis, Reishefe, Zucker, Wasser und Gewürzen hergestellt. Er hat im Gegensatz zu Sake einen geringeren Alkoholgehalt und schmeckt sehr viel süßer.

Miso: salziges, fermentiertes Produkt aus Hülsenfrüchten oder Getreide. Wird in Suppen, Saucen, Tunken und Aufstrichen verwendet. **Mugi-Miso** wird mit Gerstenkoji gemacht. Das heißt, das Koji (den gekochten und mit Koji-Ferment, *aspergillus oryzae,* geimpften Sojabohnen) wird gekochter Gerste zugesetzt und dann in Holzfässern mit Sojabohnen vermischt, wo es ein bis zwei Jahre für den Gärungsprozess braucht. **Hatcho-Miso** wird aus Sojabohnen hergestellt. Dem Koji wird kein anderes Getreideprodukt bei der Herstellung zugefügt.

Nährhefe: reich an Mineralien und B-Vitaminen, mit köstlichem leichten Käsegeschmack.

Nori: die in der japanischen Küche wichtigste Algenart. Dabei handelt es sich um die kulinarische Bezeichnung für papierartig zubereitete Meeresalgen (meist Purpurtang, Meerlattich oder Seegras genannt). Nori kann pur oder geröstet verwendet werden.

Persimone: besitzt geleeartiges Fruchtfleisch mit birnigem Geschmack. In ihrem Erscheinungsbild ähnelt sie einer Tomate.

Reiner Ahornsirup: 100%iger Ahornsirup, aus Ahornbäumen gewonnen. Ohne Zuckerzusatz.

Rejuvelac: ein fermentierter Getreidetrank, der Acidophilus enthält. Als Verdauungshilfe verwendet (Seite 29).

Seitan: ein fleischähnliches Gemüseprotein, das aus Glutenmehl/Weizeneiweiß hergestellt wird (auch Sojafleisch oder Weizengluten genannt).

Shoyu: organische, unpasteurisierte, nicht genetisch veränderte, salzarme Sojasauce. Hergestellt von Osawa. (Enthält Weizen).

Sonnenblumengrün: junge, grüne Sonnenblumenpflänzchen. Können drinnen gezogen werden (Seite 24)

Tahin: Mus aus Sesamsamen. Fügen Sie es zu Saucen, Dressings und Tunken hinzu. Kalziumreich.

Tempeh: ein proteinreiches, fermentiertes Produkt aus Sojabohnen. In den meisten Rezepten als Fleischersatz geeignet.

Tofu: ein weicher, sanft gewürzter Käse aus Sojabohnen. Kann in einer unendlichen Vielzahl von Rezepten verwendet werden.

Veganer Ei-Ersatz: aus Tapioca-Mehl hergestellt. Kann Eier in den meisten Rezepten ersetzen. Oder pro Ei 1 El Sojamehl und 2 El Wasser erst verrühren und dann unter die restlichen Zutaten mischen.

Vergorene oder fermentierte Speisen: enthalten frische Lactobacillus-Bakterien. Eine wichtige Verdauungshilfe.

Vollrohrzucker: getrockneter Zuckerrohrsaft. Ein vollwertiger Süßstoff.

Weizengras: junges aus Weizen gezogenes Gras. Sein Saft enthält viel Chlorophyll (Seite 24).

Yambohne (Jicama): die Pflanze bildet gut 10 cm lange Schoten mit knapp 1 cm großen, flachen Samen und teilweise mehr als 10 kg schweren Wurzelknollen, wobei beides als Nahrungsmittel genutzt werden kann. Der Geschmack ist leicht süßlich und nussig.

ZWEITES KAPITEL

Gartenengel sprießen überall

Ein Gespräch mit dem Geist über bewusste Wahrnehmung

Göttlicher Geist, fülle mich mit bewusster Wahrnehmung von allem, was ist. Hilf mir, mein eigenes Licht zu sehen und den Teil von mir zu erfahren, der reiner Geist ist. Unterstütze mich bei der Erkenntnis, dass ich immer Energie, Licht und Liebe war und es stets sein werde, und dass ich reine Bewusstheit bin und mich selbst in menschlicher Form ausdrücke. Erhöhe meine Wahrnehmung der feinstofflichen Energien, damit ich die Verbundenheit in allen Wesen erkennen und den Schleier der Trennung abwerfen kann.

Ich öffne mein Herz und lasse Licht und Liebe aus der Göttlichen Quelle all dessen, was ist, in es hereinfließen. Ich bitte darum, eine neue Wahrnehmung des Bewusstseins in allen Wesen zu erleben, sodass ich die Segnungen, die in diesem Essen und in meinem Leben gegenwärtig sind, wirklich wertschätzen kann. Während ich Liebe und Dankbarkeit auf diese Gaben richte, fühle ich, wie ihre Lebenskraft steigt und bin voll göttlichen Lichts. Ich liebe dich, ich preise dich, ich bin eins mit dir und allem, was ist.

Gartenengel sprießen überall!

Einen Küchengarten anzulegen macht Spaß, ist einfach und es erfordert sehr wenig Zeit, bis man die Ernte einfahren kann. Um Samen zum Keimen zu bringen, bedarf es gerade einmal sechs Stunden Einweichens. Junges Sonnenblumengrün zu ziehen, dauert vom Einweichen bis zur Ernte nur zehn Tage. Man muss kein Unkraut jäten und es gibt keine Schädlinge oder Räuber, die man bekämpfen müsste. Was den Platz angeht: Keimlinge, Weizengras und Sonnenblumengrün können sogar in einem Hotelzimmer gezogen werden, oder während man mit dem Wohnmobil unterwegs ist. Ich weiß das aus eigener Erfahrung!

Man benötigt keine ausgefallene, teure Ausrüstung, um Grünkraut oder Keimlinge anzubauen, und für diejenigen, die mobil sein müssen, ist ein Küchengarten genau das Richtige! Wenn Sie die Stadt unerwartet verlassen müssen, können Sie die Sprossen entweder mitnehmen, oder Sie stellen sie für ein paar Tage in den Kühlschrank, sie halten sich. Holen Sie die Sprossen nach Ihrer Rückkehr einfach heraus und spülen Sie sie ab, sie werden wieder zu wachsen beginnen. Schalen mit Grünkraut können ebenfalls im Kühlschrank aufbewahrt werden, wenn Sie genug Platz dafür haben, oder Sie können sie an einen kühlen Ort ohne direkte Sonneneinstrahlung stellen, um das Wachstum zu verlangsamen. Oder Sie ernten das Kraut und lagern es im Kühlschrank.

Kindern macht es Riesenspaß, Keimlinge und Grünkraut anzubauen. Fast stündlich können sie Änderungen beobachten! Sie finden es toll, die „Babys" abzuspülen, zu hätscheln und ihnen beim Gedeihen zu helfen. Keimlinge sind ein großartiges Finger Food für Kinder, und können zu Salaten, Suppen und Sandwiches zugefügt werden. Die Kleinen mit in die Gartenarbeit einzubinden, ist eins der wertvollsten Geschenke, das Sie ihnen machen können!

Keimlinge und junges Blattgrün sind „lebendige Nahrungsmittel", die konzentrierte Lebenskraft enthalten. Sie liefern Nährstoffe und Schwingungsessenzen, an die kein anderes Naturprodukt heranreicht. Der Einweichprozess macht das Keimen möglich. Wenn eine Nuss oder ein Samen keimt, treten sie die Reise von einem ruhenden Samen zu einem jungen Gemüse an. Während dieser Transformation erwachen sie in einer Energieexplosion und verdauen die Proteine vor, was die Verdauung und Aufnahme für uns leichter macht. Keimlinge und junge Pflänzchen enthalten in dieser kurzen Phase ihres Lebens mehr Energie als zu irgendeiner anderen Zeit ihrer Reife, und sind deshalb nährstoff- und enzymreicher sowie lebensspendender. Sie fördern die Zellerneuerung und verjüngen und revitalisieren daher unseren Körper. Sprossen sind buchstäblich Jungbrunnen, sie erhöhen unsere Energie und Vitalität, wenn wir ihre Essenz mit unserer eigenen verschmelzen.

Klingt das interessant? Lesen Sie weiter und sehen Sie, wie einfach es sein kann, einen Küchengarten anzulegen!

Die Freuden des Keimens – Nüsse, Samen, Getreide und Hülsenfrüchte

Nüsse zu keimen und aus Samen, Getreide und Hülsenfrüchten Sprossen zu ziehen ist ganz einfach! Sie brauchen nur ein paar Gläser, Plastikfliegendraht oder Gewebe aus Kunststoff zum Abdecken und Gummibänder. Nehmen Sie Gläser mit einem Fassungsvermögen zwischen einem und vier Litern, je nachdem, ob sie den ganzen Sprießprozess durchführen wollen oder die Samen nur zum Keimen einweichen. Messen Sie die Öffnung des Glases großzügig aus und schneiden Sie das Abdeckmaterial so zurecht, dass es einige Zentimeter übersteht. Geben Sie die Samen hinein und füllen das Glas mit Wasser. Legen Sie das zugeschnittene Kunststoffgewebe darüber und befestigen Sie es mit einem Gummiband. Lassen Sie die Gläser nach dem Einweichen umgedreht gründlich auf einem Geschirrständer abtropfen; stellen Sie sie dann für acht bis zwölf Stunden an einen dunklen Platz. Spülen Sie die Keimlinge, bis das Wasser klar ist und lassen sie wieder abtropfen. Damit Samen wie Alfalfa Chlorophyll bilden, stellen Sie sie zwei bis drei Tage vor der Ernte ins Licht und spülen sie weiterhin alle acht bis zwölf Stunden.

Nüsse:

Allein durch Einweichen kann man aus Nüssen Käse herstellen. Wenn Sie sie aber als Snack essen wollen, geben Sie ihnen 24 weitere Stunden zum Keimen. Nuss-Snacks halten sich im Kühlschrank eine Woche lang und können zu Mixgetränken hinzugefügt oder als kleiner Happen zwischendurch gegessen werden. Verwenden Sie ein ausreichend großes Einweichglas, damit die Nüsse ihr Volumen fast verdoppeln können.

Harte Nüsse: Mandeln, Paranüsse, Haselnüsse, Macadamianüsse – 24 Stunden einweichen, spülen und abtropfen lassen
Weiche Nüsse: Cashewnüsse, Pekannüsse, Walnüsse – 12 Stunden einweichen, spülen und abtropfen lassen

Samen:

Zur Herstellung von Käse müssen Samen und Kerne wie Sonnenblume, Sesam und Kürbis ebenfalls nur eingeweicht werden. Für andere Verwendungsarten geben Sie ihnen 12 bis 24 Stunden mehr Keimzeit. Benutzen Sie handelsübliche Keimboxen oder Gläser, die groß genug sind, damit die Samen ihren Umfang verdoppeln können. Sprossen, die Chlorophyll entwickeln müssen, wie Alfalfa (Luzerne), Klee, Rettich, Schnittlauch, Zwiebel und Knoblauch, brauchen viel Platz zum Wachsen. Geben Sie sie also in ein großes Glas (¼ Tasse [ca. 37,5 g] Alfalfa-Samen ergibt ca. 4 l Sprossen) und lassen Sie ihnen zwei bis drei Tage vor der Ernte reichlich Licht zukommen. Wenn Alfalfa- und Klee-Sprossen fertig sind, spülen Sie sie in einer großen Schüssel mit Wasser, um die Hülsen zu entfernen.

Alfalfa-, Rettich- und Klee-Samen – 8 Stunden einweichen, sechs Tage lang jeweils zweimal täglich spülen und abtropfen lassen

Schnittlauch-, Zwiebel- und **Knoblauch-Samen**: 8 Stunden einweichen, zehn Tage lang jeweils dreimal täglich spülen und abtropfen lassen
Sesam-, Sonnenblumen- und **Kürbis-Samen**: 6 Stunden einweichen, ein bis zwei Tage lang jeweils zweimal täglich spülen und abtropfen lassen

Getreide:

Getreide muss eingeweicht werden, und braucht zuzüglich mindestens 24 Stunden Zeit zum Keimen, wobei es alle 8 bis 12 Stunden gründlich gespült werden muss. Im Kühlschrank hält es sich für mehr als eine Woche und kann zu Mixgetränken, Cerealien oder Brot hinzugefügt werden, oder als Snack zwischendurch verzehrt werden. Verwenden Sie Keimboxen oder Gläser, die groß genug sind, damit das Getreide sein Volumen verdoppeln kann.

Buchweizengrütze – 8 Stunden einweichen, ein bis zwei Tage lang jeweils zweimal täglich gründlich spülen und abtropfen lassen
Kamut, Hart- und Weichweizen – 8 Stunden einweichen, ein bis zwei Tage lang jeweils zweimal täglich spülen und abtropfen lassen
Roggen – 8 Stunden einweichen, ein bis zwei Tage lang jeweils zweimal täglich spülen und abtropfen lassen

Bohnen und Hülsenfrüchte:

Bohnen und Hülsenfrüchte müssen eingeweicht werden und brauchen mindestens 24 Stunden Keimzeit, wobei man sie alle 8 bis 12 Stunden gründlich spülen muss. Im Kühlschrank halten sie sich eine Woche oder länger und können zu pürierten Suppen, Salaten oder Hauptgerichten hinzugefügt werden, oder als Snack verzehrt werden. Verwenden Sie Keimboxen oder Gläser, die groß genug sind, damit sie ihr Volumen verdreifachen können.

Linsen und ganze (getrocknete) Erbsen – 12 Stunden einweichen, zwei Tage lang jeweils zweimal täglich spülen und abtropfen lassen
Adzuki- und Mung-Bohnen – 12 Stunden einweichen, zwei bis drei Tage lang jeweils zweimal täglich spülen und abtropfen lassen
Augenbohnen und Kichererbsen – 12 Stunden einweichen, drei bis vier Tage lang jeweils dreimal täglich spülen und abtropfen lassen

Basiskeimtabelle

Sorte	Trockenmaß	Einweichen	Spülen	Ernten	Ertrag
Weiche Nüsse	½ Tasse	12 Stunden	morgens u. abends	1–2 Tage	¾ Tasse
Harte Nüsse	½ Tasse	24 Stunden	morgens u. abends	1–2 Tage	¾ Tasse
Alfalfa etc.*	¼ Tasse	8 Stunden	morgens u. abends	6–10 Tage	ca. 4 l
Sonnenblume etc.*	¼ Tasse	6–8 Stunden	morgens u. abends	1–2 Tage	½–1 Tasse
Getreide	¼ Tasse	8 Stunden	morgens u. abends	2–3 Tage	½–1 Tasse
Bohnen u. Hülsenfrüchte	¼ Tasse	12 Stunden	morgens u. abends	2–3 Tage	½–1 Tasse

Anmerkung: Spülen Sie Keimlinge immer solange, bis das Wasser klar ist, und lassen Sie die Gläser gründlich auf einem Geschirrständer abtropfen.

* Siehe unter *Samen* auf Seite 20.

Maße und Mengen:

Im Handel gibt es Tassen- und Löffelmaße mit entsprechenden Unterteilungen.
1 Tasse entspricht ca. 240 ccm (ml)
1 Esslöffel (EL) entspricht ca. 15 ml
1 Teelöffel (TL) entspricht ca. 5 ml

Die Freuden des Küchengartens

Eigenes Grünkraut anzubauen kann eine wundervolle spirituelle Erfahrung sein, die es Ihnen erlaubt, sich auf ganz besondere Weise auf die Natur einzustimmen: nämlich indem Sie sie nähren und von ihr genährt werden. Sie können sehen, wie Ihr Grünkraut auf Ihr liebevolles Umhegen reagiert, und die Stärke seiner Lebenskraft fühlen, wenn Sie es pflegen, ernten und zu sich nehmen. Anders als bei anderen Arten des Gartenbaus ist nicht viel Platz erforderlich, man muss kein Unkraut jäten oder sich um Plagen oder Räuber sorgen, und es dauert nur zwischen einer Woche bis zu zehn Tagen, bis Sie die Ernte einfahren können!

Der Anbau von Weizengras (zum Entsaften) und jungem Grünkraut wie Sonnenblumen- und Buchweizengrün ist einfach und preiswert. Weizengrassaft ist ein chlorophyllreiches Getränk, das zur Reinigung des Bluts beiträgt und es durch Sättigung mit Sauerstoff stärkt. Sonnenblumen- und Buchweizenkraut macht sich großartig in Salaten und anderen Gerichten, die Blattgemüse erfordern. Sie sind auch eine hervorragende Quelle für Vitamine und Mineralien und reich an Enzymen. Abgesehen von den messbaren Nährstoffen, die diese energiereichen Nahrungsmittel enthalten, gibt es noch die Schwingungsessenzen. Jede Pflanze hat ihre eigene Frequenzsignatur, die die Heilung verschiedener Bereiche unseres Körpers unterstützt. Wenn das junge Pflänzchen frisch geschnitten ist und sofort verzehrt wird, ist seine Lebenskraft auf dem Höhepunkt. Wenn Sie selbst für eine Pflanze sorgen, können Sie sich auf sie einstimmen und die Gegenwart der Energie der Pflanze *spüren*. Der eigene Küchengarten versetzt Sie in die Lage, mit der Natur und dem Göttlichen Kontakt aufzunehmen!

Alles, was sie zum Anlegen eines Küchengarten brauchen, sind Samen, Gläser, Plastikfliegendraht aus der Haushaltswarenabteilung, Gummibänder, gute organische Erde, und einige Pflanzschalen. Sie können Ihre eigene Komposterde verwenden oder einen Beutel guter organischer Erde kaufen. Man braucht nur ca. 1½ bis 2 Liter Erde pro Pflanzschale in der Größe 35 x 45 cm. (Siehe *Die Freuden des Keimens*, Seite 20 für die Anleitung zum Keimen der Samen.) Ziehen Sie die unten stehende Tabelle zu Rate, um zu ermitteln, wie viele Samen Sie einweichen müssen.

Indoor-Garten-Tabelle

Sorte	Maß*	Einweichen	Keimen	Erntehöhe	Fertig in	Ertrag
Weizen, Kamut	1¼ Tassen	8–12 Std.	1 Tag	15–18 cm	6–8 Tagen	225–285 ml Saft
Sonnenblume	1½ Tassen	8–12 Std.	1 Tag	15–18 cm	7–9 Tagen	1 Pfund (ca.)
Buchweizen	1 Tasse	8–12 Std.	1 Tag	15–18 cm	7–9 Tagen	1 Pfund (ca.)

* Trockenmaß, pro 35 x 45 cm große Pflanzschale

Wie man Weizengras anbaut:

Für das beste Weizengras kaufen Sie im Reformhaus harte rote Winterweizenkörner aus organischem Anbau. Nachdem Sie die Körner wie zuvor beschrieben eingeweicht und keimen gelassen haben, können Sie sie einpflanzen. Verteilen Sie 1½ Liter Erde gleichmäßig in einer 2 cm tiefen Pflanzschale. Streuen Sie den gekeimten Weizen gleichmäßig auf die Erde, 1,5 cm von den Rändern entfernt. Befeuchten Sie die Erde mit zwei bis drei Tassen Wasser. Drehen Sie eine weitere Pflanzschale um und legen sie auf die erste, dann stellen Sie die Schalen für einige Tage beiseite. Wenn das Gras die oben liegende Schale angehoben hat, nehmen Sie diese weg. Stellen Sie das Gras ins Licht und wässern Sie es täglich. Ernten Sie nach Bedarf; verwenden Sie dazu eine Schere oder ein Messer. Schneiden Sie die Halme knapp über der Erde ab und danken ihnen dabei für ihr Opfer. Entsorgen oder kompostieren Sie die Wurzelreste.

Wie man Sonnenblumenkraut anbaut:

Um Sonnenblumengrün (manchmal auch Sonnenblumensprossen oder Sonnenblumenkraut genannt) anzubauen, kaufen Sie organische, ungeschälte Sonnenblumenkerne. Diese sind in Reformhäusern erhältlich, oder Sie können sie anhand der Informationen aus den *Bezugsquellen* (Seite 230) bestellen. Nachdem sie die Kerne wie zuvor beschrieben eingeweicht und gekeimt haben, können Sie sie einpflanzen. Verteilen Sie dazu 1 Liter Erde gleichmäßig 1,5 cm dick in einer Pflanzschale. Streuen Sie die gekeimten Kerne obenauf, und geben Sie einen weiteren Liter Erde gleichmäßig darüber. Wässern Sie die Erde mit zwei bis drei Tassen Wasser, sodass sie feucht, aber nicht überschwemmt ist. Drehen Sie eine zweite Schale um und legen Sie sie auf die erste, stellen Sie die Schalen dann für einige Tage beiseite. Wenn die wachsenden jungen Sonnenblumenpflänzchen beginnen, die obere Schale anzuheben, nehmen Sie sie ab. Stellen Sie das Sonnenblumenkraut an einen hellen Ort und wässern Sie es täglich. Ernten Sie das Kraut nach Bedarf, oder auf einmal, mit einer Schere oder einem Messer. Schneiden Sie die Stängel knapp über der Erde ab und danken Sie den Pflänzchen für ihr Opfer. Sonnenblumen liefern eine zweite Ernte aus den langsamer wachsenden Kernen, wässern Sie also weiter, bis alle gereift sind.

Wie man Buchweizengrün anbaut:

Kaufen Sie organische, ungeschälte Buchweizengrütze im Reformhaus, oder bestellen Sie sie anhand der *Bezugsquellen* (Seite 230). Wenn die Samen wie zuvor beschrieben eingeweicht und gekeimt sind, können sie eingepflanzt werden. Verteilen Sie 1½ Liter Erde gleichmäßig, 2 cm dick in einer Pflanzschale. Streuen Sie den gekeimten Buchweizen auf die Erde und befeuchten Sie ihn mit zwei bis drei Tassen Wasser. Drehen Sie eine zweite Pflanzschale um und legen Sie sie auf die erste, dann stellen Sie die Pflanzschalen für einige Tage beiseite. Wenn der Buchweizen beginnt, die obere Schale anzuheben, nehmen Sie sie ab. Stellen Sie den Buchweizen in helles Licht und wässern Sie ihn täglich. Ernten Sie das Kraut nach Bedarf, oder auf einmal, mit einer Schere oder einem Messer. Schneiden Sie die Stängel knapp über der Erde ab und danken Sie den Pflänzchen für ihr Opfer. Wässern Sie weiter bis zur zweiten Ernte.

DRITTES KAPITEL

Engel haben Kultur

Ein Gespräch mit dem Geist über die Offenheit für Veränderungen

Göttliche Energien der Liebe, bitte helft mir, mich zu öffnen und Veränderung in meinem Denken und in meinem Leben zu kultivieren. Helft mir, mich ohne Widerwillen vorwärts zu bewegen und das loszulassen, was nicht länger meinem besten Interesse dient. Helft mir, mich mit Veränderungen sicher zu fühlen, in dem Wissen, eure göttliche Führung zu genießen. Ich habe den Wunsch, neue Dinge zu lernen und zu erleben, die zu meinem geistigen, körperlichen und spirituellen Wohlbefinden beitragen werden. Ich vertraue darauf, dass ihr an meiner Seite sein werdet und meinen Weg erleuchtet, während ich ins Unbekannte schreite. Ich bin dankbar für euren Beistand, mir dabei zu helfen, dem Lebensprozess zu vertrauen und das Unerwartete zu erwarten.

Während ich meine Liebe und Dankbarkeit auf diese Nahrungsmittel richte, spüre und fühle ich, wie ihre Lebenskraft steigt, und bin mit Licht gefüllt aus der Göttlichen Quelle all dessen, was ist. Ich heiße unsere Vereinigung und die Nahrung, die sie liefert, willkommen. Ich liebe dich, ich preise dich, ich bin eins mit dir.

REZEPTE AUF EINEN BLICK

Vergorene oder fermentierte Speisen wie Käse aus Nüssen oder Samen, milchfreier Kefir oder Joghurt, Sauerkraut und *Rejuvelac* sind nicht nur reich an Enzymen und freundlicher Flora – sie sind auch eine köstliche Ergänzung jeder Kost.

Schutzengel, ich vertraue darauf,
dass du mir jederzeit, bei allem was ich mache,
beistehst.

Zum Wohl! Auf Ihre Gesundheit!

Rejuvelac ist ein fermentierter Getreidetrunk, der auch beim Ziehen von Käse aus Nüssen und Samen hilfreich sein kann. Seine Herstellung kostet nur ein paar Cents und es ist eines der gesundheitsförderlichsten Getränke auf unserem Planeten. Es ist reich an Enzymen und enthält wichtige Lactobacillus-Bifidus-Kulturen – was beides für eine gute Verdauung und Nährstoffaufnahme erforderlich ist.

Rejuvelac ist leicht herzustellen, und die zwei Minuten, die man morgens und abends braucht, um die Keimlinge zu spülen, lohnen sich wirklich. Neben Getreide ist die einzige wichtige Zutat für dieses gesunde Getränk gutes Quellwasser oder gutes Wasser. (Gechlortes Wasser würde die wertvollen, für den Fermentationsprozess notwendigen Bakterien abtöten und der Trunk würde verfault riechen anstatt leicht nach Käse oder Molke.) Rechnen Sie damit, dass sich Geruch und Geschmack von Tag zu Tag ändern – am ersten Tag sind sie am stärksten und werden bei der zweiten und dritten Ernte saurer und zitroniger. Ich empfehle, zur Herstellung von Käse *Rejuvelac* vom zweiten oder dritten Tag zu verwenden, da sein Geschmack milder ist.

Um jeden Tag frischen Rejuvelac zu haben, beginnen Sie jeden dritten Tag mit dem Keimen einer neuen Portion Getreide. (Dazu brauchen Sie zwei große Gefäße, bedeckt mit Plastiknetz und mit einem Gummiband gesichert – siehe Seite 22, Die Freuden des Keimens.) Um sich das Leben leichter zu machen, wählen Sie zwei Tage in der Woche, beispielsweise Mittwoch und Samstag, um mit einer neuen Portion zu beginnen. Das bedeutet, dass Sie eine Portion auf vier Ernten anstatt von dreien strecken müssen, aber so werden Sie immer ohne große Berechnungen wissen, wann Sie mit dem Keimen anfangen müssen. Entsorgen Sie allen übrig gebliebenen Rejuvelac, wenn er länger als 24 Stunden gelagert war. Um den Geschmack zu verstärken, fügen Sie einen Teebeutel Früchtetee pro Liter hinzu und lassen ihn zwei Stunden einweichen (Die Firma Celestial Seasonings stellt wundervolle Fruchtmischungen her), oder fügen Sie einen Spritzer Zitronensaft mit ein wenig Süßstoff hinzu und Sie erhalten Rejuvelac-Limonade!

Ich empfehle, mit kleinen Mengen *Rejuvelac* zu beginnen, damit sich Ihr Körper an seine reinigenden Eigenschaften gewöhnen kann. 225 ml pro Tag, die bis zu einem Liter pro Tag gesteigert werden, sind für die meisten Personen ausreichend.

Schutzengel, bitte hilf mir, geistig und körperlich in Frieden zu sein.

Rejuvelac

(Fermentierter Getreidetrunk)

Ergibt drei Tage lang täglich ca. 2 Liter
50 g weiche Weizenkörner
50 g Vollkornroggen
7,5 l gutes Wasser
6 Teebeutel Celestial Seasonings Erdbeer-Kiwi oder Wildkirsche-Brombeere (optional)*

1. **1. Tag:** Die Getreide morgens zusammen in ein ca. 4 l fassendes Gefäß geben, mit Plastiknetz bedecken und mit Gummiband sichern. Mindestens 2 Liter Wasser hinzufügen und 8 bis 12 Stunden einweichen lassen.
2. Abends das Einweichwasser abgießen, mit klarem Leitungswasser spülen und gut abtropfen lassen. Das Gefäß an einen kühlen, dunklen Ort stellen und keimen lassen.
3. **2. Tag:** Morgens wieder spülen und abtropfen lassen, und diesen Vorgang am Abend wiederholen.
4. **3. Tag:** Morgens einmal mit Leitungswasser spülen und gut abtropfen lassen. Noch einmal mit gutem Wasser spülen, abtropfen lassen und 2 Liter gutes Wasser hinzufügen. Das Gefäß an einen kühlen, dunklen Ort stellen und 36–48 Stunden fermentieren lassen. (Bei heißem Wetter ist der Fermentationsprozess schneller.)
5. **5. Tag:** Morgens die erste Portion fermentiertes Wasser (*Rejuvelac*) in einen Behälter gießen, im Kühlschrank aufbewahren und im Laufe des Tages trinken. 2 Liter gutes Wasser auf die gekeimten Körner gießen (nicht spülen!), und weitere 24 Stunden fermentieren lassen.
6. **6. Tag:** Morgens Schritt 5 wiederholen.
7. **7. Tag:** Der letzte Morgen, die dritte Portion in einen Behälter gießen, im Kühlschrank aufbewahren und im Laufe des Tages trinken. (Schritt 5 wiederholen, um die Ernte auf vier Tage zu strecken.)
8. Körner entsorgen und das Gefäß gründlich mit Wasser und Spülmittel auswaschen.

* Tee von Celestial Seasonings® ist ohne künstliche Aromen.

Aus Nüssen und Samen kann man ganz einfach köstliche Milch und Cremes herstellen. Die Mandel wird als „Königin der Nüsse" gepriesen, da sie ein basisches Lebensmittel ist. Aus Mandeln hergestellte Milch ist daher gesundheitsförderlicher als andere Milchsorten. Die Cremes munden vorzüglich auf Cerealien, gesüßt und zu Obst, oder als Zugabe zu Mixgetränken oder Sorbets.

Schutzengel, bitte hilf mir,
in Harmonie mit allen Geschöpfen Gottes
zu leben.

Mandel-Milch

Ergibt ca. 1 Liter
130 g ungeschälte Mandeln, 24 Stunden in 3 Tassen gutem Wasser eingeweicht, gespült und abgetropft
700 ml gutes Wasser (aufgeteilte Verwendung)
½ EL Vollrohrzucker
½ TL Vanilleextrakt (optional)

1. Die Mandeln im Standmixer mit 360 ml Wasser zu einer glatten und cremigen Masse pürieren. (So viel Wasser verwenden, wie der Mixer zum mischen braucht.)
2. Das Püree durch ein feines Sieb passieren, um Mandelhäute und -mark zu entfernen. Restliches Wasser und Mark erneut in den Mixer geben und pürieren. Wiederholen und das Mark von der Milch abseihen. Wenn alle Milch ausgepresst ist, Mark wegwerfen.
3. Süßstoff und Vanille einrühren, und genießen!

Mandel-Creme

Ergibt ca. ½ Liter
130 g ungeschälte Mandeln, 24 Stunden in 700 ml gutem Wasser eingeweicht, gespült und abgetropft
360 ml gutes Wasser
½ EL Vollrohrzucker
½ TL Vanilleextrakt (optional)

1. Die Mandeln mit Wasser im Mixer zu einer glatten und cremigen Masse pürieren. (Wenn nötig, mehr Wasser verwenden, damit der Mixer weitermischt.)
2. Das Püree durch ein Sieb passieren, um Mandelhäute und Mark zu entfernen. Wenn alle Creme ausgepresst ist, Mark wegwerfen.
3. Süßstoff und Vanille einrühren, und genießen!

Diese dicke, schaumige Nusscreme ist der perfekte Ersatz für Sahne, und da Cashewnüsse weich sind und keine Schale oder Hülse haben, muss man sie nicht abseihen – sie lassen sich glatt und vollständig pürieren. Der Grad der Dickflüssigkeit hängt nur von der Menge Wasser ab, die man verwendet, man kann also von einer dicken Creme bis zu einer dünnen Milch alles erzielen.

Schutzengel, bitte hilf mir, in allem Leben nach der Anwesenheit von Engeln zu suchen.

Cashew-Milch

Ergibt ca. 1 Liter
130 g Cashewnüsse, 12 Stunden in 700 ml gutem Wasser eingeweicht und gespült
700 ml gutes Wasser
1 EL Vollrohrzucker oder reiner Ahornsirup
½ TL Vanilleextrakt

1. Die Cashewnüsse mit Wasser im Mixer zu einer glatten und cremigen Masse pürieren.
2. Süßstoff und Vanille einrühren, und genießen! Hält sich im Kühlschrank bis zu einer Woche.

Cashew-Creme

Ergibt ca. ½ Liter
130 g Cashewnüsse, 12 Stunden in 700 ml gutem Wasser eingeweicht und gespült
360 ml gutes Wasser
1 EL Vollrohrzucker oder reiner Ahornsirup
½ TL Vanilleextrakt

1. Die Cashewnüsse mit Wasser im Mixer zu einer glatten und cremigen Masse pürieren. (Falls erforderlich, mehr Wasser hinzufügen, damit der Mixer weitermischt.)
2. Süßstoff und Vanille einrühren, und genießen! Hält sich im Kühlschrank bis zu einer Woche.

Dies ist ein köstliches, milchfreies Joghurt-Getränk, das ihrem Bauch Freude bereiten wird. Die Fermentierung der Mandeln sorgt für eine Vorverdauung der Proteine und stellt zugleich freundliche Flora her. Kefir ist deshalb sehr leicht zu verdauen. Wenn Sie den Kefir abends vorbereiten, können Sie ihn am Morgen genießen! (Für Tipps zum Mandelschälen, siehe *Wissenswertes* unten.)

Schutzengel, bitte hilf mir,
mich selbst in Licht und Liebe verwandelt zu sehen.

Mandel-Kefir

Ergibt ca. 1 Liter
300 g ganze Mandeln, geschält
(s. Wissenswertes *unten)*
700 ml gutes Wasser oder Rejuvelac
(s. Seite 29)
2 EL Vollrohrzucker oder reiner Ahornsirup
1 TL Vanilleextrakt oder einige Tropfen Mandelextrakt

1. Die Mandeln mit genügend Wasser oder *Rejuvelac* in den Mixer geben, dass sie ganz bedeckt sind. Zu einer glatten und cremigen Masse pürieren. (So viel Flüssigkeit wie erforderlich für die erwünschte Konsistenz verwenden.)
2. In ein Glasgefäß gießen und mit einem sauberen Handtuch zudecken. Für 6 bis 12 Stunden (hängt von der Temperatur und der gewünschten Herbheit ab) an einen warmen (nicht heißen) Ort stellen und fermentieren lassen.
3. Süßstoff einrühren, Vanilleextrakt hinzufügen, und genießen! Hält sich im Kühlschrank bis zu einer Woche.

Anmerkung: Die Verwendung von Rejuvelac anstelle von Wasser beschleunigt die Fermentation und sorgt für einen herberen Geschmack.

Wissenswertes: Um die Haut von ungeschälten Mandeln zu entfernen, geben Sie die Mandeln für einige Minuten in fast kochendes Wasser, bis die Häute leicht abspringen wenn Sie die Mandeln zwischen Daumen und Zeigefinger drücken. Legen Sie die Mandeln nach Entfernung der Häute in kaltes Wasser und lassen Sie sie 8 bis 12 Stunden keimen. Im Wasserbad können Sie sie bis zu einer Woche im Kühlschrank aufbewahren, das Wasser muss jeden zweiten Tag gewechselt werden.

Ein köstliches, milchfreies Joghurt-Getränk, so reichhaltig und cremig, dass Sie sich wie im siebten Himmel fühlen werden! Fermentierte Nuss- und Samenmischungen sind gute Proteinquellen und reich an freundlicher Flora, und deshalb gut für Ihren Magen. Bereiten Sie den Kefir abends vor, dann können Sie ihn am Morgen genießen!

Schutzengel, bitte hilf mir,
mir meiner Absichten klar zu sein,
damit ich meine Wünsche fokussieren kann.

Cashew-Kefir

Ergibt ca. 1 Liter
300 g Cashewnüsse, 12 Stunden in 700 ml gutem Wasser eingeweicht und gespült
700 ml Rejuvelac *(s. Seite 29)*
2 EL Vollrohrzucker
1 TL Vanilleextrakt

1. Cashewnüsse mit ausreichend *Rejuvelac* in einen Mixer geben, damit sie bedeckt sind, und zu einer glatten und cremigen Masse pürieren. (So viel *Rejuvelac* wie nötig für die gewünschte Konsistenz verwenden.)
2. In ein Glasgefäß gießen und mit einem sauberen Handtuch bedecken. Für 6 bis 12 Stunden (hängt von der Temperatur und der gewünschten Herbheit ab) an einen warmen (nicht heißen) Ort stellen und fermentieren lassen.
3. Süßstoff und Vanille einrühren, und genießen!

Sonnenblumen- und Sesam-Kefir

Ergibt ca. 1 Liter
225 g geschälte Sonnenblumenkerne, 8 Stunden in 470 ml gutem Wasser eingeweicht und gespült
75 g Sesamsamen, 8 Stunden in 470 ml gutem Wasser eingeweicht und gespült
700 ml gutes Wasser
2 EL Vollrohrzucker
1 TL Vanilleextrakt oder einige Tropfen Mandelextrakt

1. Eingeweichte Kerne und Samen mit ausreichend Wasser in einen Mixer geben, damit sie ganz bedeckt sind. Zu einer glatten und cremigen Masse pürieren. (So viel Wasser wie für die gewünschte Konsistenz erforderlich verwenden.)
2. In ein Glasgefäß gießen und mit einem sauberen Handtuch bedecken. Für 6 bis 12 Stunden (hängt von der Temperatur und der gewünschten Herbheit ab) an einen warmen (nicht heißen) Ort stellen und fermentieren lassen.
3. Süßstoff und Extrakt einrühren, und genießen!

Sie werden von diesen cremigen Joghurts aus Mandeln und Cashewnüssen hingerissen sein. Genießen Sie sie pur, oder nach Ihren Vorlieben gewürzt. Sie sind vielseitig und lecker!

Schutzengel, bitte hilf mir,
das Göttliche in allen Wesen zu ehren.

Cashew-Joghurt

Ergibt ca. 1 Liter
260 g Cashewnüsse, 12 Stunden in gutem Wasser eingeweicht und abgetropft
470 ml oder mehr Rejuvelac *(s. Seite 29)*
2–3 EL reiner Ahornsirup (nach Geschmack)
1 TL Vanilleextrakt oder einige Tropfen Mandelextrakt

1. Cashewnüsse mit *Rejuvelac* in den Mixer geben. Zu einer glatten und cremigen Masse pürieren, falls erforderlich, mehr *Rejuvelac* hinzugeben.
2. In ein mit Mull ausgelegtes Sieb gießen und 1 bis 2 Stunden abtropfen lassen.
3. An einen warmen (nicht heißen) Ort stellen und weitere 8 bis 12 Stunden fermentieren lassen.
4. Sirup und Extrakt an den Joghurt geben und gut mischen.
5. Joghurt in ein Glasgefäß gießen und im Kühlschrank aufbewahren.

Mandel-Joghurt

Ergibt ca. 1 Liter
300 g ganze Mandeln, 24 Stunden in gutem Wasser eingeweicht, abgetropft und geschält (s. Tipps zum Mandelschälen, Seite 32)
470 ml oder mehr gutes Wasser oder Rejuvelac *(s. Seite 29)*
2–3 EL reiner Ahornsirup (nach Geschmack)
1 TL Vanilleextrakt oder einige Tropfen Mandelextrakt

1. Die eingeweichten, enthäuteten Mandeln mit der Flüssigkeit in den Mixer geben. Zu einer glatten und cremigen Masse pürieren, falls erforderlich, mehr Flüssigkeit hinzugeben.
2. In ein mit Mull ausgelegtes Sieb gießen und 1 bis 2 Stunden abtropfen lassen.
3. An einen warmen (nicht heißen) Ort stellen und weitere 8 bis 12 Stunden fermentieren lassen.
4. Sirup und Extrakt an den Joghurt geben und gut mischen.
5. Joghurt in ein Glasgefäß gießen und im Kühlschrank aufbewahren.

Diese sensationellen milchfreien Joghurts sind dick und köstlich, mit einem leicht herben Geschmack nach Sonnenblumenkernen oder Sonnenblumenkern-Sesam. Je länger Sie Joghurt fermentieren lassen, desto mehr verändert sich der Geschmack, probieren Sie ihn daher gelegentlich, um einen Geschmack zu erzielen, der Ihnen zusagt.

Schutzengel, bitte hilf mir, anderen gegenüber nachsichtig und tolerant zu sein.

Sonnenblumenkern-Joghurt

Ergibt ca. 1 Liter

300 g geschälte Sonnenblumenkerne, 8 Stunden in gutem Wasser eingeweicht und abgetropft
470 ml oder mehr gutes Wasser
2–3 EL reiner Ahornsirup (nach Geschmack)
1 TL Vanilleextrakt oder einige Tropfen Mandelextrakt

1. Die eingeweichten und abgetropften Sonnenblumenkerne mit Wasser in den Mixer geben. Zu einer glatten und cremigen Masse pürieren, falls erforderlich, mehr Wasser hinzufügen.
2. Das Püree in ein mit Mull ausgelegtes Sieb gießen und für 1 bis 2 Stunden abtropfen lassen.
3. An einen warmen (nicht heißen) Ort stellen und weitere 8 bis 12 Stunden fermentieren lassen.
4. Ahornsirup und Vanilleextrakt an den Joghurt geben und gut vermischen.
5. Das Joghurt in ein Glasgefäß gießen und im Kühlschrank aufbewahren.

Sonnenblumenkern-Sesam-Joghurt

Ergibt ca. 1 Liter

225 g geschälte Sonnenblumenkerne, 8 Stunden in gutem Wasser eingeweicht und abgetropft
75 g Sesamsamen, 8 Stunden in gutem Wasser eingeweicht und abgetropft
470 ml oder mehr gutes Wasser
2–3 EL reiner Ahornsirup (nach Geschmack)
1 TL Vanilleextrakt oder einige Tropfen Mandelextrakt

1. Die eingeweichten Sonnenblumenkerne und Sesamsamen mit Wasser in den Mixer geben und zu einer glatten Masse pürieren.
2. Das Püree in ein mit Mull ausgelegtes Sieb gießen und 1 bis 2 Stunden abtropfen lassen.
3. An einen warmen (nicht heißen) Ort stellen und weitere 8 bis 12 Stunden fermentieren lassen.
4. Ahornsirup und Vanilleextrakt an den Joghurt geben und gut mischen.
5. Das Joghurt in ein Glasgefäß gießen und im Kühlschrank aufbewahren.

Cremiger, weicher, Ricotta-ähnlicher Käse ist das Ergebnis, wenn man Mandel-Creme fermentiert. Er ist beachtlich vielseitig für Aufstriche und Füllungen, und gesüßt wundervoll für Desserts. Die Zeit, die das Mandelhäuten erfordert, lohnt sich! (Siehe Seite 32 *Wissenswertes* zum Mandelhäuten.)

Schutzengel, bitte hilf mir, mir Zeit zu nehmen, um die gewöhnlichen Freuden des Lebens zu genießen.

Mandel-Käse

Ergibt ca. 2 Tassen

300 g ganze Mandeln, 24 Stunden lang in gutem Wasser eingeweicht und abgetropft

240 ml oder mehr Rejuvelac *vom zweiten oder dritten Tag (s. Seite 29)*

1. Die Mandeln häuten und in den Mixer geben. *Rejuvelac* hinzugeben, bis sie bedeckt sind. Zu einer glatten und cremigen Masse pürieren und falls erforderlich, mehr *Rejuvelac* hinzufügen.
2. In ein mit Mull ausgelegtes Sieb gießen und 1 bis 2 Stunden abtropfen lassen.
3. An einen warmen (nicht heißen) Ort stellen und weitere 7 bis 10 Stunden fermentieren lassen. Wenn ein dicker Käse erwünscht ist, ein sauberes Gewicht auf den Käse legen und weiter abtropfen lassen. Für eine festere Konsistenz den Käse nach dem Fermentieren in dem mit Mull ausgelegten Sieb lassen, dann mit einem Gewicht beschwert einige weitere Stunden lang in den Kühlschrank legen, damit noch mehr Molke abgesondert werden kann. In einem luftdichten Behälter im Kühlschrank aufbewahrt, hält sich der Käse bis zu zwei Wochen.
4. Den *Mandel-Käse* vor der Verwendung nach Geschmack würzen oder süßen (siehe Seite 40).

Es gibt Wunder! Dieser Creme-Käse schmeckt fast genauso wie Philadelphia-Streichkäse und kann auf ähnliche Weise verwendet werden. Um von den Lactobacillus-Kulturen profitieren zu können, sollte man Nusskäse ungekocht verzehren, doch fühlen Sie sich frei, den Käse auf jede Art und Weise zu verwenden, die Ihnen in den Sinn kommt.

Schutzengel, bitte hilf mir, mich zu „erhellen" und mehr Licht zu tragen.

Cashew-Creme-Käse

Ergibt ca. 2 Tassen

330 g Cashewnüsse, 12 Stunden in gutem Wasser eingeweicht, abgespült und abgetropft

240 ml oder mehr Rejuvelac *vom zweiten oder dritten Tag (s. Seite 29)*

1. Cashewnüsse, mit *Rejuvelac* bedeckt, in den Mixer geben. Zu einer glatten, cremigen Masse pürieren. Dabei nur soviel *Rejuvelac* hinzufügen, wie erforderlich ist, damit die Mischung weiter rührfähig bleibt.
2. In ein mit Mull ausgelegtes Sieb geben und für 1 bis 2 Stunden abtropfen lassen.
3. An einen warmen (nicht heißen) Ort stellen und weitere 7 bis 10 Stunden fermentieren lassen. Wenn ein dicker Käse gewünscht ist, ein sauberes Gewicht auf den Käse legen und weiter abtropfen lassen. Für eine festere Konsistenz den Käse nach dem Fermentieren in dem mit Mull ausgelegten Sieb lassen und mit einem Gewicht beschwert einige weitere Stunden lang in den Kühlschrank legen, damit noch mehr Molke abgesondert werden kann. In einem luftdichten Behälter im Kühlschrank aufbewahrt, hält sich der Käse bis zu zwei Wochen.
4. Den Käse vor der Verwendung nach Geschmack würzen oder süßen (siehe Seite 40).

Manchmal sind zwei Kernsorten besser als eine! Diese Kombination eröffnet einen ganz neuen Geschmack und vielfältige Verwendungsmöglichkeiten. Der Käse kann gewürzt (siehe Seite 40) und in Aufstrichen und Dips verwendet werden, oder gesüßt in Desserts. Besonders gut macht er sich in Mixgetränken, oder als genussvolle Ergänzung zu Obst.

Schutzengel, bitte hilf mir, in jedem Moment reine Liebe zu fühlen.

Sonnenblumenkern- und Sesamsamen-Käse

Ergibt ca. 2 Tassen

225 g geschälte Sonnenblumenkerne, 6 bis 8 Stunden in gutem Wasser eingeweicht, gespült und abgetropft
75 g Sesamsamen, 6 bis 8 Stunden in gutem Wasser eingeweicht, gespült und abgetropft
240 ml oder mehr gutes Wasser

1. Sesamsamen und Sonnenblumenkerne mit Wasser in den Mixer geben. Zu einer glatten, cremigen Masse pürieren. Nur soviel Wasser wie nötig hinzufügen.
2. Die Masse in ein mit Mull ausgelegtes Sieb gießen und 1 bis 2 Stunden abtropfen lassen.
3. An einen warmen (nicht heißen) Ort stellen und weitere 5 bis 7 Stunden lang fermentieren lassen. Wenn ein dicker Käse erwünscht ist, ein sauberes Gewicht auf den Käse legen und weiter abtropfen lassen. Für eine festere Konsistenz, den Käse nach dem Fermentieren in dem mit Mull ausgelegten Sieb lassen, dann einige weitere Stunden lang in den Kühlschrank stellen, mit einem Gewicht beschwert, um zusätzliche Molke absondern zu können. In einem luftdichten Behälter im Kühlschrank aufbewahrt, hält sich der Käse bis zu einer Woche.
4. Den Käse vor der Verwendung nach Wunsch würzen oder süßen (siehe Seite 40).

Dieser nussige, grobkörnige Käse eignet sich hervorragend als Aufstrich für das *Essener Mehrkornbrot* oder *Getreidesprossen-Kräcker* (siehe Seite 152, 157). Nutzen Sie Ihre Fantasie und würzen Sie ihn mit Schnittlauch, klein gehackter roter Zwiebel mit einer Spur zerdrücktem Knoblauch und Kräutern, Currypulver und Paprika, oder gehacktem Chili. Das wird garantiert ein Leibgericht!

Schutzengel, bitte hilf mir, Erwartungen loszulassen und in Frieden mit dem zu sein, was ist.

Stückkäse

Ergibt ca. 2 Tassen
150 g Mandeln, 12 Stunden in gutem Wasser eingeweicht, gespült und abgetropft
75 g geschälte Sonnenblumenkerne, 6 bis 8 Stunden in gutem Wasser eingeweicht, gespült und abgetropft
60 g geschälte Kürbiskerne, 6 bis 8 Stunden in gutem Wasser eingeweicht, gespült und abgetropft
240 ml oder mehr gutes Wasser

1. Die Mandeln, Sonnenblumen- und Kürbiskerne mit der Hand vermischen. Die Hälfte der Mischung mit Wasser in den Mixer geben und zu einer glatten und cremigen Masse pürieren. Nur so viel Wasser hinzufügen, wie nötig ist, damit der Mixer weitermischt. Die restlichen Mandeln und Kerne hinzugeben und „Hacken" drücken. Die Mischung sollte kleine Stücke enthalten.
2. In ein mit Mull ausgelegtes Sieb geben und für 1 bis 2 Stunden abtropfen lassen.
3. An einen warmen (nicht heißen) Ort stellen und weitere 7 bis 10 Stunden fermentieren lassen. Wenn ein dicker Käse erwünscht ist, ein sauberes Gewicht auf den Käse legen und weiter abtropfen lassen. Für eine festere Konsistenz, den Käse nach dem Fermentieren in dem mit Mull ausgelegten Sieb lassen, dann einige weitere Stunden lang mit einem Gewicht beschwert in den Kühlschrank stellen, damit zusätzliche Molke abgesondert werden kann. Gekühlt und in einem luftdichten Behälter hält sich der Käse bis zu einer Woche.
4. Den Stückkäse vor der Verwendung nach Wunsch würzen oder süßen (siehe Seite 40).

Es gibt unendliche Möglichkeiten, Nusskäse zu verwenden. Lassen Sie Ihre Fantasie spielen, um eine unbegrenzte Anzahl köstlicher Gerichte zu kreiieren. Dieser *Süße Cashew-Käse* schmeckt fantastisch zu Obstsalat und Desserts. Lesen Sie auch im Kapitel *Engelsgleiche Appetithappen & Sündhafte Aufstriche* nach zur Verwendung von *Süßem Mandel-Käse!*

Schutzengel, bitte hilf mir,
das Licht der höheren Weisheit zu sehen.

Würziger Mandel- oder Cashew-Käse

Ergibt ca. 2 Tassen
2 Tassen Mandel-Käse *oder* Cashew-Creme-Käse *(s. Seite 36, 37)*
2 TL unpasteurisierte helle Miso-Paste
1 TL Nährhefe
1 Prise Muskatnuss

Alle Zutaten in eine Schüssel geben und gut vermischen. Als Grundlage für Aufstriche (siehe *Engelsgleiche Appetithappen & Sündhafte Aufstriche)* oder als Bindemittel für Füllungen verwenden. Hält sich in einem luftdichten Behälter im Kühlschrank bis zu zwei Wochen.

Süßer Mandel- oder Cashew-Käse

Ergibt ca. 2 Tassen
2 Tassen Mandel-Käse *oder* Cashew-Creme-Käse *(s. Seite 36, 37)*
40–70 g Ahornsirup oder Dattelpaste
1 TL Vanilleextrakt oder einige Tropfen Mandelextrakt

Alle Zutaten in eine Schüssel geben und gut vermischen. Für Desserts oder zu Obstsalat verwenden. Süßer Nusskäse hält sich im Kühlschrank in einem luftdichten Behälter bis zu einer Woche.

Dies sind zwei verschiedene Arten, wie man Käse aus Samen und Kernen verwenden kann. Der Geschmack dieser köstlichen, kalzium- und proteinreichen fermentierten Speisen kann auf unendliche Weisen variiert werden. Lesen Sie im Kapitel *Engelsgleiche Appetithappen & Sündhafte Aufstriche* einige den Geschmacksnerven schmeichelnde Rezepte nach!

Schutzengel, bitte hilf mir, meine Liebesenergie ganz auszudrücken.

Würziger Sonnenblumenkern- und Sesamsamen-Käse

Ergibt ca. 2 Tassen

2 Tassen Sonnenblumenkern- und Sesamsamen-Käse *(s. Seite 38)*
2 TL unpasteurisierte helle Misopaste
1 TL Nährhefe
1 Prise Muskatnuss

Alle Zutaten in eine Schüssel geben und gut vermischen. Als Grundlage für Aufstriche (s. *Engelsgleiche Appetithappen & Sündhafte Aufstriche)* oder als Bindemittel für Füllungen verwenden. Hält sich in einem luftdichten Behälter im Kühlschrank bis zu zwei Wochen.

Süßer Sonnenblumenkern- und Sesamsamen-Käse

Ergibt ca. 2 Tassen

2 Tassen Sonnenblumenkern- und Sesamsamen-Käse *(s. Seite 38)*
40–70 g Ahornsirup oder Dattelpaste
1 TL Vanilleextrakt oder einige Tropfen Mandelextrakt

Alle Zutaten in eine Schüssel geben und gut vermischen. Für Desserts oder zu Obstsalat verwenden. Dieser süße Käse hält sich im Kühlschrank in einem luftdichten Behälter bis zu einer Woche.

Mandel-Käse ergibt perfekten milchfreien Ricotta. Um von den Vorteilen der Acidophilus-Kulturen zu profitieren, sollten Sie den Käse in Rezepten verwenden, die kein Kochen erfordern. Beim Kochen verhält sie diese Variante sehr ähnlich wie normaler Ricotta.

Schutzengel, bitte hilf mir,
die Göttliche Liebe durch mich fließen zu lassen.

Mandel-Ricotta-Käse

Ergibt ca. 1 Tasse
¾ Tasse fester Mandel-Käse
(s. Seite 36)
eine kleine rote Zwiebel, gehackt
1 EL helles Miso
½ EL Nährhefe
½ kleine Knoblauchzehe, zerdrückt
1 Prise Muskatnuss
1 Prise weißer Pfeffer

Die Zutaten vermischen, wenn nötig noch etwas Wasser hinzufügen, bis die gewünschte Konsistenz erreicht ist. Der Mandel-Ricotta-Käse kann im Kühlschrank bis zu einer Woche aufbewahrt werden. Als Aufstrich für *Essener Mehrkornbrot* (Seite 152) oder *Getreidesprossen-Kräcker* (Seite 157) servieren, oder als Dip für frisches Gemüse.

Anmerkung: Käse wird dicker, wenn er sich setzt. Nach der Aufbewahrung im Kühlschrank muss eventuell noch Wasser hinzugefügt werden.

Ich liebe griechische Salate und habe in meinen milchfreien Versionen immer den Feta-Käse vermisst. Daher war ich entzückt, als ich diesen Mandel-Feta hinbekommen habe! Bereiten Sie ihn ein oder zwei Tage im Voraus zu, so hat er genug Zeit, die Molke abzusondern und fest zu werden.

Schutzengel, bitte hilf mir, mich selbst mehr zu lieben.

Mandel-Feta-Käse

Ergibt ca. 1 Tasse
¾ Tasse sehr fester Mandel-Käse *(s. Seite 36)*
1 EL helles Miso
½ EL Nährhefe
½ kleine Knoblauchzehe, zerdrückt
½ TL Zitronensaft
½ TL Meersalz (nach Geschmack)
1 Prise Muskatnuss
1 Prise weißer Pfeffer
½ TL Psyllium-Pulver/Flohsamen (optional; verwenden, wenn der Käse nicht fest ist)

Alle Zutaten in eine Schüssel geben und gut vermischen. In ein mit Mull ausgelegtes Sieb oder einen Durchschlag geben und mit einem Gewicht beschweren. (Ein Plastikbeutel voller Bohnen funktioniert gut.) Weitere 12 Stunden im Kühlschrank lassen. In Salaten oder anderen Rezepten verwenden, für die Feta-Käse gebraucht wird.

Kein Wunder, dass dieses enzymreiche Nahrungsmittel in dem Ruf steht, für die Langlebigkeit vieler gesunder alter Leute verantwortlich zu sein! Es fördert das Wachstum neuer Zellen und hat eine starke Reinigungswirkung. Sauerkraut ist leicht herzustellen und schmeckt toll, doch beginnen Sie zunächst mit kleinen Mengen. Es ist hervorragend zur Entgiftung, ein bisschen ist also gut, aber viel nicht unbedingt besser!

Schutzengel, bitte hilf mir, mein Licht in anderen widergespiegelt zu sehen.

Lebendiges Sauerkraut

(Fermentierter Kohl)

Ergibt ca. 1 Liter

1 mittelgroßer Kohlkopf, fein geschnittenen oder gehobelt (zum Bedecken des Sauerkrauts mehrere äußere Blätter und Kohlstücke aufbewahren)

½ TL Meersalz (optional)

1. Den in feine Streifen geschnittenen Kohl fest in eine tiefe Glasschüssel oder einen Topf drücken. (Der Kohl sollte sehr saftig sein; ansonsten mit einem schweren Gewicht zerstampfen oder noch ein wenig feiner zerstoßen, um die Säfte freizusetzen.)
2. Die aufbewahrten Blätter darüber legen, dabei teilweise seitlich den Topf hinaufreichen lassen; eine kleine Untertasse darauf stellen.
3. Eine saubere Plastiktüte mit Getreide oder Bohnen füllen und als Gewicht auf die Untertasse stellen. Seitlich etwas Platz lassen, um gute Luftzufuhr zu sichern.
4. Mit einem sauberen Geschirrtuch zudecken.
5. 3 bis 4 Tage lang in eine warme, dunkle Kammer oder einen Wandschrank stellen. (Bei wärmerem Wetter geht die Fermentation schneller.)
6. Das Sauerkraut in einem Glasgefäß im Kühlschrank aufbewahren. Es hält sich zwei Wochen oder länger, wird aber am besten so schnell wie möglich verzehrt, um sich die lebendigen Lactobacillus-Bakterien zu sichern.

Wenn Sie pikante, scharfe Speisen mögen, werden Sie diese großartige koreanische Sauerkraut-Variante lieben. Variieren Sie den Geschmack, indem Sie verschiedene Chili-Arten, mehr frischen Ingwer, Knoblauch, Frühlingszwiebeln oder was auch immer Sie mögen hinzufügen! Probieren Sie auch Chinakohl (Napa) anstelle von einem Kohlkopf aus. Genießen Sie *Kim Chee* als Würzmittel oder zum Garnieren – es wird Schwung in jedes Gericht bringen!

Schutzengel, bitte hilf mir, einen friedvollen, ruhigen Geist zu entwickeln.

Kim Chee

(Scharfer Koreanischer Fermentierter Kohl)

Ergibt ca. 1½ Liter

1 mittelgroßer Kohlkopf, fein geschnitten oder gehobelt (zum Bedecken des Kim Chee *mehrere äußere Blätter und Kohlstücke aufbewahren)*
1 Daikon-Rettich, fein geschnitten oder gehobelt
1 kleine rote Zwiebel, gehackt
1 Knochlauchzehe, zerdrückt
1 EL geriebene frische Ingwerwurzel
½ TL Meersalz
⅛ TL Cayennepfeffer

1. Alle Zutaten vermischen und fest in eine tiefe Glasschüssel oder einen Topf pressen. (Der Kohl sollte sehr saftig sein; ansonsten mit einem schweren Gewicht zerstampfen oder noch ein wenig feiner zerstoßen, um die Säfte freizusetzen.)
2. Die aufbewahrten Blätter darüber legen, dabei teilweise seitlich den Topf hinaufreichen lassen; eine kleine Untertasse darauf stellen.
3. Eine saubere Plastiktüte mit Getreide oder Bohnen füllen und als Gewicht auf die Untertasse stellen. Seitlich etwas Platz lassen, um gute Luftzufuhr zu sichern.
4. Mit einem sauberen Geschirrtuch zudecken.
5. 3 bis 4 Tage lang in eine warme, dunkle Kammer oder einen Wandschrank stellen. (Bei wärmeren Wetter geht die Fermentation schneller.)
6. Das *Kim Chee* in einem Glasgefäß im Kühlschrank aufbewahren. Es hält sich zwei Wochen oder länger, wird aber am besten so schnell wie möglich verzehrt, um sich die lebendigen Lactobacillus-Bakterien zu sichern.

Etwas milder und süßer im Geschmack, ist dieses Kraut ein wahrer Augenschmaus! Sie können nahezu jedes Gemüse verwenden, das Sie gern mögen, wie beispielsweise Sellerie, Broccoli, Rettich oder Zwiebeln. Wenn es Ihnen lieber ist, können Sie auch roten Kohl oder Chinakohl (Napa) wählen. Die Gewürze können sich mit Ihrer Laune verändern – also, seien Sie kreativ!

Schutzengel, bitte hilf mir, daran zu denken, den Atem des Lebens tief und bewusst einzuatmen.

Vegekraut

(Fermentierte gemischte Gemüse)

Ergibt ca. 1½ Liter

1 mittelgroßer Kohlkopf, fein zerschnitten oder gehobelt (zum Bedecken des Vegekraut *mehrere äußere Blätter und Kohlstücke aufbewahren)*

1 rote Bete, geputzt und fein zerschnitten oder gehobelt

2 Mohrrüben, fein geschnitten oder geraspelt

½ TL Dill oder Kümmel

¼ TL Selleriesamen, gemahlen

¼ TL Dulse (Rotalge) oder Kelp (Seetang), gemahlen

¼ TL Meersalz

1. Alle Zutaten gut vermischen. Fest in eine tiefe Glasschüssel oder einen Topf pressen. (Der Kohl sollte sehr saftig sein; ansonsten mit einem schweren Gewicht zerstampfen oder noch ein wenig feiner zerstoßen, um die Säfte freizusetzen.)
2. Die aufbewahrten Blätter darüber legen, dabei teilweise seitlich den Topf hinaufreichen lassen; eine kleine Untertasse darauf stellen.
3. Eine saubere Plastiktüte mit Getreide oder Bohnen füllen und als Gewicht auf die Untertasse stellen. Seitlich etwas Platz lassen, um gute Luftzufuhr zu sichern.
4. Mit einem sauberen Geschirrtuch zudecken.
5. 3 bis 4 Tage lang in eine warme, dunkle Kammer oder einen Wandschrank stellen. (Bei wärmeren Wetter geht die Fermentation schneller.)
6. Das *Vegekraut* in einem Glasgefäß im Kühlschrank aufbewahren. Es hält sich zwei Wochen oder länger, wird aber am besten so schnell wie möglich verzehrt, um sich die lebendigen Lactobacillus-Bakterien zu sichern.

Dieses Kraut ist sensationell! Äpfel und Ingwer ergeben eine wunderbare süß-saure Kombination. Fügen Sie zur Variation Gewürze wie Anissamen, Currypulver, Kümmel oder Kardamom hinzu. Krautgerichte sind leicht zuzubereiten und sehr gesundheitsfördernd. Lassen Sie Ihre Fantasie spielen und sehen Sie, wie viele großartige Geschmacksrichtungen Sie entwickeln können!

Schutzengel, bitte hilf mir, ruhiger zu werden und dem Leben zu vertrauen.

Apfelkraut

(Fermentierterer Kohl mit Äpfeln)

Ergibt 1 – 1½ Liter

1 mittelgroßer Kohlkopf, fein zerschnitten oder gehobelt (zum Bedecken mehrere äußere Blätter und Kohlstücke aufbewahren)
2 saure, feste Äpfel, geschält, entkernt und geraspelt
1 TL geriebene frische Ingwerwurzel

1. Alle Zutaten gut vermischen. Fest in eine tiefe Glasschüssel oder einen Topf pressen. (Der Kohl sollte sehr saftig sein; ansonsten mit einem schweren Gewicht zerstampfen oder noch ein wenig feiner zerstoßen, um die Säfte freizusetzen.)
2. Die aufbewahrten Blätter darüber legen, dabei teilweise seitlich den Topf hinaufreichen lassen; eine kleine Untertasse darauf stellen.
3. Eine saubere Plastiktüte mit Getreide oder Bohnen füllen und als Gewicht auf die Untertasse stellen. Seitlich etwas Platz lassen, um gute Luftzufuhr zu sichern.
4. Mit einem sauberen Geschirrtuch zudecken.
5. 3 bis 4 Tage lang in eine warme, dunkle Kammer oder einen Wandschrank stellen. (Bei wärmeren Wetter geht die Fermentation schneller.)
6. Das *Apfelkraut* in einem Glasgefäß im Kühlschrank aufbewahren. Es hält sich zwei Wochen oder länger, wird aber am besten so schnell wie möglich verzehrt, um sich die lebendigen Lactobacillus-Bakterien zu sichern.

VIERTES KAPITEL

Freigebige Früchte

Ein Gespräch mit dem Geist über den Überfluss

Geliebter Geist, bitte hilf mir zu akzeptieren, dass ich die Unterstützung des Universums dabei habe, ein Leben voller Freude und Überfluss zu führen. Ich bitte darum, dass die Früchte des Lebens mich in allen ihren Formen umgeben mögen, und mich mit Gesundheit, einem angemessenen Auskommen, finanzieller Sicherheit, bedingungsloser Liebe und Seelenruhe versehen. Ich muss wissen, dass ich dafür belohnt werden werde, meinem Herz zu folgen und der Göttlichen Führung zu vertrauen, meinen Pfad zu erhellen. Ich bitte alle Licht- und Liebesenergien, mich dabei zu unterstützen, nur positive Gedanken zu hegen über meine Fähigkeit, ein Leben voller Gesundheit, Wohlstand und Erfüllung zu führen.

Ich bin aus ganzem Herzen dankbar für diese Geschenke des Lichts, die liebevoll für meine Ernährung zur Verfügung gestellt wurden und die ich als Symbol des Überflusses erkenne. Ich ehre diese Lebensmittel und danke ihnen für ihre Energie und Großzügigkeit. Ich liebe dich, ich preise dich, ich bin eins mit dir und allem, was ist.

REZEPTE AUF EINEN BLICK

Die Engel könnten gar nicht entzückter über dieses herrliche Aufgebot verlockender Saisonfrüchte sein. Eine wunderbare Art, den Tag zu beginnen! Je nach Geschmack können Sie das Obst mit süßem *Cashew-* oder *Mandel-Joghurt* servieren.

Schutzengel, bitte hilf mir,
die Heiligkeit in allem, was ich tue,
zu erkennen.

Landobst-Platte

Für 4 Personen
2 Äpfel, geviertelt und entkernt
2 Birnen, geviertelt und entkernt
2 Pfirsiche, geviertelt, entsteint
4 Pflaumen, halbiert, entsteint
4 Aprikosen, halbiert, entsteint
500 g Kirschen
500 g Blaubeeren oder Brombeeren
süßer Cashew- *oder* Mandel-Joghurt
(s. Seite 34)

Das Obst dekorativ auf einer Platte anordnen, die Beeren darüber streuen oder in kleinen Schüsselchen auf die Platte stellen. Mit süßem *Cashew-* oder *Mandel-Joghurt* servieren.

Tropische Obst-Platte

Für 4 Personen
2 Papayas, geschält, entkernt, und längs geviertelt
½ Ananas, geschält, die harte Mitte entfernt und in Streifen geschnitten
2 Bananen, geschält und gedrittelt
2 Mangos, geschält und in Scheiben geschnitten
2 Guaven, geschält und halbiert
3 Mandarinen, geschält und geviertelt
4 Kiwis, geschält und halbiert
Saft einer Limette
½ Kokosnuss, geschält und geraspelt (zum Garnieren)

1. Das Obst dekorativ auf einer Platte anordnen und den Limettensaft über Papayas und Mangos träufeln.
2. Kokosnussraspel darüber streuen und sofort servieren.

Sie können die Engel fast singen hören, wenn Sie diese lichtvollen tropischen Salate zubereiten! Gäste und Familienmitglieder werden denken, sie befänden sich auf einer Kreuzfahrt nach Hawaii!

Schutzengel, bitte hilf mir, die inneren Sphären meiner Seele zu erleuchten.

Sonnenaufgang in Hawaii

Für 4 Personen
2 mittelgroße Papaya, geschält, entkernt, und in Stücke geschnitten
½ Ananas, geschält, den harten Kern entfernt und in Stücke geschnitten
2 Mangos, geschält, entsteint und in Stücke geschnitten
2 reife Bananen, geschält und in Scheiben geschnitten
2 Orangen, geschält, in Stücke zerteilt und klein geschnitten
2 Kiwis, geschält, längs geviertelt und in Scheiben geschnitten
Saft einer Limette

Alle Zutaten vermischen und sofort servieren.

Pazifisches Ananas-Boot

Für 4 Personen
1 Ananas
2 Bananen, geschält und in Stücke geschnitten
½ Cherimoya, geschält, entkernt und in Stücke geschnitten
2 Guaven, geschält, entkernt und in Stücke geschnitten
1 Papaya, geschält, entkernt und in Stücke geschnitten
1 Mango, geschält und in Stücke geschnitten
Saft einer Limette

1. Die Ananas längs halbieren. Das Fruchtfleisch aus der Schale so herausschneiden, dass diese im Ganzen bleibt. Die Schale aufbewahren, um sie als Schüssel für den Salat zu verwenden. Vom Fruchtfleisch das harte Innere entfernen und den Rest in Stücke schneiden.
2. Die klein geschnittene Ananas mit dem übrigen Obst mischen. Pur in der Ananasschale servieren, oder mit *Mandel-* oder *Cashew-Joghurt* (Seite 34).

Nichts ist besser als frische süße Beeren, um Ihre Sinne zu entzücken. Das ist die Essenz des Sommers! Jeder, der gerne Zitrusfrüchte mag, wird in dem vitalen Zitrussalat schwelgen.

Schutzengel, bitte hilf mir,
ein Gefäß Göttlichen Lichts zu werden.

Waldbeeren-Salat

Für 4 Personen
250 g Himbeeren oder Lachshimbeeren (Salmonberries)
250 g Brombeeren oder Boysenbeeren
250 g Blaubeeren oder Heidelbeeren
250 g Erdbeeren
250 g Johannisbeeren oder Stachelbeeren
½ Tasse süßer Mandel- *oder* Cashew-Joghurt *(s. Seite 34)*

Alle Beeren zusammengeben und vorsichtig vermischen. In einzelnen Dessertschälchen servieren und mit einem Häubchen süßen *Mandel-* oder *Cashew-Joghurts* krönen.

Santa-Barbara-Zitrussalat

Für 4 Personen
2 Navelorangen, geschält und in Scheiben geschnitten
2 Mandarinen, geschält und in Scheiben geschnitten
3 Tangerinen, geschält und in Scheiben geschnitten
2 Grapefruit, geschält und zerteilt, innere weiße Haut entfernt
80 g Kumquats, halbiert
Kerne eines Granatapfels
120 ml frischer Orangensaft

Alle Zutaten vermischen und servieren.

Einer der größten Vorteile von Kalifornien ist die Verfügbarkeit von frischem Obst. Dies ist ein ganz besonderer Obstsalat, der viele der einzigartigen Früchte verwendet, die dort wachsen. Selbst wenn kein frisches Obst verfügbar ist, können Sie morgens dennoch die kostbare Gabe der Früchte genießen. Dieser Wintersalat ist praktisch und köstlich!

Schutzengel, bitte hilf mir, bewusste Wahrnehmung des Engelreichs zu entwickeln.

California's Best Obstsalat

Für 4 Personen
4 Mandarinen oder Tangerinen, geschält und in Stücke geschnitten
1 Grapefruit, geschält und in Stücke geschnitten
2 chinesische Birnen, entkernt und in Stücke geschnitten
8 frische Feigen, in Stücke geschnitten
4 Kiwis, geschält und in Stücke geschnitten
200 g Weintrauben, entstielt
1 Persimone, gehäutet, entkernt und püriert
Saft einer Limette
Kerne eines Granatapfels
4 Zweige Minze

1. Die ersten sechs Zutaten zusammengeben und behutsam mischen.
2. Den Limettensaft und die pürierte Persimone gut vermischen.
3. Den Obstsalat auf einzelnen Serviertellern anrichten und die Persimonen-Mischung jeweils in die Mitte löffeln. Mit Granatapfelkernen und Minze garnieren und sofort servieren.

Winterobst-Salat

Für 4 Personen
8 getrocknete Feigen, über Nacht eingeweicht und in Stücke geschnitten
100 g Rosinen oder Korinthen, über Nacht eingeweicht
4 getrocknete Aprikosen, über Nacht eingeweicht und in Stücke geschnitten
4 Dörrpflaumen, über Nacht eingeweicht, entsteint und geviertelt
2 frische Äpfel, entkernt u. in Stücke geschnitten
Saft einer Limette

Alle Zutaten zusammengeben und behutsam vermischen. Nach Wunsch mit *Mandel-* oder *Cashew-Joghurt* (Seite 34) servieren.

Diese beiden herrlichen Obst-Rezepte geben jeweils einen eleganten ersten Gang für Frühstück oder Brunch ab. Erdbeeren mit Creme sind so exquisit, dass es sich gar nicht in Worte fassen lässt! Am nächsten komme ich ihm noch mit „Gaumenschmaus"!

Schutzengel, bitte hilf mir, Kraft und Licht auszustrahlen.

Pfirsiche mit Erdbeer-Melonen-Coulis

Für 4 Personen
¼ Melone nach Wahl, geschält, entkernt und püriert
300 g reife Erdbeeren, gewaschen, geputzt und püriert
2 große Pfirsiche, entsteint und in Scheiben geschnitten

1. Ein Viertel von jedem Püree dekorativ auf die Servierteller löffeln.
2. Die Pfirsichscheiben fächerförmig auf den Pürees anordnen und sofort servieren.

Erdbeer-Cashew-Creme

Für 4 Personen
750 g reife Erdbeeren, geputzt, gut abgetropft und längs halbiert
1 Tasse süße Cashew-Creme *(s. Seite 31)*
4 Zweige frischer Minze

1. Erdbeeren und süße *Cashew-Creme* behutsam vermischen, 4 Erdbeerhälften zum Garnieren aufbewahren.
2. Die Erdbeermischung in Dessertschälchen geben und mit einer Erdbeerhälfte und der Minze garnieren. Sofort servieren.

Diese beiden Rezepten sind lustige und außergewöhnliche Arten, Obst zu servieren, und großartig geeignet, um Suppenkasper zum Essen zu bewegen! Sie können diese wundervolle Feinschmecker-Suppe als Auftakt zum Frühstück oder einem Brunch servieren. Sie ist einfach zuzubereiten, aber dennoch kreativ und köstlich! Variieren Sie das Obst je nach Saison.

Schutzengel, bitte hilf mir, jeden Moment als ein heiliges Geschenk anzusehen.

Mexikanische Obstspießchen

Für 3–4 Personen
1 mittelgroße Jicama (Yambohne), geschält und in 2,5 cm große Stücke geschnitten
2 Bananen, in 2,5 cm dicke Scheiben geschnitten
1 feste Papaya, geschält, entkernt und in 2,5 cm große Stücke geschnitten
2 feste Mangos, geschält und in 2,5 cm große Stücke geschnitten
2 Orangen, geschält und in 2,5 cm große Stücke geschnitten
500 g Erdbeeren, gewaschen und geputzt
Saft einer Limette
gemahlener roter Pfeffer (optional)

1. Die Obststücke nach Farbe auf langen Bambusspießen anordnen.
2. Den Limettensaft über das Obst träufeln und direkt vor dem Servieren sehr fein mit rotem Pfeffer bestreuen.

Dänische Obstsuppe

Für 4 Personen
16 frische Aprikosen, entsteint
80 g Erdbeeren, gewaschen und geputzt
470 ml frischer Orangensaft

1. Alle Zutaten in einen Mixer geben und pürieren.
2. Das Püree durch ein Sieb streichen und servieren, eventuell gekühlt.

Diese unglaublich köstlichen Shakes sind ein großartiger Start in den Tag. Verwenden Sie frisches Obst der Saison und seien Sie kreativ. Man kann gar keinen schlechten Saft machen!

Schutzengel, bitte hilf mir,
mein Leben mit Werken der Güte zu füllen.

Melonenshake

Für 2–3 Personen
1 Kantalupe- oder Honigmelone, geschält, entkernt und in Stücke geschnitten
250 ml frisch gepresster Orangensaft oder gutes Wasser

Melone und Saft im Mixer pürieren und genießen!

Mango-Shake

Für 2 Personen
2 frische Mangos, geschält und entkernt
500 ml frisch gepresster Orangen- oder Apfelsaft

Mangos und Saft im Mixer pürieren und genießen!

Bananen-Nektarinen-Shake

Für 2 Personen
2 Nektarinen, entkernt
3 Bananen, geschält
750 ml frisch gepresster Orangen- oder Apfelsaft

Obst und Saft im Mixer pürieren und genießen!

Säfte und Shakes sind wunderbar zum Frühstück oder als kleine Erfrischung zwischendurch. Hier finden Sie drei weitere köstliche Shake-Kreationen. Probieren Sie auch Papaya, Kiwi, Cherimoya, Aprikose, Pfirsich, Birne oder was immer Ihr Herz höher schlagen lässt!

Schutzengel, bitte hilf mir,
in jedem das Licht zu sehen.

Papaya-Bananen-Shake

Für 2 Personen
1 Papaya, geschält und entkernt
3 Bananen, geschält
750 ml frisch gepresster Orangen- oder Grapefruitsaft

Obst und Saft im Mixer pürieren und genießen!

Apfel-Bananen-Beeren-Shake

Für 2 Personen
500 g Beeren nach Wahl, gewaschen und geputzt
2 Bananen, geschält
500 ml frisch gepresster Apfelsaft

Obst und Saft im Mixer pürieren und genießen!

Carob-Bananen-Mandel-Shake

Für 2 Personen
150 g Mandeln, eingeweicht
500 ml gutes Wasser
3 große Bananen
1–2 EL Carobpulver

Alle Zutaten im Mixer zu einem glatten Shake pürieren und genießen!

Wenn Sie es nicht weitererzählen, werden die anderen niemals erfahren, wie einfach und nahrhaft diese köstlichen Frühstückspuddings sind! Die getrockneten Früchte sorgen für den überraschenden Gelatine-Effekt.

Schutzengel, bitte hilf mir,
in meinen alltäglichen Gedanken und Taten
einem Engel gleicher zu werden.

Bananen-Überraschungs-Frühstückspudding

Für 2 Personen
8 große Trockenpflaumen, über Nacht eingeweicht, abgetropft und entsteint
3 reife Bananen, geschält

1. Alle Zutaten im Mixer zu einer glatten und cremigen Masse pürieren.
2. Wenn möglich, vor dem Servieren eine Stunde kalt stellen.

Apfel-Aprikosen-Frühstückspudding

Für 2 Personen
12 getrocknete Aprikosenhälften, über Nacht eingeweicht und abgetropft
2 Äpfel, entkernt und in Stücke geschnitten
½ TL gemahlener Zimt oder gemahlener Ingwer

1. Alle Zutaten in die Küchenmaschine oder den Mixer geben und zu einer glatten Masse pürieren. (Wenn Sie einen Mixer verwenden, teilen Sie die Mischung in zwei Hälften.)
2. Wenn möglich, den Pudding vor dem Servieren eine Stunde kalt stellen.

Wenn Sie möchten, dass ihre Küche von himmlischen Düften gefüllt wird, dann sind diese Rezepte genau das Richtige! Warm und nahrhaft an kalten Tagen, sind diese köstlichen Obstvarianten großartig als Snack zum Frühstück, oder auch als Dessert.

Schutzengel, bitte hilf mir,
Gott in allem und jedem zu sehen.

Gebackene Bananen mit Zimt

Für 4 Personen
8–10 fast reife Bananen, geschält und längs halbiert
70 g Vollrohrzucker
1 TL Zimt
240 ml Kokosmilch oder gesüßte Cashew-Creme *(s. Seite 31)*

1. Die Hälfte der Bananen in eine flache, mit Öl bestrichene Auflaufform legen und die Hälfte des Vollrohrzuckers darüber streuen. Die Bananen mit der Hälfte des Zimts bestäuben. Den Vorgang mit den übrigen Zutaten wiederholen.
2. 30 Minuten lang bei 190 Grad backen.
3. Bananen abkühlen lassen. Unterdessen die Kokosmilch oder die gesüßte *Cashew-Creme* sanft erwärmen und über die Bananen gießen.

Pikante Bratäpfel

Für 4 Personen
4 große grüne Äpfel, entkernt und geviertelt
1 TL Zimt
je ½ TL Piment und gemahlener Ingwer
¼ TL Muskatnuss
70 g Vollrohrzucker
1 Tasse gesüßte Cashew-Creme *(s. Seite 31)*

1. Alle Zutaten bis auf die *Cashew-Creme* gut vermischen.
2. Die Mischung in eine flache, geölte Auflaufform geben und 30 Minuten bei 190 Grad backen.
3. Die Bratäpfel abkühlen lassen. Unterdessen die Creme sanft erwärmen und zusammen mit den abgekühlten Bratäpfeln servieren.

Die Investition in ein Dörrgerät lohnt sich allein schon, um Trockenfrüchte herzustellen! Probieren Sie verschiedene Obstsorten oder -kombinationen und entdecken Sie Ihre Favoriten! Oder füllen Sie gedörrte Bananen mit Nussbutter – ein unglaublicher Leckerbissen!

Schutzengel, bitte hilf mir, eine leuchtende Erscheinung zu werden, die alle sehen können.

Dörr-Bananen

1½–2 Bananen pro Dörrblech

1. Bananen schälen und im Mixer oder der Küchenmaschine ganz fein pürieren.
2. Das Bananenpüree 0,5 cm dick auf ein Dörrblech streichen.
3. 12 bis 24 Stunden bei 40 Grad trocknen. Variieren Sie die Trockenzeit je nach der gewünschten Festigkeit. (Die Dörr-Bananen sollten leicht zäh sein, nicht klebrig oder zu kross.)
4. Die Bananenplatten vom Blech lösen und zur einfachen Aufbewahrung zylinderförmig einrollen. Hält sich mehrere Monate lang.

Bananen-Cashew-Röllchen

Ergibt 48 Happen
6 quadratische Platten Dörr-Bananen (s. Rezept oben)
1½ Tassen Cashew-Butter *(s. Seite 82)*

1. ¼ Tasse frische *Cashew-Butter* auf das untere Drittel jeder Dörr-Bananenplatte streichen und, in der Art von Sahnerollen, eng einrollen.
2. Jede Rolle in 8 Scheiben schneiden. In einem luftdichten Behälter im Kühlschrank aufbewahrt, halten sich die *Banenen-Cashew-Röllchen* bis zu einem Monat.

Wenn Sie das Obst in der Hochsaison kaufen, kosten Sie diese unglaublichen Snacks nur wenige Cents. Verwenden Sie die Röllchen als köstliches Extra für die Lunchbox, oder lassen Sie Ihrer Kreativität bei der Entwicklung spezieller Füllungen freien Lauf!

Schutzengel, bitte hilf mir, meine Gedanken zu beherrschen und in meinem Herzen zu leben.

Dörr-Aprikosen

6–8 süße, reife Aprikosen pro Blech

1. Die Aprikosen im Mixer oder der Küchenmaschine sehr fein pürieren.
2. Das Aprikosenpüree ca. 0,5 cm dick auf ein Dörrblech streichen
3. 12 bis 24 Stunden bei 40 Grad trocknen lassen. Variieren Sie die Trockenzeit je nach der gewünschten Festigkeit. (Die Dörr-Aprikosen sollten leicht zäh sein, nicht klebrig oder zu kross.)
4. Von der Platte lösen und zur leichten Aufbewahrung zylinderförmig einrollen. Hält sich mehrere Monate lang.

Aprikosen-Feigen-Röllchen

Ergibt 48 Happen
6 Platten Dörr-Aprikosen (s. Rezept oben)

Füllung:
12 getrocknete Feigen, gemahlen
80 g Kokosraspel (optional)
½ Tasse fester Mandel- *oder* Cashew-Creme-Käse *(s. Seite 36, 37)*

1. Die Zutaten für die Füllung in die Küchenmaschine geben und pürieren. ¼ Tasse der Mischung auf das untere Drittel jeder Dörr-Aprikosenplatte streichen und, in der Art von Sahnerollen, eng einrollen.
2. Jede Rolle in 8 Scheiben schneiden. In einem luftdichten Behälter im Kühlschrank aufbewahrt, halten sich die Aprikosen-Feigen-Röllchen bis zu einer Woche. Ersetzen Sie den *Mandel-* oder *Cashew-Creme-Käse* für eine längere Aufbewahrungszeit durch *Cashew-Butter (Seite 82)*.

Kann es wirklich so einfach sein, unglaubliche „Eiscreme" zuzubereiten?! Diese Rezepte sind köstlich und nahrhaft und ergeben einen tollen Nachmittagsimbiss oder ein Dessert. Wenn es Ihnen lieber ist, können Sie die Schokolade durch Carobpulver ersetzen.

Schutzengel, bitte hilf mir,
in Körper, Geist und Seele ausgeglichen zu sein.

Bananas! I Scream mit Schokoladensauce

1–2 reife Bananen pro Portion, in 1,5 cm dicke Scheiben geschnitten

1. Die Bananenscheiben nebeneinander in eine mit Klarsichtfolie ausgelegte flache Schale legen. Mit Klarsichtfolie zudecken und einfrieren.
2. Gefrorene Bananenscheiben in die Küchenmaschine geben und und solange pürieren, bis die Mischung einen glatten, massiven Klumpen *Bananas! I Scream* ergibt.

Schokoladensauce

Ergibt ca. ½ Liter
2 Avocados
240 ml gutes Wasser
80 g organisches (ungesüßtes) Kakaopulver
90 g Vollrohrzucker
1 EL Vanilleextrakt
½ TL Zimt
1 Prise Meersalz

Alle Zutaten zu einer glatten Masse vermischen. Die Sauce kann im Kühlschrank bis zu einer Woche aufbewahrt werden.

Variation:

Carobsauce: Verwenden Sie anstelle von Kakaopulver ungeröstetes Carobpulver and fügen sie 40–50 g Vollrohrzucker hinzu.

Diese himmlischen Köstlichkeiten werden Sie verblüffen! Es ist kaum zu glauben, dass sie so leicht herzustellen sind! Verwenden Sie Ihr Lieblingsobst der Saison, um andere wundervolle Eissorten und Sorbets für die heißen Sommertage zu kreieren.

Schutzengel, bitte hilf mir, deiner Führung zu vertrauen und die Wahrheit zu erkennen.

Mangos! I Scream

1–2 reife Mangos pro Portion, geschält und in Stücke geschnitten

1. Eine flache Schale mit Klarsichtfolie auslegen und die Mangostücke nebeneinander darauf legen. Mit Klarsichtfolie bedecken und einfrieren.
2. Die gefrorenen Mangostücke in die Küchenmaschine geben und solange pürieren, bis die Mischung einen glatten, massiven Klumpen *Mangos! I Scream* ergibt.

Fruchtsorbet

Ergibt ca. 1 Liter
130 g Cashewnüsse, in 1 Tasse gutem Wasser eingeweicht
360 g frisches, reifes Obst nach Wahl, geschält und entkernt

1. Die eingeweichten Cashewnüsse spülen und abtropfen lassen. Mit so viel Wasser in den Mixer geben, dass die Mischung weiter püriert wird. Zu einer glatten und cremigen Masse verarbeiten. Sollte die Mischung nicht völlig glatt werden, länger mixen oder durch ein feines Mulltuch gießen.
2. Das Obst zu der Cashew-Creme in den Mixer geben und zu einer glatten Masse pürieren.
3. Die Mischung in Eiswürfelschalen gießen und einfrieren, bis sie fest ist.
4. Vor dem Servieren aus dem Gefrierfach holen und in der Küchenmaschine schaumig schlagen. Bis zum Servieren wieder ins Gefrierfach stellen.

Ich schätze es in vornehmen Restaurants immer sehr, wenn zwischen den Gängen Sorbets serviert werden. Sie reinigen den Gaumen und geben der Mahlzeit eine wirklich besondere Note! Sorbet oder Eis kann man als Nachmittagsimbiss genießen, oder als elegante Ergänzung jeder beliebigen Mahlzeit – besonders, wenn man es in kleinen Weingläsern reicht.

Schutzengel, bitte hilf mir zu erkennen, dass Gott in allem und jedem existiert.

Französisches Champagner-Beeren-Eis

Für 4 Personen

300 g Brombeeren, gewaschen und abgetropft
300 g Himbeeren, gewaschen und abgetropft
80 g Dattelpaste (oder mehr, wenn die Beeren sauer sind)
1 EL Limettensaft
120 ml gutes Wasser
360 ml Champagner (geteilte Verwendung)

1. Die vorbereiteten Beeren mit Wasser und Limettensaft in einem großen Topf geben und zum Kochen bringen. Die Hitze verringern und 3 bis 4 Minuten köcheln lassen.
2. Währenddessen in einem kleinen Topf 240 ml Champagner zum Kochen bringen. Vom Herd nehmen und abkühlen lassen. (Der Alkohol muss durch Kochen entweichen, sonst verhindert er das Einfrieren.)
3. Die Beerenmischung in den Mixer oder in die Küchenmaschine geben und zu einer glatten Masse pürieren. Den abgekochten Champagner hinzufügen und untermischen. um die Kerne zu entfernen, die Mischung durch ein Sieb in eine Schüssel gießen. (Die Kerne wegwerfen.)
4. Das Sorbet in Eiswürfelschalen füllen und einfrieren, bis es fest ist. Aus dem Gefrierfach nehmen und im Mixer oder der Küchenmaschine cremig pürieren. Sofort servieren, oder für einige Stunden ins Gefrierfach zurückstellen.
5. Mit einem Löffel von dem Sorbet Nocken abstechen und in Champagnergläser füllen. Den restlichen Champagner darüber gießen und servieren.

Das sind zwei meiner Lieblingssorbets. Beide sind glatt, cremig und erfrischend! Verwenden Sie diese Grundrezepte, um ganz nach Ihren Wünschen neue Geschmacksrichtungen zu kreieren. Ersetzen Sie die Ananas einfach durch jede andere Köstlichkeit, nach der Ihr Gaumen verlangt.

Schutzengel, bitte hilf mir,
mich durch deine göttliche Liebe
in Licht und Liebe verwandeln zu lassen.

Ananas-Sorbet Hawaii

Für 4 Personen
150 g frische Ananas, geschält, das harte Innere entfernt und in Stücke geschnitten
360 ml frischer Ananassaft
1 Banane, geschält
Saft einer Limette

1. Alle Zutaten pürieren und in Eiswürfelschalen gießen. Für 12 Stunden oder länger einfrieren.
2. Vor dem Servieren das Sorbet aus den Eiswürfelschalen lösen und in die Küchenmaschine geben.
3. Pürieren und das Sorbet sofort servieren, oder bis zu 4 Stunden zurück ins Gefrierfach stellen.

Sensationelles Erdbeer-Sorbet

Für 4 Personen
300 g Erdbeeren, gewaschen und geputzt
360 ml frischer Orangensaft
1 Banane, geschält

1. Alle Zutaten pürieren und in Eiswürfelschalen gießen. Für 12 Stunden oder länger einfrieren.
2. Vor dem Servieren aus den Eiswürfelschalen lösen und in die Küchenmaschine geben.
3. Pürieren und das Sorbet sofort servieren, oder für bis zu 4 Stunden zurück ins Gefrierfach stellen.

FÜNFTES KAPITEL

Engelsgleiche Appetithappen und sündhafte Aufstriche

Ein Gespräch mit dem Geist über Akzeptanz

Ich bitte die göttliche Führung, mir dabei beizustehen, mich selbst zu lieben und so anzunehmen, wie ich bin. Ich weiß, dass jede Erfahrung, die ich in meinem Leben gemacht habe, mich bis zu diesem Augenblick gebracht hat; daher segne ich meine Vergangenheit und alle, die daran teil gehabt haben, mich so zu erschaffen, wie ich heute bin. Hilf mir zu verstehen, dass jeder Teil von mir ein göttlicher Teil des Ganzen ist. Hilf mir, meinem Körper dankbar dafür zu sein, dass er mir ein komfortables Zuhause zur Verfügung stellt, und meinem Geist für die Weisheit, nach einem Leben im Gleichgewicht zu streben. Ich bitte um deinen Beistand, damit ich mich selbst lieben kann, damit ich akzeptieren kann, wer ich bin und mein wahres Selbst ohne Angst vor Zurückweisung oder Liebesentzug ausdrücken kann. Hilf mir auch, andere so zu akzeptieren, wie sie sind, ohne irgendeine Erwartung, wie sie sein „sollten".

Ich erkenne, dass wir alle eins sind und dass diese Speisen, wie ich selbst, vollkommene Beispiele Gottes in der Natur sind. Daher ehre ich sie und sehe sie als göttlich an, ebenso wie auch ich göttlich bin. Durch unsere Vereinigung wird unser Licht sogar noch strahlender. Ich liebe dich, ich preise dich, ich bin eins mit dir und allem, was ist.

REZEPTE AUF EINEN BLICK

Ich mochte den Duft von gerösteten Chilis und Tomaten immer sehr gerne, wenn ich meiner mexikanischen Großmutter dabei zusah, wie sie frische Salsa zubereitete. Anders als sie benutze ich keinen steinernen Mörser, um die Mischung zu zerstampfen, doch das Rezept hat die gleiche schlichte Eleganz.

Schutzengel, bitte hilf mir, bei allem, was ich tue, liebevolle Freundlichkeit zu üben.

Mexikanische Tomaten-Salsa

Für 6 Personen
4 mittelgroße Tomaten
2 kleine Serrano-Chilis
2 Frühlingszwiebeln, in dünne Ringe geschnitten
2 frische grüne Anaheim-Chilis
1 Knochlauchzehe, zerdrückt
2 EL frischer Cilantro (Chinesische Petersilie, Koriandergrün) gehackt
¼ TL Meersalz (nach Geschmack)

1. Tomaten und Chilis auf ein Backblech legen und unter Wenden circa 5 Minuten im Ofen grillen, bis die Haut gerade angesengt ist und Blasen wirft.
2. Tomaten und Chilis etwas abkühlen lassen, dann häuten, entstielen, entkernen und in Würfel schneiden (s. *Wissenswertes* unten).
3. Alle Zutaten in eine Schüssel geben und gut verrühren. Vor dem Servieren mindestens 15 Minuten ziehen lassen. Der Geschmack wird mit der Zeit immer besser.

Wissenswertes: Um Tomaten zu entkernen, halbieren Sie sie längs, von oben nach unten. Benutzen Sie ein scharfes Schälmesser, schneiden Sie einen Halbkreis rund um die Unterseite der Schnittfläche, die die beiden Samenhöhlen verbindet. Heben Sie das Fleisch der Tomate hoch und beiseite, um die Samen zu entfernen. Samen und Saft können Sie aufbewahren und in frischen Säften verwenden.

Dieser traditionelle Appetitanreger aus Südostasien wird Ihre Geschmacksnerven aufwecken! Variieren Sie die Gewürze nach Ihren Vorlieben. In Thailand gilt: scharf, schärfer, am schärfsten!

Schutzengel, bitte hilf mir, emotionale Ruhe und inneren Frieden zu erfahren.

Pikantes Thailändisches Gurkengewürz

Ergibt ca. 2 Tassen

1 feste Gurke, geschält, längs halbiert und entkernt
2 EL Limettensaft oder Reisessig
2 EL Dattelpaste
1 TL Meersalz
¼ TL weißer Pfeffer
½ kleine rote Zwiebel, in feine Streifen geschnitten
1 frische scharfe rote Chili, entkernt und in feine Späne geschnitten

1. Die Gurke quer so dünn wie möglich in Scheiben schneiden.
2. Alle Zutaten gründlich mischen und sofort servieren, oder in einem luftdichten Behälter im Kühlschrank nicht länger als ein paar Stunden aufbewahren.
3. Mit *Meergemüse-Getreide-Kräckern* (Seite 157) servieren.

Wissenswertes: Um eine Zwiebel zu Julienne zu verarbeiten (also in feine Streifen geschnitten), entfernen Sie die äußeren Schichten und halbieren die Zwiebel von oben nach unten. Schneiden Sie längs, mit der Schnittfläche nach unten, und folgen dabei den natürlichen Linien und Konturen der Zwiebel, um lange, feine Julienne-Streifen erhalten. Wenn Sie die Zwiebel quer schneiden, erhalten Sie Halbkreise.

Dieser japanisch inspirierte erste Gang ist einfach, zugleich jedoch eine wohlriechende Köstlichkeit. Er gibt auch ein hervorragendes Mittag- oder Abendessen ab, mit *Sunomono* oder *Japanischen Sushimaki* serviert (siehe Seite 101, 180).

Schutzengel, bitte hilf mir, bereit zu sein, jedem zuzuhören und von ihm zu lernen.

Kalte japanische Nudelhappen

Für 4 Personen
225 g Somen-Nudeln

Japanische Dip-Sauce:
240 ml Shiitake Dashi *(s. Seite 147)*
60 ml Mirin
60 ml Shoyu
2 Frühlingszwiebeln, in dünne Ringe geschnitten
1 TL fein geriebene frische Ingwerwurzel
½ TL geröstetes Sesamöl
1 Prise gemischtes Chili-Pfeffer-Gewürz

zum Garnieren:
1 TL geröstete Sesamsamen

1. Die Somen-Nudeln gemäß Packungsanleitung kochen und bis zum Servieren in Eiswasser aufbewahren.
2. Die Zutaten für die Dip-Sauce verrühren und kalt stellen.
3. Unmittelbar vor dem Servieren die Nudeln abschütten und in kleine einzelne Schälchen aufteilen. Mit Sesamsamen garnieren, und mit der kalten Dip-Sauce servieren.

Wissenswertes: Frische Ingwerwurzel ist in der Küche Asiens und des Mittleren Ostens weit verbreitet und steht in dem Ruf, eine ausgezeichnete Verdauungshilfe zu sein. Zur einfachen Handhabung schälen Sie die Ingwerwurzel, frieren sie ein, und raspeln Sie dann nach Bedarf, ohne sie vorher aufzutauen. Frischer Ingwer macht sich auch wunderbar in frischgepressten Obst- und Gemüsesäften, sowie in Kräutertees. Ingwer ist sehr ergiebig, gehen Sie also sparsam damit um.

Normalerweise serviere ich diese traditionellen italienischen Vorspeisen größtenteils roh, aber in dieser Version dünsten wir das Gemüse leicht und marinieren es, wie es in Sizilien üblich ist. Reichen Sie die Platte mit *Schwarze-Oliven-Tapenade* und *Getreidesprossen-Kräckern* (siehe Seite 89, 157).

Schutzengel, bitte hilf mir, für alle zu einer Quelle der Hilfsbereitschaft und des Lichts zu werden.

Antipasti

(Sizilianische Vorspeisenplatte)

Für 4 Personen

Italienische Vinaigrette:
2 EL natives Olivenöl extra
2 EL Limettensaft oder Balsamico-Essig
2 EL gutes Wasser
1 Knoblauchzehe, zerdrückt
*½ TL Italienisches Gewürz**
1 EL frische Petersilie, gehackt
½ Teelöffel Meersalz (nach Geschmack)

12 Champignons, geputzt und leicht angedünstet
12 Stangen frischer grüner Spargel, geputzt und leicht angedünstet
80 g Blumenkohl, in Röschen geteilt und leicht angedünstet
80 g Brokkoli, in Röschen geteilt und leicht angedünstet
1 mittelgroße Zucchini, in Scheiben geschnitten und leicht angedünstet
1 rote Paprika, geröstet, geschält und entkernt
1 gelbe Paprika, geröstet, geschält und entkernt
1 grüne Paprika, geröstet, geschält und entkernt
8–12 kleine, gekochte Artischockenherzen

1. Alle Zutaten für die *Vinaigrette* verrühren und mindestens 30 Minuten lang durchziehen lassen.
2. Während die Vinaigrette zieht, Pilze, Spargel, Brokkoli, Blumenkohl und Zucchini einige Minuten lang dünsten, dann mit Eiswasser abspülen.
3. Die gerösteten Paprika längs vierteln und vom breiten zum schmalen Ende hin einrollen.
4. Die Gemüse dekorativ auf einer Platte anordnen und die *Vinaigrette* gleichmäßig darüber gießen.
5. Vor dem Servieren mindestens eine halbe Stunde gut durchziehen lassen.

* Italienisches Gewürz gibt es fertig zu kaufen oder Sie stellen es sich selbst aus Basilikum, Oregano, Petersilie und Knoblauch zusammen.

Duftend und köstlich, sind diese kleinen Päckchen aus gewürztem Reis eine Spezialität aus Griechenland und dem arabischen Mittelmeerraum. Sie schmecken kalt oder warm wundervoll.

Schutzengel, bitte hilf mir,
auf dem Pfad zu persönlicher Freiheit
zu bleiben.

Dolmas

(Griechischer Gewürzreis in Weinblättern)

Für 6 Personen (36–40 Stück)

Füllung:
120 g mittelkörniger brauner Reis, gewaschen und abgetropft
300 ml gutes Wasser
1 TL Meersalz (geteilte Verwendung)
1 Bund italienische Petersilie, gehackt
4 Schalotten, in feine Scheiben geschnitten
30 g Pinienkerne, gehackt
frisch gemahlener Pfeffer (zum Abschmecken)
1 Glas (540 g EW) eingelegte Weinblätter
kochendes Wasser

Sauce:
Saft von 1 großen Zitrone (ca. 60 ml)
1 TL Dattelpaste
3 Knoblauchzehen, zerdrückt
½ TL Meersalz
360 ml gutes Wasser

1. Den gewaschenen Reis mit dem Wasser und ½ TL Salz in einen Topf geben und zum Kochen bringen. Zudecken, die Hitzezufuhr reduzieren und 50 Minuten leise köcheln lassen, bis alle Flüssigkeit aufgenommen ist. Dann vom Herd nehmen und 10 Minuten zugedeckt quellen lassen (nicht umrühren!).
2. Währenddessen die Weinblätter vorsichtig aus dem Glas nehmen und trennen. Legen Sie die Blätter in ein Sieb und spülen Sie sie gut ab. Legen Sie sie dann in eine große Schüssel und gießen

Glatte (italienische) Petersilie hat einen ausgeprägten süßen Geschmack und macht sich besonders gut in *Dolmas*. Petersilie muss man immer gut waschen.

Schutzengel, bitte hilf mir,
eine bewusste Wahrnehmung
der Himmlischen Sphären zu entwickeln.

Sie kochendes Wasser darüber. Abschütten und noch einmal abspülen. Die Weinblätter trennen und auf einem sauberen Handtuch ausbreiten, beschädigte Blätter für später beiseite legen.

3. Den gekochten Reis und die noch verbliebenen Zutaten für die Füllung in eine Schüssel geben und verrühren.
4. Eine tiefe Pfanne oder einen weiten Topf mit einer Schicht der beschädigten Weinblätter auslegen.
5. Zum Füllen der flach ausgebreiteten Weinblätter gehen Sie folgendermaßen vor: Legen Sie ein Weinblatt vor sich, die glänzende Seite nach unten, das Ende mit dem Stil zu sich zeigend. Geben Sie einen gehäuften Teelöffel Füllung in die Mitte des Blattes, nahe dem Stielende. Falten Sie das Stielende über die Füllung. Halten Sie das Ende an seinem Platz und falten Sie die rechte und linke Seite über die Füllung. Rollen Sie das Blatt vom gefalteten Stielende aus fest von sich weg, zur Spitze hin auf. Bereiten Sie so alle *Dolmas* vor.
6. Die *Dolmas* mit der Naht nach unten und dicht nebeneinander in den mit Blättern ausgelegten Topf legen. Falls erforderlich, eine zweite Schicht darauf setzen.
7. Die Zutaten für die Sauce vermischen und über die *Dolmas* gießen.
8. Die Pfanne mit den gefüllten Weinblättern auf den Herd stellen und zum Kochen bringen. Zudecken, die Hitze auf kleinste Stufe reduzieren und 30 Minuten garen lassen, dabei von Zeit zu Zeit überprüfen ob noch genügend Flüssigkeit vorhanden ist, so dass die *Dolmas* nicht austrocknen.
9. Vor dem Servieren auf Zimmertemperatur abkühlen lassen.

Für dieses köstliche und sehr ungewöhnliche Rezept wird nur der zarteste, essbare Teil der Artischocke zubereitet, die Gäste müssen also nicht mit widerspenstigen Blättern kämpfen. Wunderbar als Vorspeise oder Beilage!

Schutzengel, bitte gib mir die Geduld, mich selbst in meinem eigenen Rhythmus zu entfalten.

Italienische Gegrillte Artischockenherzen

Für 4 Personen
4 mittelgroße Artischocken
Saft einer Zitrone in 2 Tassen gutem Wasser
4 Knoblauchzehen, in Scheiben geschnitten
½ TL natives Olivenöl extra

1. Alle harten äußeren Blätter von den Artischocken entfernen, nur die zartesten Blätter stehen lassen. Den Stamm stutzen und schälen, dazu ein scharfes Messer verwenden. Die obere Hälfte der Blätter abschneiden und wegwerfen. Jede Artischocke längs in 8 gleich große Stücke zerschneiden und das Heu entfernen. Bis zur weiteren Verwendung in Zitronenwasser legen. (Die äußeren Blätter können Sie zur späteren Verwendung aufbewahren.)
2. Eine antihaftbeschichtete Pfanne auf mittlere Temperatur erhitzen und ölen. Artischocken und Knoblauch 5 Minuten anbraten, dabei nach Bedarf etwas Wasser hinzufügen, um ein Anbrennen zu verhindern.
3. Die Hitze reduzieren, zudecken, und etwa 15 Minuten dünsten, oder solange bis die Artischocken weich sind. Heiß oder kalt servieren.

Wissenswertes: Artischocken sind Distelblumen, die mit der Zeit aufblühen und ihre Schönheit zeigen. Wählen Sie für kulinarische Zwecke junge, feste Artischocken mit fest geschlossenen Blättern. Lagern Sie die ganzen Artischocken in einem verschlossenen Behälter oder einer Plastiktüte im Kühlschrank, damit sie nicht austrocknen. Sie können gedünstet, gekocht oder gebraten werden, im Ganzen oder ohne Blätter, und das zarte innere Herz kann kurz angebraten oder sogar roh gegessen werden. Artischocken enthalten „Heu", das man vor dem Verzehr sorgfältig mit einem Löffel entfernen muss. Löffeln Sie es einfach heraus und werfen es weg.

Süß, cremig und köstlich ist das Ergebnis, wenn man Knoblauch röstet. Essen Sie ihn allein, als fettfreie Paste, oder als Zugabe zu noch sündhafteren Aufstrichen – er ist unglaublich gut!

Schutzengel, bitte hilf mir,
Anmut, Humor und Weisheit zu entwickeln,
damit ich dir ähnlicher werden kann.

Französischer, im Ofen gerösteter Knoblauch

Für 4 Personen
4 ganze Knoblauchknollen (Wählen Sie feste Knoblauchknollen mit großen Zehen)

1. Den Ofen auf 150 Grad vorheizen.
2. Die äußeren Schichten papierartiger Haut an jeder Knoblauchknolle bis auf die letzte Schicht, die die Zehen zusammenhält, entfernen.
3. Die so vorbereiteten Knoblauchknollen in eine Auflaufform legen und zugedeckt 1 Stunde lang backen.
4. Den Deckel abnehmen und weiterbacken, bis der Knoblauch zu duften und auf der Oberseite zu „schwitzen" beginnt.
5. Den gegarten Knoblauch etwas abkühlen lassen. Dann die Spitze jeder Knolle abschneiden, sodass man das süße weiche Knoblauchfleisch herauslöffeln oder herausdrücken kann.
6. Servieren Sie die Knoblauchpaste entweder schon zerdrückt als Aufstrich, oder legen Sie die ganzen gerösteten Knoblauchknollen auf Servierteller für die Gäste, damit diese sie selbst auslöffeln können.
7. Mit geröstetem Baguette, *Essener Mehrkornbrot* oder *Getreidesprossen-Kräckern* (Seite 152, 157) servieren.

Wissenswertes: Riesenknoblauch hat die größten Zehen und den mildesten Geschmack. Seine natürliche Süße und die großen Zehen bieten sich gut zum Rösten an. Knoblauch ist unterschiedlich intensiv im Geschmack, daher kann die Menge, die Sie in einem Rezept verwenden müssen, variieren. Eine gute Regel ist, erst einmal etwas weniger zu verwenden und nach dem Abschmecken gegebenenfalls mehr hinzuzufügen.

Makellose weiße Champignons sehen auf diese Art serviert wunderhübsch aus – einfach und köstlich, mit Pinienkernen und einer Spur aromatischem Basilikum (s. *Wissenswertes* unten).

Schutzengel, bitte hilf mir,
meinen wahren Weg im Leben zu sehen
und mutig genug zu sein, ihn einzuschlagen.

Gefüllte Champignons

Für 4 Personen
12 Riesenchampignons, gesäubert
1 Knoblauchzehe, zerdrückt
60 g Pinienkerne, 6 bis 8 Stunden eingeweicht und gehackt
½ Bund frische Petersilie, gewaschen, getrocknet und gehackt
1 TL frisches Basilikum, gehackt
2 TL helles Miso

1. Mit einem Teelöffel vorsichtig das Innere der Champignons herausheben, dabei circa 0,5 cm Fleisch am Rand stehen lassen. Stiele und Inneres zur späteren Verwendung aufbewahren. (Gut geeignet für Suppen, Brühenbasis oder Bratensoße). Champignonschalen beiseite stellen.
2. Die übrigen Zutaten zusammengeben und gut verrühren.
3. Champignonschalen mit der Mischung füllen und leicht im Ofen (bei niedrigster Temperatur) angewärmt servieren oder bei Zimmertemperatur.

Wissenswertes: Basilikum gehört zur Familie der Lippenblütengewächse und wird wegen seiner wohlriechenden Blätter geschätzt. Sein Gebrauch ist sowohl in Italien und Thailand als auch in anderen Ländern weit verbreitet. Die breiten, glänzenden Blätter, deren Farbe von grün bis purpurn changiert, verströmen ein unverwechselbares Aroma, das sich hervorragend in Salaten, Dressings, Pasta-Saucen und Aufstrichen macht. Heben Sie die Stiele für frische Gemüsesäfte und Brühen auf.

Dieser Appetithappen mit gerösteten Walnüssen und Knoblaucharoma ist eine Köstlichkeit für Gourmets. Es ist die Art von Gericht, in denen die Franzosen schwelgen, und kann auch als außergewöhnliche Beilage zu einem Hauptgang serviert werden.

Schutzengel, bitte hilf mir, das Leben und die Segnungen in allen Dingen zu schätzen.

Französische Walnuss-Champignons

Für 4 Personen
½ TL natives Olivenöl extra
1 EL Schalotten, gehackt
2 Knoblauchzehen, zerdrückt
8 Riesenchampignons, gewaschen und getrocknet
70 g Walnüsse, leicht geröstet und gemahlen
1 EL gehackte frische Petersilie
½ EL veganer Ei-Ersatz in 2 EL gutem Wasser

1. Eine antihaftbeschichtete Pfanne auf mittlere Temperatur erhitzen und ölen. Schalotten und Knoblauch zugeben und circa 3 bis 4 Minuten sanft anbraten, bis alles weich ist. Dabei evtl. etwas Wasser hinzufügen, um ein Ansetzen zu verhindern.
2. Aus den Pilzen die Stiele und etwas Fleisch herauslösen.
3. Das herausgelöste Pilzfleisch, Walnüsse, Petersilie und den Ei-Ersatz gründlich vermischen.
4. Eine Portion der Mischung in jeden der ausgehöhlten Pilze geben, sodass sich oben ein kleiner Hügel bildet.
5. Die gefüllten Champignons im vorgeheizten Ofen 30 Minuten bei 175 Grad zugedeckt backen. Den Deckel abnehmen und weitere 10 Minuten backen. Heiß oder abgekühlt servieren.

Natürlich fettarm und proteinreich, geben diese „Nüsse“ einen großartigen Snack für Ihre Gäste ab, während Sie das Hauptgericht vorbereiten. Halten Sie sie außerdem nach der Schule für die „kleinen Engel“ bereit.

Schutzengel, bitte hilf mir, den Beistand der Himmlischen Gefilde freudig anzunehmen.

Gewürzte Kichererbsen-Nüsse aus dem Mittleren Osten

Ergibt ca. 2 Tassen

200 g getrocknete Kichererbsen, über Nacht eingeweicht, 2 Tage gekeimt (für Informationen zum Keimen, s. Seite 20)
2 EL unpasteurisiertes helles Miso
1 TL Zwiebelpulver
1 TL gemahlener Koriander
1 TL gemahlener Kreuzkümmel
½ TL Knoblauchpulver
1 Prise Cayennepfeffer

1. Die gekeimten Kichererbsen auf ein Handtuch zum abtropfen legen, um überschüssige Feuchtigkeit zu entfernen.
2. Die restlichen Zutaten zusammen mit Kichererbsen vermischen.
3. Die Kichererbsenmischung auf ein Dörr-Blech legen, dabei etwas Platz zwischen den einzelnen Keimlingen lassen, und 8 bis 12 Stunden lang dörren.
4. Warm als Snack servieren oder im Kühlschrank aufbewahren.

Pikante Linsen-Nüsse

Ergibt ca. 2 Tassen

350 g getrocknete Linsen, über Nacht eingeweicht und 1½ Tage gekeimt (für Informationen zum Keimen, s. Seite 20)
2 EL Shoyu
½ EL mildes Currypulver
1 TL Zwiebelpulver
je eine Prise Knoblauchpulver und Cayennepfeffer

1. Die Linsenkeimlinge auf ein Handtuch zum abtropfen legen, um überschüssige Feuchtigkeit zu entfernen.
2. Restliche Zutaten zusammen mit den Linsenkeimlingen vermischen.
3. Die Linsenmischung auf ein Dörr-Blech legen, etwas Platz zwischen ihnen lassen, und 8 bis 12 Stunden lang dörren.
4. Warm als Snack servieren oder im Kühlschrank aufbewahren.

Diese kleinen Kraftwerke sind ebenso köstlich wie nahrhaft! Da gekeimt und ungekocht, sind sie fettarm und leicht verdaulich. Essen Sie sie als kleinen Imbiss zwischendurch oder streuen Sie sie über Salate.

Schutzengel,
bitte führe mich wohlwollend
durch meine Lektionen.

Gewürzte Sonnenblumenkerne

Ergibt ca. 2 Tassen

300 g geschälte Sonnenblumenkerne, über Nacht eingeweicht, 1 Tag gekeimt (für Informationen zum Keimen, s. Seite 20)
2 EL Shoyu
1 TL Zwiebelpulver
je eine Prise Knoblauchpulver und Cayennepfeffer

1. Die Sonnenblumenkeimlinge zum Abtropfen auf ein sauberes Handtuch legen. In eine Schüssel geben und mit den übrigen Zutaten vermischen.
2. Die gewürzten Keimlinge auf einem Dörr-Blech ausbreiten, dabei zwischen den Keimlingen etwas Platz lassen, und 8 bis 12 Stunden lang dörren.
3. Im Kühlschrank aufbewahren.

Tamari-Mandeln

Ergibt ca. 2 Tassen

300 g ganze Mandeln, 24 Stunden eingeweicht
2 EL Tamari Soja-Sauce
¼ TL Zwiebelpulver
je eine Prise Knoblauchpulver und Rauchsalz

1. Die eingeweichten und abgetropften Mandeln auf einem sauberen Handtuch trocknen.
2. Die restlichen Zutaten in eine Schüssel geben, eingeweichte Mandeln hinzufügen und gut vermischen.
3. Die gewürzten Mandeln auf ein Dörr-Blech legen. Zwischen den Mandeln etwas Platz lassen, und 24 Stunden lang dörren.
4. Im Kühlschrank aufbewahren.

Erwarten Sie nicht, dass dieser Kaviar irgendwie wie Fischeier schmeckt! Er hat einen köstlich sanften, leicht rauchigen Geschmack und eine kaviarähnliche Textur.

Schutzengel, bitte hilf mir, an die wichtigste Zutat von allen zu denken: Liebe.

Auberginenkaviar

Für 4 Personen
1 große Aubergine
Olivenöl zum Bestreichen
1 Knoblauchzehe, zerdrückt
½ TL fein geriebene Schale einer unbehandelten Zitrone
¼ TL Meersalz (nach Geschmack)
⅛ TL weißer Pfeffer

Getreidesprossen-Kräcker *(s. Seite 157)*
½ Tasse Tofu-„Eier“-Salat *(s. nächstes Rezept)*
eine große rote Zwiebel, gehackt

1. Die Aubergine längs halbieren und die Schnittflächen mit Öl bestreichen. Die Auberginenhälften auf ein Blech setzen und für 45 Minuten bei 200 Grad in den Ofen schieben, oder solange, bis das Innere der Früchte weich und die Haut angesengt ist.
2. Das Auberginenfleisch auslöffeln und gründlich zerdrücken. Mit Knoblauch, Zitronenschale, Salz und Pfeffer würzen.
3. Kühl stellen und als Aufstrich auf Toast oder *Getreidesprossen-Kräckern* mit *Tofu-„Eier“-Salat* und gehackten Zwiebeln dazu servieren.

Dieses Gericht sieht Eiersalat sehr ähnlich, schmeckt auch so und ist eine großartige Beilage zu *Auberginen-Kaviar* (Rezept siehe gegenüberliegende Seite). Servieren Sie dieses Gericht so, wie Sie auch Eiersalat servieren würden – auf Kräckern, als Dip für Gemüse, oder auf Sandwiches.

Schutzengel, bitte hilf mir,
großzügiger mit meiner Liebe
und meinem Verständnis zu sein.

Tofu-„Eier"-Salat

Ergibt ca. ½ Tasse
½ TL natives Olivenöl extra
1 EL Schalotten, gehackt
55 g fester Tofu
⅛ TL Kurkuma
1 EL frischer Schnittlauch, fein geschnitten
etwas Meersalz (nach Geschmack)

1. Eine kleine antihaftbeschichtete Pfanne auf mittlere Temperatur erhitzen und ölen. Die gehackten Schalotten circa 3 bis 4 Minuten sanft anschwitzen, bis sie weich sind. Dabei nach Bedarf etwas Wasser hinzufügen, um ein Ansetzen zu vermeiden. Kurkuma hinzugeben und eine Minute mitanrösten.
2. Den Tofu mit einer Gabel so zerdrücken, dass er wie Eiersalat aussieht.
3. Alles so vermischen, dass ein Teil des Tofu weiß bleibt und wie gekochtes „Eiweiß" aussieht.

Wissenswertes: Schnittlauch ist das mildeste Mitglied der Zwiebel-Familie. Er hat röhrenförmige Blätter und schöne, essbare lilafarbene Blüten, die zu gekochtem Essen gegen Ende der Kochzeit hinzugefügt oder als Garnierung verwendet werden können. Schnittlauch kann auch im Haus leicht in Blumentöpfen gezogen werden. Die Schnittlauchsamen ergeben auch wunderbare Sprossen für Sandwiches und Salate.

Diese Nussbutter-Varianten sind leicht zuzubereiten, glatt und reichhaltig und erfordern kein zusätzliches Öl. Wenn Sie sie selbst zubereiten, können Sie sicher sein, dass sie frisch sind und viel besser verdaulich als die im Handel erhältliche geröstete Nussbutter.

Schutzengel, bitte hilf mir,
die Vergangenheit loszulassen und zu vergeben,
damit ich lieben kann.

Cashew-Butter

Ergibt ca. 1½ Tassen
500 g Cashewnüsse

1. Die Cashewnüsse in die Küchenmaschine geben und mit der „S"-Klinge zu einer glatten und zähen Masse zerkleinern. (Oder Sie verwenden einen Entsafter mit Homogenisierplatte und pürieren die Cashews wie beschrieben.)
2. Die Butter hält sich in einem luftdichten Behälter im Kühlschrank aufbewahrt, bis zu einem Monat.

Süßer Mandel-Aufstrich

Ergibt ca. 2 Tassen
260 g ungeschälte Mandeln
2 EL Vollrohrzucker
gutes Wasser

1. Die Mandeln in die Küchenmaschine geben und mit der „S"-Klinge oder einer Mandelmühle ganz fein mahlen.
2. Den Vollrohrzucker dazugeben und die „Mischfunktion" drücken. (Wenn Sie eine Mandelmühle verwenden, per Hand mischen.)
3. Wasser in kleinen Mengen hinzufügen und weitermischen, bis ein dicker Aufstrich entsteht. (Wenn Sie eine Mandelmühle verwenden, per Hand mischen.)
4. Als Aufstrich mit *Essener Mehrkornbrot* (Seite 152), *Dattel-Walnuss-Scones* (Seite 156) oder Dörrobst (Seite 60, 61) servieren.
5. Der Aufstrich hält sich in einem luftdichten Behälter im Kühlschrank aufbewahrt bis zu zwei Wochen.

Rohe Artischockenherzen mit Basilikum und Knoblauch machen diese Pastete zu einem meiner Leibgerichte! Dieser Kräuter-Käse-Aufstrich, der stückig ist und eine Spur Dill enthält, eignet sich großartig als Füllung für Pilze, Sellerie oder Cherry-Tomaten. Wenn Sie wollen, können Sie den Nuss-Käse durch cremig geschlagenen Tofu ersetzen.

Schutzengel, bitte hilf mir, eine große Inspiration für andere zu werden.

Artischockenpaste

Ergibt ca. 1½ Tassen
4 ganze frische Artischocken
1 Tasse Mandel- *oder* Cashew-Creme-Käse *(s. Seite 36, 37)*
1 EL Nährhefe
½ TL Meersalz
1 TL getrocknetes Basilikum oder 1 EL gehacktes frisches Basilikum
1 kleine Knoblauchzehe, zerdrückt
je 1 Prise gemahlene Muskatnuss und weißer Pfeffer

1. Von den Artischocken die Blätter entfernen und zur späteren Verwendung aufbewahren.
2. Das harte, faserige „Heu““ auskratzen und wegwerfen.
3. Den restlichen Teil der Artischocke (das „Herz“) zerkleinern und in den Mixer geben. Die übrigen Zutaten hinzufügen und alles pürieren.
4. Mit rohem Gemüse und *Getreidesprossen-Kräckern* (Seite 157) servieren. Die Artischockenpaste kann im Kühlschrank bis zu 4 Tage aufbewahrt werden.

Kräuter-Käse-Aufstrich

Ergibt ca. 1½ Tassen
¾ Tassen Mandel- *oder* Cashew-Creme-Käse *(s. Seite 36, 37)*
30 g Pinienkerne, gehackt
1 rote Zwiebel, gehackt
1 Frühlingszwiebel, gehackt
1 EL helles Miso
½ EL Nährhefe
1 Knoblauchzehe, zerdrückt
2 EL frische Petersilie, gehackt
1 EL frischer Dill
frisch gemahlener Pfeffer zum Abschmecken

1. Alle Zutaten zusammen gut verrühren und mit Pfeffer abschmecken.
2. Mit *Getreidesprossen-Kräckern* (Seite 157) servieren, oder als Dip zu rohem Gemüse.

Zu der *Italienischen Pesto-Mandel-Torte* hat mich ein Rezept inspiriert, das ich vor Jahren im *Sunset-Magazin* gefunden habe und für das (aus Milch hergestellter) Rahmkäse verwendet wurde. Erst änderte ich das Rezept, indem ich Tofu benutzte und später erfand ich eine Rohkost-Version, die zu meiner Lieblingsvariante geworden ist. Sie schmeckt toll, unglaublich köstlich!

Schutzengel, bitte hilf mir, Ablenkungen aufzugeben, die mich an meiner spirituellen Entwicklung hindern.

Italienische Pesto-Mandel-Torte

Für 8 – 12 Personen

Pesto:
1 großer Bund frische Basilikum-Blätter, gewaschen und getrocknet
2 TL natives Olivenöl extra
1 EL gutes Wasser
2 EL Pinienkerne oder Walnüsse
1 kleine Knoblauchzehe, zerdrückt
¼ TL Meersalz
2 Tassen Gewürzter Mandel-Käse *oder* Mandel-Ricotta *(s. Seite 40, 42)*

1 Blatt frisches Basilikum zum Garnieren

Getreidesprossen-Kräcker *(s. Seite 157)*
Rohkostplatte

1. Die Zutaten für das *Pesto* in den Mixer oder in die Küchenmaschine geben, und zu einer glatten Masse verrühren. (Nehmen Sie den Deckel ab und kratzen Sie die Seiten mehrmals mit einer Spachtel ab, damit wirklich alles zermahlen wird.)
2. Ein Sieb mit 10 – 13 cm Durchmesser mit einer doppelten Lage feuchtem Mull auslegen und die überstehenden Seiten über den oberen Rand der Schüssel hängen lassen.
3. Ein Viertel des Käses in das ausgelegte Sieb geben und die Mischung fest und gleichmäßig mit der Rückseite eines Löffels anpressen.
4. Mit einem anderen Löffel, ein Drittel vom *Pesto* gleichmäßig auf dem Käse verteilen und ebenfalls fest und gleichmäßig andrücken.
5. Weitere Schichten bilden: ⅓ des restlichen Käses auf das *Pesto*, dann ½ des restlichen *Pesto*, und ½ des restlichen Käses, dann das übrige *Pesto*, und zum Abschluss der restliche Käse. Jede Schicht immer gut festdrücken.

Bereiten Sie große Portionen Pesto zu, wenn Saison für Basilikum ist, und frieren Sie es in Eiswürfelschalen ein. Einmal eingefroren, füllen Sie die Pesto-Würfel in einen luftdichten Behälter um und bewahren sie im Gefrierfach auf, zur Verwendung nach Bedarf.

Schutzengel, bitte hilf mir zu erkennen, dass Dienst an anderen bedeutet, Segnungen zu geben und zu empfangen.

6. Den überstehenden Mull glatt über den Käse falten, und das Sieb mit einem Gewicht darauf in eine Schüssel stellen. Mit Frischhaltefolie bedeckt 2 bis 3 Stunden oder über Nacht in den Kühlschrank stellen. (Rechnen Sie damit, dass der Käse etwas Molke absondern wird.)
7. Zum Servieren den Mull zurückschlagen und die Torte vorsichtig auf eine Servierplatte stürzen. Den Mull behutsam lösen und die Oberseite mit dem Basilikumblatt garnieren.
8. Als Aufstrich mit *Getreidesprossen-Kräckern* und rohem Gemüse servieren.

Dieser milchfreie Dip, ein klassischer Renner auf jeder Party, ist sogar noch besser als das Original! Er gibt auch eine großartige Füllung für Pilze, Sellerie und Cherry-Tomaten ab.

Schutzengel, bitte hilf mir, Bewusstheit für das Göttliche in allen Dingen zu entwickeln.

Französischer Zwiebel-Dip

Ergibt ca. 2 – 3 Tassen
2 Tassen Mandel-Käse *oder* Cashew-Creme-Käse *(s. Seite 36, 37)*
1 EL dunkle Miso-Paste
1½ TL Knoblauchpulver
1 TL Shoyu
2 TL Zwiebelpulver
1 TL Vollrohrzucker
3 EL getrocknete Röstzwiebeln
240 ml gutes Wasser (oder nach Bedarf)

1. Alle Zutaten vermischen und genug Wasser hinzufügen, um die gewünschte Konsistenz zu erzielen.
2. Als Aufstrich für *Pikante Sonnenblumenstangen* (Seite 154), *Getreidesprossen-Kräcker* (Seite 157) oder als Dip für frisches Gemüse verwenden.
3. Der Dip hält sich im Kühlschrank bis zu einer Woche.

Anmerkung: Dips werden dickflüssiger, wenn sie einige Zeit stehen und sich setzen. Nach der Aufbewahrung im Kühlschrank muss eventuell noch Wasser hinzugefügt werden.

Gerösteter Knoblauch ist die geheime Zutat in diesem sündhaft köstlichen Aufstrich. Er macht sich auch wunderbar mit zerstampften Kartoffeln, oder, vermischt mit Zitronensaft und etwas Wasser, über Salaten und anderen Rohkost-Gerichten. Hhmm, lecker!

Schutzengel, bitte hilf mir, mich selbst und andere nicht zu verurteilen.

Gerösteter Knoblauch-Käse-Aufstrich

Ergibt ca. 1¼ Tassen

2 ganze frische Knoblauchknollen (Knollen mit großen, festen, dichten Zehen wählen)
1 Tasse Mandel-Käse oder Cashew-Creme-Käse (s. Seite 36, 37)
1 EL Nährhefe
2 TL helle Miso-Paste
1 Prise gemahlene Muskatnuss
1 Prise weißer Pfeffer

1. Ofen auf 175 Grad vorheizen.
2. Die ganzen, ungeschälten Knoblauchknollen in Folie wickeln und 1 Stunde lang backen, bzw. bis das Knoblauchfleisch weich und zart ist.
3. Das Fleisch aus der Haut lösen und gut zerdrücken. Haut wegwerfen.
4. Knoblauch gut mit den übrigen Zutaten vermischen.
5. Als Aufstrich auf *Essener Mehrkornbrot* (Seite 152), *Getreidesprossen-Kräckern* (Seite 157) oder *Duftenden Zwiebel-Kräuter-Brötchen* (Seite 158) servieren, oder als Dip für frisches Gemüse.
6. Der Aufstrich hält sich im Kühlschrank bis zu einer Woche.

Wissenswertes: Nährhefe, nicht zu verwechseln mit Bierhefe oder aktiver (Back-)Hefe, ist in Form von Pulver oder Flocken erhältlich. Sie ist reich an Proteinen und Mineralien, und manche Marken enthalten auch Vitamin B12, einen essentiellen Nährstoff, an dem es uns durch die heutigen ausgelaugten Böden mangeln kann. Nährhefe hat einen käseähnlichen Geschmack und ist köstlich in Saucen, Tunken und Aufstrichen.

Dieser würzige Sesamaufstrich ist im Grunde eine dickere Version der Sauce, die auf Falafeln aus dem Mittleren Osten gebraucht wird.
Scharf und knoblauchreich, ist dieser in der südost-asiatischen Küche inspirierte Erdnuss-Dip auch großartig als Füllung für Pilze, Sellerie oder Cherry-Tomaten geeignet.

Schutzengel, bitte hilf mir,
negative Denkweisen loszulassen, die mich von meinem höchsten Wachstum abhalten.

Sesam-Aufstrich aus dem Mittleren Osten

Für 4 Personen
6 EL Tahin
1–2 Knoblauchzehen, zerdrückt
Saft von einer großen Zitrone (ca. 60 ml)
¼ TL Meersalz (nach Geschmack)
3 EL gutes Wasser (oder gerade genug, um einen dickflüssigen Dip oder Aufstrich zu erhalten)

1. Die ersten 4 Zutaten zusammengeben und gut vermischen.
2. Nach und nach das Wasser hinzufügen und gründlich mixen.
3. Mit Zimmertemperatur als Aufstrich auf *Essener Gekeimte Roggenbrötchen* (Seite 153) oder *Getreidesprossen-Kräckern* (s. Seite 157) servieren, oder als Dip zu frischem Gemüse. Der Aufstrich hält sich im Kühlschrank bis zu einer Woche.

Indonesischer Erdnuss-Dip

Ergibt ca. 1 Tasse
½ Tasse glatte Erdnussbutter
1 Zwiebel, gehackt
60 ml frischer Limettensaft
1 EL Shoyu
1 TL zerdrückter frischer Knoblauch
1 TL gemahlener Koriander
½ Bund frische Petersilie, gehackt

1. Alle Zutaten gründlich von Hand mischen.
2. Mit Zimmertemperatur als Aufstrich auf *Essener Mehrkornbrot* (Seite 152) oder *Meergemüse-Getreide-Kräckern* (Seite 157) servieren, oder als Dip zu frischem Gemüse. Der Erdnuss-Dip hält sich im Kühlschrank bis zu einer Woche.

Oliven sind ein Haupterzeugnis und reichlich vorkommendes Nahrungsmittel im Mittelmeerraum und werden dort schon seit Jahrhunderten genossen. Ich mag Tapenade-Varianten sowohl mit grünen als auch mit schwarzen Oliven und verschiedenen Gewürzen. Dies sind meine beiden Lieblingsrezepte – Buon Appetito!

Schutzengel, bitte hilf mir, in mir selbst und anderen immer das Licht Gottes zu sehen.

Mediterrane Grüne-Oliven- und Pesto-Tapenade

Für 4 Personen
10–12 große grüne Oliven, entsteint
¼ Tasse Pesto, *(s. Seite 84)*
½ rote Zwiebel, zerhackt
1 EL natives Olivenöl extra
½ TL getrockneter Thymian, zerstoßen

1. Alle Zutaten in der Küchenmaschine vermischen, dabei den Deckel mehrmals abnehmen und die Seiten mit einem Spachtel abkratzen. Die Mischung sollte gerade glatt sein und noch etwas Struktur haben.
2. Auf *Getreidesprossen-Kräckern* (Seite 157) servieren.

Mediterrane Schwarze-Oliven- und Walnuss-Tapenade

Ergibt ca. 1 Tasse
130 g schwarze Oliven aus Nizza oder Griechenland, entsteint
70 g Walnusskerne, gemahlen
1 Knoblauchzehe, zerdrückt
3 EL Kapern
1 EL natives Olivenöl extra
2 TL Zitronensaft
½ TL getrocknetes Oregano, gemahlen
¼ TL getrockneter Thymian, gemahlen
¼ TL getrocknetes Basilikum, gemahlen

1. Alle Zutaten in der Küchenmaschine vermischen, dabei den Deckel mehrmals abnehmen, und die Seiten mit einem Spachtel abkratzen. Die Mischung sollte gerade glatt sein und noch etwas Struktur haben.
2. Auf *Getreidesprossen-Kräckern* (Seite 157) servieren.

Man hat mir erzählt, dass meine erste feste Nahrung als Baby Avocado war. Ich bin sicher, ich gurrte „Hhmm“, als ich sie schmeckte, denn das mache ich noch heute! Ich halte meine Guacamole einfach, um den feinen Geschmack der Avocado nicht zu unterdrücken. Hhhmmmm.

Schutzengel, bitte hilf mir, aufmerksam zu sein, sodass alle meine Lektionen mild sein mögen.

Guacamole

(Mexikanischer Avocado-Dip)

Für 4 Personen
2 mittelgroße Avocados, halbiert, entsteint und geschält
1 große Zwiebel, gehackt
1 Knoblauchzehe, zerdrückt
1 EL Zitronensaft
⅛ TL Cayennepfeffer (nach Geschmack)
¼ TL Meersalz (nach Geschmack)

1. Das Avocadofleisch mit einer Gabel zerdrücken, bis sich eine fast glatte Masse ergibt.
2. Die übrigen Zutaten hinzufügen und gründlich per Hand vermischen.
3. Als Aufstrich auf *Pikante Sonnenblumenstangen* (Seite 154) oder *Getreidesprossen-Kräckern* (Seite 157) servieren, oder als Dip zu frischem Gemüse. Die Guacamole muss umgehend verbraucht werden, sonst wird sie braun und verändert den Geschmack.

Wissenswertes: Wählen Sie feste Avocados aus und lassen Sie sie zuhause reifen. Wenn die Avocados anfangen, bei leichtem Druck nachzugeben, legen Sie sie bis zu ihrer Verwendung in den Kühlschrank. Um teilweise verwendete Avocados aufzubewahren, tröpfeln Sie Zitronensaft auf die Schnittflächen und bewahren sie fest in Klarsichtfolie eingewickelt auf. Um eine Avocado zuzubereiten, halbieren Sie sie vom Stiel bis zur Spitze, dabei um den Kern herumschneiden. Die Hälfen etwas gegeneinanderdrehen und trennen. Den Kern mit einem scharfen Messer lösen und heraus nehmen. Sie können das Fruchtfleisch entweder mit einem Löffel herausheben oder die Avocado noch einmal längs halbieren und die Schale abziehen.

Selbst wenn Sie glauben, Auberginen nicht zu mögen – dieser himmlische Aufstrich aus Aubergine, Sesam und Knoblauch ergibt einen ganz neuen Geschmack, den Sie lieben werden.

Schutzengel, bitte hilf mir, daran zu denken,
Wesen aus Licht und Liebe anzurufen.

Baba Ghanouj

(Auberginen-Sesam-Dip aus dem Mittleren Osten)

Für 6 Personen
1 große Aubergine, im Ofen geröstet, enthäutet und in Stücke geschnitten (s. Wissenswertes *unten.)*
1 TL Meersalz (nach Geschmack)
3 EL Tahin (ungesalzener Sesammus)
2 EL Zitronensaft
1 Prise Cayennepfeffer
2 mittelgroße Knoblauchzehen, zerdrückt

1. Alle Zutaten in die Küchenmaschine oder in den Mixer geben und zu einer glatten Masse pürieren.
2. Mit Zimmertemperatur mit *Pikanten Sonnenblumenstangen* (Seite 154) oder *Getreidesprossen-Kräckern* (Seite 157) servieren, oder als Dip zu frischem Gemüse.

Wissenswertes: Wählen Sie eine Aubergine, die glatt, fest und makellos ist. Zum Rösten halbieren Sie die Aubergine längs und bestreichen Sie die Schnittflächen mit etwas Öl. In den auf 200 Grad vorgeheizten Ofen legen und 40 bis 45 Minuten backen, oder so lange bis die Haut angesengt und das Fleisch weich ist. Die Haut abziehen und wegwerfen. Das Fleisch, das von Natur aus süß und köstlich ist, kann in Stücke geschnitten oder püriert werden.

Gekeimte Garbanzos, oder Kichererbsen, wie man sie hier nennt, werden verwendet, um diese ungekochte Version des traditionellen Libanesischen Kichererbsen- und Sesam-Dip zuzubereiten. (Rezept siehe gegenüberliegenden Seite.) Hummus passt wunderbar zu einer knackigen Rohkostplatte.

Schutzengel, bitte hilf mir,
in Sicherheit und Harmonie durchs Leben zu gehen.

New Age Hummus

(Gekeimter Kichererbsen- und Sesam-Dip)

Für 6 Personen
30 g gekeimte Kichererbsen (für Informationen zum Keimen, s. Seite 21)
1 EL helles Miso (nach Geschmack)
½ Tasse Tahin (ungesalzenes Sesammus)
1 EL Zitronensaft
1 TL gemahlener Kreuzkümmel
½ TL Paprika, süß
1 Prise Cayennepfeffer
1–2 Knoblauchzehen, zerdrückt
2–4 EL gutes Wasser (nach Bedarf)

1. Alle Zutaten in der Küchenmaschine oder im Mixer pürieren. Nach und nach Wasser zugeben, bis der Hummus dick und cremig ist.
2. Mit Zimmertemperatur zu Pita-Brot, rohem Gemüse oder *Getreidesprossen-Kräckern* (Seite 157) servieren.

Wissenswertes: Kichererbsen keimen in 2 bis 3 Tagen, doch sie verlangen ein bisschen mehr Liebe als andere Sprossen. Ich empfehle, sie dreimal täglich statt zweimal abzuspülen, und mit ihnen zu reden – das mögen sie!

Lecker und knoblauchreich, ist diese Lieblingsspeise aus dem Mittleren Osten köstlich zu *Falafeln*, *Getreidesprossen-Kräckern* und *Horiatiki-Salat* (siehe Seite 98, 157, 193).

Schutzengel, bitte hilf mir zu erkennen, dass das Leben einfach ist, wenn ich es nur so sein lasse.

Hummus

(Traditioneller Libanesischer Kichererbsen- und Sesam-Dip)

Für 6 Personen
450 g gekochte Kichererbsen, abgetropft
½ TL Meersalz (nach Geschmack)
3 EL Tahin (ungesalzenes Sesammus)
2 EL Zitronensaft
½ TL gemahlener Kreuzkümmel
¼ TL Paprika, süß
1 Prise Cayennepfeffer
1–2 Knoblauchzehen, zerdrückt
2–4 EL gutes Wasser (nach Bedarf)

1. Alle Zutaten in der Küchenmaschine oder Mixer pürieren. Dabei nach und nach Wasser zugeben, bis sich ein dicker und cremiger Dip entsteht.
2. Mit Zimmertemperatur als Aufstrich auf Pita-Brot oder *Getreidesprossen-Kräckern* (Seite 157) servieren, oder als Dip zu frischem Gemüse.

Wissenswertes: Um Kichererbsen zu kochen, weichen Sie sie über Nacht ein (1 Teil Kichererbsen zu 3 Teilen Wasser). Am Morgen spülen und abtropfen lassen. Dann geben Sie die Kirchererbsen in einen Topf und so viel gutes Wasser hinzu, dass die Kichererbsen bedeckt sind. Bringen Sie die Kichererbsen zum Kochen und reduzieren dann die Temperatur soweit, dass die Kirchererbsen nur noch leise köcheln. Während des Kochens den Deckel leicht offen lassen, damit der Dampf entweichen kann. 2 bis 3 Stunden kochen, oder so lange bis die Kichererbsen weich sind. Die Brühe aufbewahren denn sie ist großartig für Suppen und ähnelt in Geschmack und Aussehen tatsächlich „Hühnerbrühe".

SECHSTES KAPITEL

Heilige Salate

Ein Gespräch mit dem Geist über das Loslassen der Vergangenheit.

Himmlischer Wächter, bitte hilf mir, loszulassen, was nicht mehr meinem höchsten Gut dient.

Hilf mir, aus der Vergangenheit zu lernen und sie loszulassen, sodass ich mich auf die Gegenwart konzentrieren kann. Ich möchte bewusst im Jetzt leben, wissend, dass in diesem heiligen Moment alles göttlich inspiriert ist. Mein Ziel ist es, mir der Perfektion der Gegenwart bewusst zu werden und den Energiefluss der universellen Lebenskraft in mir zu spüren. Ich bitte um Unterstützung beim Lösen aller Blockaden und Grenzen, die mein mentales, emotionales, physisches und spirituelles Wohlbefinden beeinträchtigen.

Ich bitte darum, dass die Nahrung, die ich bereite, lebensbejahend sein möge und alle Bedürfnisse hinsichtlich meiner Ernährung erfüllt. Ich weiß und bekenne, dass dies ein Geschenk göttlicher Liebe und Segens ist. Ich liebe dich, ich preise dich, ich bin eins mit dir und allem, was ist.

REZEPTE AUF EINEN BLICK

Paprika, Avocado, Tomaten und Mais sind typische Gemüse Mexikos und vereinigen sich zu diesem farbenfrohen, leckeren Salat. Wenn Sie scharfes Essen mögen, fügen Sie eine gehackte Jalapeño oder einige gehackte Serrano-Chilis zu. Scharf oder mild, beides ist köstlich.

Schutzengel,
bitte erleuchte den Pfad des Lichts für mich.

Mexikanischer Mais-Avocado-Salat

Für 4 – 6 Personen

2 frische grüne Anaheim-Chilis
2 frische Maiskolben, die Körner vom Kolben entfernt (ca. 300 g)
2 Frühlingszwiebeln, in dünne Ringe geschnitten
½ rote Paprika, in Würfel geschnitten
½ Bund frisches Koriandergrün, klein gehackt*
1 EL natives Olivenöl extra
140 g kleine Cherry-Tomaten
2 EL Limettensaft
1 kleine Knoblauchzehe, zerdrückt
½ TL Meersalz oder Shoyu nach Geschmack
1 mittelgroße Avocado
30 g gekeimte Kürbiskerne (s. Seite 21)

1. Die Chilis auf einem Backblech unter Wenden im Ofen rösten, bis die Haut angesengt und blasig ist.
2. Dann die Haut der Chilis vorsichtig entfernen, dabei darauf achten, dass die Chilis ganz bleiben.
3. Die gehäuteten Chilis der Länge nach halbieren, Stengel und Samen entfernen und in 0,5 cm dicke Scheiben schneiden. (Wenn Sie geröstete Chilis aus der Dose verwenden müssen sie diese vor der weiteren Verarbeitung erst abspülen und gründlich abtropfen lassen.)
4. Die restlichen Zutaten bis auf die Avocado gut vermischen.
5. Die Avocado schälen, entkernen und in 1,5 cm große Würfel schneiden. Die Avocadowürfel vorsichtig unter den Salat heben.
6. Die gekeimten Kürbiskerne darüberstreuen und möglichst bald servieren.

* auch Cilantro oder chinesische Petersilie genannt

Zelebrieren Sie das Leben mit frischem Mais aus dem Garten, kombiniert mit knackigem und saftigem Jicama (Yambohne) und Koriandergrün. Ich habe mir die Freiheit genommen, die gekochten Bohnen durch *lebendige Bohnensprossen* zu ersetzen, aber Sie können nach Belieben gekochte schwarze Bohnen oder Pinto-Bohnen benutzen. Beides schmeckt wunderbar.

Schutzengel, bitte hilf mir, deine Führung in meinem Leben zu bemerken.

Mexikanischer Fiesta Salat

Für 4–6 Personen

Fiesta Dressing:
1 EL frischer Zitronen- oder Limettensaft
1 EL natives Olivenöl extra
½ TL gemahlener Kreuzkümmel
¼ TL gemahlener Koriander
⅛ TL Cayenne-Pfeffer
Meersalz und Pfeffer nach Geschmack

Salat:
2 frische Maiskolben, Körner vom Kolben entfernt (ca. 300 g Körner)
100 g gekeimte Linsen oder Adzuki-Bohnen (s. Seite 21)
180 g Jicama (Yambohne), geschält und in Würfel geschnitten
1 frische grüne Anaheim-Chili (kalifornische Chili), in Scheiben geschnitten
½ rote Paprika, gewürfelt
12 entsteinte schwarze Oliven, in Scheiben geschnitten oder geviertelt
1 rote Zwiebel, in feine Streifen geschnitten
4–6 Radieschen, in dünne Scheiben geschnitten
½ Bund frischer Koriander, gehackt
½ Bund frische Petersilie, gehackt
½ Kopf Römischer Salat, gewaschen und in Stücke zerteilt
½ feste Avocado, geschält, entkernt und gewürfelt

1. Alle Zutaten für das Dressing zusammen gut verrühren.
2. Die Zutaten für den Salat in eine Schüssel geben und mit dem Dressing vermischen. Sofort servieren.

Horiatiki ist einer meiner Lieblingssalate. Ich habe den gewöhnlich verwendeten Schaf-Feta durch *Almond-Feta-Käse* (siehe Seite 43) ersetzt und es ist himmlisch! Für eine sättigende Mittagsmahlzeit oder ein leichtes Abendessen servieren Sie den Salat mit *Baba Ghanouj* und *Getreidesprossen-Kräckern* (siehe Seite 91, 157).

Schutzengel, bitte hilf mir zuzulassen, dass sich die Liebe in meinem Leben entfaltet.

Horiatiki

(Griechischer Salat mit Mandel-Feta)

Für 4 Personen

Griechisches Salat-Dressing:
1 EL natives Olivenöl extra
2 EL gutes Wasser
1 EL Zitronensaft
1 TL ganzer getrockneter Oregano, gerebelt
½ TL Meersalz (nach Geschmack)
frisch gemahlener Pfeffer nach Geschmack

Salat:
4 mittelgroße Tomaten, in grobe Stücke geschnitten
1 Gurke, der Länge nach halbiert, entkernt und in Scheiben geschnitten
1 große grüne Paprika, geviertelt und in Scheiben geschnitten
1 kleine rote Zwiebel, in dünne Scheiben geschnitten
½ Kopf Römischer Salat, gewaschen und in Stücke zerteilt
24 griechische Oliven
½ Tasse Mandel-Feta-Käse *(s. Seite 43), in 1,5 cm große Würfel geschnitten*

1. Die Zutaten für das Dressing vermischen und beiseite stellen.
2. Für den Salat alle Zutaten, außer dem *Feta-Käse,* in eine Schüssel geben, das Dressing hinzufügen und gut durchmischen.
3. Den Horiatiki-Salat auf Serviertellern anrichten und mit *Feta-Käse* garnieren. Sofort servieren.

Dieser bekannte französische Salat ist ein Fest für die Augen und den Gaumen! Ich habe den traditionellen Thunfisch in diesem Rezept durch Tofu ersetzt, habe aber auch schon Avocado als Ersatz genommen. Wir genießen ihn als komplette Mittags- oder Abendmahlzeit mit *Getreidesprossen-Kräckern* und *Oliven-Tapenade* (siehe Seite 157, 89).

Schutzengel, bitte stärke mich
und gib mir den Mut, meinen Träumen zu folgen.

Salat Niçoise

(Französischer Gartensalat)

Für 4 Personen

Vinaigrette:
Saft einer Limette
1 EL natives Olivenöl extra
3 EL gutes Wasser
½ Knoblauchzehe, zerdrückt
1 TL Schalotten, gehackt
1 TL Dijon-Senf
¼ TL Senfpulver
¼ TL Meersalz (nach Geschmack)
frisch gemahlener Pfeffer

Salat:
1 Kopf Buttersalat oder anderer grüner Salat, gewaschen und getrocknet
2 rote Kartoffeln, gekocht und in 0,5 cm dicke Scheiben geschnitten
24 frische grüne Bohnen, 3 bis 4 Minuten gekocht, dann mit Eiswasser gespült
16 Stangen frischer grüner Spargel, 3 bis 4 Minuten gekocht, dann mit Eiswasser gespült
2 kleine reife Tomaten, geviertelt
4 Champignons, gereinigt und in hauchdünne Scheiben geschnitten
½ Gurke, in Scheiben geschnitten
110–170 g gewürzter gebackener Tofu oder Räuchertofu, in feine Streifen geschnitten
12 griechische oder Nizza-Oliven
1 EL Kapern

1. Zutaten für die Vinaigrette verrühren und beiseite stellen.
2. Jede Portion Salat individuell zubereiten, dazu zunächst ein flaches Salatbett bereiten und dann die Gemüse einzeln dekorativ darauf anrichten.
3. Die Kapern über die Kartoffeln streuen. Erst direkt vor dem Servieren das Dressing vorsichtig über den Salat gießen. Mit Zimmertemperatur servieren.

Junges Sonnenblumengrün und lebendige Bohnensprossen machen diesen Salat zu einem wahren Jungbrunnen! Sie können ihn variieren, indem Sie Spinat oder junge Salatpflänzchen statt dem Sonnenblumenkraut verwenden. Wir werden der vielen Variationen dieses gesunden Rezepts nie müde.

Schutzengel, bitte lass mich die Gegenwart von Engeln in meinem Leben erkennen.

Kalifornischer Sonnenschein-Salat

Für 4 Personen

Kalifornisches Sonnenschein-Dressing:
2 EL rote Zwiebeln, gehackt
2 EL Shoyu (nach Geschmack)
1 EL natives Olivenöl extra
½ TL Zwiebelgewürz
frisch gemahlener Pfeffer

Salat:
4 Tassen Sonnenblumengrün, gehackt (s. Seite 24)
2 große Tomaten, klein geschnitten
1 Tasse gemischte Bohnensprossen (s. Seite 21)
½ Avocado, geschält und gewürfelt
½ mittelgroße Zucchini, in feine Streifen geschnitten
½ gelber Kürbis, geputzt und in feine Streifen geschnitten

1. Die Zutaten für das Dressing mischen und beiseite stellen.
2. Für den Salat alle restlichen Zutaten mit dem Dressing gründlich vermischen und sofort servieren.

Dieser traditionelle süß-saure japanische Salat ist leicht zuzubereiten und herrlich erfrischend. Wir mögen ihn besonders gerne mit *Japanischen Sushimaki* oder mit *Hawaiianischen Teriyaki-Tempeh-Brochettes* (siehe Seite 180, 195).

Schutzengel, bitte lass mich erkennen,
dass ich eins bin mit Gottes ganzer Schöpfung.

Sunomono

(Japanischer eingelegter Gurkensalat)

Für 4 Personen
2 mittelgroße Gurken, geschält, der Länge nach halbiert und entkernt
2 TL Meersalz in 450 ml gutem Wasser
3 EL Reisessig
60 ml gutes Wasser
1 EL Dattelpaste
½ TL Shoyu
½ TL Meersalz

1 TL geröstete Sesamsamen zum Garnieren

1. Die Gurken in möglichst dünne halbmondförmige Scheiben schneiden. Eine Stunde in Salzwasser legen. Dann abgießen und überschüssige Flüssigkeit mit den Händen auspressen.
2. Die restlichen Zutaten außer den Sesamsamen in eine Schüssel geben und mischen, bis sich der Sirup aufgelöst hat.
3. Die Gurkenscheiben dazugeben und einige Stunden im Kühlschrank marinieren lassen.
4. Die Flüssigkeit abgießen und die Gurkenscheiben auf vier Schälchen verteilen. Gekühlt und mit den Sesamsamen bestreut servieren.

Die knackigen, leicht gerösteten Walnüsse geben diesem Gericht seine besondere Note. Kohl ist eines der vielseitigsten Gemüse überhaupt. Er kann roh, fermentiert, gekocht oder wie in diesem Gericht nur leicht geschmort gegessen werden.

Schutzengel, bitte hilf mir,
die Welt der Engel voll der Liebe, Freude
und Segnungen zu entdecken.

Geschmorter Kohl-Walnuss-Salat aus Österreich

Für 4 Personen

Dressing:
½ EL Limettensaft oder Weinessig
1 EL natives Olivenöl extra oder Walnussöl
1 EL gutes Wasser
½ Knoblauchzehe, zerdrückt
1 TL Schalotten, gehackt
1 TL Dijon-Senf
⅛ TL Senfpulver
¼ TL Meersalz
Frisch gemahlener Pfeffer

Salat:
½ TL natives Olivenöl extra
1 große Zwiebel, in feine Streifen geschnitten
2 Knoblauchzehen, gehackt
1 Kopf Kohl, in feine Streifen geschnitten
ca. 60 g Walnusskerne, leicht geröstet und grob gehackt
etwas süßes Paprikapulver

1. Die Zutaten für das Dressing vermischen und beiseite stellen.
2. Eine antihaftbeschichtete Pfanne auf mittlere Temperatur erhitzen und ölen. Zwiebeln und Knoblauch ca. 5 Minuten glasig andünsten, dabei nach und nach etwas Wasser zugeben, um ein Ansetzen zu vermeiden.
3. Die Kohlstreifen dazugeben, die Hitze reduzieren und die einen Deckel auf die Pfanne setzen. Unter öfterem Wenden garen, bis der Kohl gar ist.
4. Den geschmorten Kohl mit den Nüssen und dem Dressing vermischen und abkühlen lassen. Vor dem Servieren mit Paprika garnieren.

Als Kind dachte ich, „Coleslaw“ (Krautsalat) würde „coldslaw“ ausgesprochen, vermutlich da er immer gekühlt serviert wurde. Wir mögen diese schlichte, durch die geraspelten Möhren farbenfrohe Version des Gerichts mit der Knoblauch-Vegannaise.

Schutzengel, bitte hilf mir, mich an meinen göttlichen Ursprung zu erinnern.

Krautsalat Minnesota

Für 4 Personen

Dressing:
2 EL Knoblauch-Vegannaise (Rezept siehe unten)
2 EL gutes Wasser
¼ TL Zwiebelpulver
¼ TL süßes Paprikapulver
¼ TL Senfpulver

Salat:
100 g Kohl, fein zerschnitten
130 g Möhren, fein geraspelt
1 EL frische Petersilie, gehackt

1. Die Zutaten für das Dressing gut vermischen.
2. Die vorbereiteten Gemüse und das Dressing mischen und vor dem Servieren mindestens eine Stunde kühl stellen.

Knoblauch-Vegannaise

Ergibt ca. ½ Liter
300 g weicher Seidentofu
2 EL Tahin
Saft von einer großen Zitrone (ca.60 ml)
1 Knoblauchzehe, zerdrückt
1 EL Dattelpaste
1 TL Nährhefe
1 TL Dijon-Senf
1 TL Meersalz

Alle Zutaten pürieren bis die Mischung glatt und weich ist. Um die gewünschte Konsistenz zu erhalten, so viel Wasser wie nötig hinzufügen.

Wir bekommen nie genug von den schönen roten Tomaten aus organischem Anbau! Wenn Sie noch immer die anämischen Treibhaussorten kaufen, tun Sie sich einen Gefallen und machen einen Ausflug zum nächsten Öko-Laden oder Markt – es lohnt sich!

Schutzengel, bitte hilf mir, die einfachen Freuden des Lebens wahrzunehmen.

Mediterraner Tomatensalat

Für 4–6 Personen
2 Köpfe Endivien- oder eine entsprechende Menge Rucola-Salat
4–6 reife Tomaten, geschält und in dünne Scheiben geschnitten
1 EL frische Petersilie, gehackt
1 EL frischer Schnittlauch, gehackt
1 EL frischer Basilikum, gehackt
1 EL natives Olivenöl extra
1 EL Limettensaft oder Balsamico-Essig
2 EL gutes Wasser
Meersalz und frisch gemahlener Pfeffer nach Geschmack

1. Die Salatblätter auf einem Teller dekorativ auslegen.
2. Die Tomatenscheiben darauf anrichten und mit den Kräutern bestreuen.
3. Limettensaft, Öl und Wasser mischen und gleichmäßig über Tomaten und Salat gießen.
4. Nach Geschmack salzen und pfeffern und sofort servieren.

Wissenswertes: Tomaten gehören zur Familie der Nachtschattengewächse. Wählen Sie nach Möglichkeit Strauchtomaten aus organischem Anbau. Die größeren Fleischtomaten sind am saftigsten, während die Roma- oder Eiertomaten gewöhnlich fester sind und eher für Saucen genutzt werden. Tomaten werden am besten an einem Ort gelagert, wo sie indirektes Sonnenlicht abbekommen, im Kühlschrank werden sie zäh und breiig.

Ganz natürlich zubereitet zeigen diese gefüllten Tomaten ihren Gästen, wie besonders sie sind! Schön, einmalig und perfekt!

Schutzengel, hilf mir zu erkennen, dass ich Teil der perfekten Natur bin.

Gefüllte Tomaten

Für 4 Personen
4 große Tomaten
1 mittelgroße Avocado, geschält, entkernt und zerdrückt
1 EL Limetten- oder Zitronensaft
½ TL Meersalz (nach Geschmack)
40 g frische junge Erbsen oder Erbsensprossen (s. Seite 21)
1 kleine Stange Lauch, in dünne Ringe geschnitten
1 Stange Sellerie, in dünne Scheiben geschnitten
2 kleine Radieschen, in dünne Scheiben geschnitten
½ grüne Paprika, entkernt und gewürfelt
Zwiebel- oder Radieschensprossen (s. Seite 20)

1. Von den Tomaten das Innere vorsichtig herauslöffeln, dabei 0,5 bis 1,5 cm Fleisch außen stehen lassen. Die ausgehöhlten Tomaten beiseite stellen und das Herausgelöste würfeln.
2. Für die Füllung die zerdrückte Avocado mit dem Limettensaft und Salz gut vermischen. Die restlichen Zutaten inklusive der gewürfelten Tomatenstücke, aber ohne die Sprossen, zu der Avocadopaste geben und sanft vermischen.
3. Die Füllung in die ausgehöhlten Tomaten füllen, sodass sie leicht übersteht, mit den Sprossen garnieren und evtl. gekühlt servieren.

Der Genuss eines ähnlichen Gerichts in einem thailändischen Restaurant im kalifornischen Santa Rosa hat mich zur Kreation dieses schmackhaften Rezepts inspiriert. Dort wurde die Aubergine geröstet, und vielleicht ist auch Ihnen das lieber, aber ich finde die ungekochte Zubereitung einfacher und ebenso köstlich.

Schutzengel, bitte hilf mir,
mein Leben erfüllt und friedvoll zu leben.

Kalifornischer Thai-Salat

Für 4 Personen

Pikantes Thai-Dressing:
Saft einer Limette
1 EL frische scharfe rote Chili (nach Geschmack), entkernt und fein gehackt
1 EL frisches Lemongrass (oder ½ TL Schale einer unbehandelten Zitrone), gehackt
½ Knoblauchzehe, zerdrückt
½ TL Meersalz (nach Geschmack)
½ TL reiner Ahornsirup

Salat:
30 g japanische Aubergine (lang und schmal), geschält und in kleine Würfel geschnitten
180 g Jicama (oder Wasserkastanien), geschält und in kleine Würfel geschnitten
12 kleine Cherry-Tomaten, halbiert
½ kleiner Kopf Radicchio-Salat, in Stücke zerteilt
½ feste Papaya, geschält, entkernt und in kleine Würfel geschnitten
½ mittelgroße chinesische Birne (oder andere feste Birne), entkernt und in kleine Würfel geschnitten
1 rote Zwiebel, in hauchdünne Scheiben geschnitten, dann geviertelt
1 kleine Frühlingszwiebel, in feine Scheiben geschnitten
6 frische Minze-Blätter, in feine Stücke geschnitten
2 große Blätter frisches Basilikum, in feine Stücke geschnitten
Samen eines halben Granatapfels

1. Für das Dressing alle Zutaten vermischen.
2. Die vorbereiteten Zutaten für den Salat in eine Schüssel geben und vorsichtig mischen.
3. Das Dressing darübergießen und unterheben.
4. Gekühlt oder mit Zimmertemperatur servieren.

Chili, Limettensaft, Erdnüsse und Kokosmilch machen dieses Rezept zu einem Leibgericht aus der Südsee. Sie können nach Belieben jedes rohe oder gekochte Blattgemüse nutzen. Wenn Sie thailändisches Essen mögen, könnte dies zu einer Ihrer Lieblingsspeisen werden.

Schutzengel, bitte hilf mir zu erkennen,
dass ich eins bin mit „Allem was ist",
sichtbar sowie unsichtbar.

Thailändischer Spinatsalat mit Erdnuss-Kokos-Sauce

Für 4 Personen

Erdnuss-Kokos-Sauce:
Olivenöl oder ½ TL geröstetes Sesamöl
2 Knoblauchzehen, gehackt
¼ TL geriebene frische Chilipaste (Sambal Oelek)
1 EL Limettensaft (oder Zitronensaft)
¼ TL Meersalz (nach Geschmack)
180 ml Kokosmilch

Salat:
1 großer Bund junger Spinat, gründlich gewaschen, trocken getupft oder geschleudert und in Stücke gezupft

zum Garnieren:
½ Tasse trocken-geröstete Erdnüsse, fein gemahlen

1. Eine Pfanne auf mittlere Temperatur erhitzen und ölen. Den gehackten Knoblauch 2 bis 3 Minuten lang sanft anschwitzen. Die Pfanne vom Herd nehmen und die übrigen Zutaten für die Sauce zugeben.
2. Den vorbereiteten Spinat in eine Schüssel geben und mit der Sauce mischen. Die gemahlenen Erdnüssen darüberstreuen und sofort servieren.

Die besten Köche Europas haben unglaubliche, komplizierte Gerichte rund um diese wunderbaren Triebe kreiert, aber nur sehr wenige haben daran gedacht, sie in ihrem natürlichen Zustand zuzubereiten – roh! Einfach nur ein bis zwei Stunden mariniert und in voller Pracht serviert, ist Spargel himmlisch!

Schutzengel, bitte hilf mir, mir Zeit zu nehmen, um die Wunder der Natur zu erleben.

Roher Spargelsalat mit Dijon-Vinaigrette

Für 4 Personen

Dijon-Vinaigrette:
½ EL Limettensaft oder Weinessig
1 EL natives Olivenöl extra
1 EL gutes Wasser
½ Knoblauchzehe, zerdrückt
1 TL Schalotten, fein geschnitten
1 TL Dijon-Senf
etwas Senfpulver
¼ TL Meersalz
frisch gemahlener Pfeffer

Salat:
1 großer Bund frischer grüner Spargel (etwa 1 kg)
½ Kopf grüner Salat, gewaschen und getrocknet

1. Für die Vinaigrette alle Zutaten gut vermischen.
2. Den Spargel waschen, schälen (halbe Länge nach unten) und die holzigen Enden abschneiden.
3. Den Spargel in einen luftdicht verschließbaren Behälter legen, mit dem Dressing übergießen und für ein bis zwei Stunden im Kühlschrank marinieren.
4. Den marinierten, gekühlten Spargel auf einem Bett aus grünen Salatblättern servieren.

Wissenswertes: Wählen Sie festen Spargel mit geraden grünen Stängeln und wohlgeformten, fest geschlossenen Spitzen. Bewahren Sie ihn ungeschält in einem geschlossenen Behälter, in Klarsichtfolie gewickelt oder in einem Gefrierbeutel im Kühlschrank auf. Verwenden Sie ihn so bald wie möglich.

Rohe Champignons und Lauch passen perfekt zusammen. Einfach auf einem Bett aus farbenfrohem Radicchio-Salat serviert, ist dies der Beweis, dass ein Gericht leicht zuzubereiten und trotzdem eine Gaumenfreude sein kann!

Schutzengel, hilf mir, mich an der Wahrheit und Liebe Gottes auszurichten.

Italienischer Pilz-Lauch-Salat

Für 4 Personen

Pesto-Dressing:
1 EL Pesto *(s. Seite 84) oder frisch geschnittenes Basilikum*
60 ml gutes Wasser
1 EL Zitronensaft
1 TL Shoyu (nach Geschmack)

Salat:
60 g Champignons, gesäubert und in feine Scheiben geschnitten
½ Stange Lauch, gut gewaschen und in hauchdünne Scheiben geschnitten
1 Kopf Radicchio oder ½ Kopf anderer rotblättriger Salat, gewaschen und getrocknet

1. Die Zutaten für das Dressing mischen und beiseite stellen.
2. Die vorbereiteten Champignons und den Lauch in eine Schüssel geben und vorsichtig durchmischen.
3. Das Dressing über die Pilz-Lauch-Mischung geben und unterheben.
4. Auf einem Bett aus Radicchio oder anderem rotblättrigem Salat servieren.

Wissenswertes: Lauch sieht so ähnlich aus wie eine große Frühlingszwiebel und macht sich großartig roh, fein geschnitten in Salaten oder gekocht in Gemüse- oder Getreidegerichten und Suppen. Es ist wichtig, sich die Zeit zu nehmen, ihn gründlich zu reinigen, da sich Sand und Schmutz in den übereinander liegenden Blättern sammelt. Öffnen Sie beim Waschen jedes Blatt vorsichtig einige Zentimeter oder schneiden Sie die Stange längs auf und nehmen die Blätter vorsichtig auseinander.

Während wir die karibische Insel Martinique erkundeten, führten unsere Engel uns zu einem wundervollen veganen Restaurant. Der ungewöhnliche Salat, den wir dort aßen, begeisterte uns derart, dass wir ihn bei unserer Rückkehr zu Hause sofort nachmachten und seitdem noch oft zubereitet haben. Er ist fettfrei und ganz erstaunlich einfach!

Schutzengel, bitte hilf mir,
Harmonie in meinen Gedanken
und meinem Leben zu wahren.

Karibischer geraspelter Gemüsesalat

Für 4 Personen

Karibisches Limetten-Dressing:
2 EL frisch gepresster Limettensaft
6 EL gutes Wasser
1 Frühlingszwiebel, in dünne Scheiben geschnitten
1 kleine Knoblauchzehe, zerdrückt
¼ TL Ahornsirup
1 Prise Meersalz (nach Geschmack)

Salat:
500 g rote Bete, geraspelt
500 g Chayote-Kürbis, geschält, entkernt, geraspelt
500 g weißer Rettich, geraspelt
500 g Calabaza-Kürbis oder Butternut-Kürbis, geschält, entkernt, geraspelt
400 g Yamswurzel, geschält und geraspelt

1. Alle Zutaten für das Dressing mischen und beiseite stellen.
2. Das geraspelte Gemüse dekorativ auf vier Salattellern anrichten: Je ein Viertel rote Bete in einem kleinen Hügel in die Mitte eines jeden Tellers häufen. Beidseitig davon je ein Viertel Kürbis auf der einen und Yamswurzel auf der anderen Seite platzieren und schließlich je ein Viertel Chayote und Rettich auf den anderen beiden Seiten.
3. Das Dressing über den Salat träufeln und evtl. leicht gekühlt servieren.

Dieser cremige, würzige, süß-saure Salat wird Sie auf die Südseeinsel Bali versetzen! Wir genießen ihn als leckere Mittagsmahlzeit oder als Abendessen für zwei. Er kann aber auch als köstlicher erster Gang für vier serviert werden.

Schutzengel, bitte hilf mir,
nach einem Gefühl der Einheit
mit dem Schöpfer zu streben.

Balinesischer Gemüse-Nudel-Erdnuss-Salat

Für 4 Personen
110 g Chow Mein, Udon-Nudeln, oder Linguine

Balinesisches Erdnuss-Dressing:
2 EL cremige Erdnussbutter
1 EL Shoyu
1 Knoblauchzehe, zerdrückt
¼ TL gemahlene frische Chilipaste (Sambal Oelek)
1 EL reiner Ahornsirup oder Vollrohrzucker
1 TL frischer Ingwer, geschält und gerieben
1 EL frisch gepresster Limettensaft (oder Zitronensaft)
2 EL gutes Wasser

Salat:
130 g geraspelte Möhren
50 g frische Mungbohnensprossen
100 g Chinakohl (Napa), in Streifen geschnitten
2 Frühlingszwiebeln, in Ringe geschnitten
150 g gewürzter gepresster oder gebackener Tofu, in feine Streifen geschnitten
1 Bund frischer Koriander, gehackt

zum Garnieren:
40 g geröstete Erdnüsse, gehackt

1. Die Nudeln nach Packungsanweisung kochen, mit kaltem Wasser abspülen und in Eiswasser stehen lassen, um ein Aneinanderkleben zu vermeiden.
2. Die Zutaten für das Dressing in die Küchenmaschine oder in den Mixer geben und pürieren.
3. Die Nudeln abgießen und mit dem vorbereiteten Gemüse, Tofu und dem Dressing vermischen. Mit Zimmertemperatur oder leicht gekühlt servieren. Mit den Erdnüssen garnieren.

Orangenblütenwasser ist eine duftende Essenz, die in der marokkanischen Küche und im mittleren Osten häufig verwendet wird. Wenn bei Ihnen Orangenblütenwasser nicht erhältlich ist, kann ersatzweise Orangenextrakt verwendet werden.

Schutzengel, bitte hilf mir, meine Wesensverwandtschaft mit allem Leben zu sehen.

Marokkanische Rote Bete in Orangenblüten-Dressing

Für 4 Personen
4 rote Bete, geschält, in 1,5 cm dicke Scheiben geschnitten und gedünstet
1 Zwiebel, fein gehackt
1 Bund frische Petersilie, gehackt
120 ml frisch gepresster Orangensaft
240 ml Orangenblütenwasser (oder einige Tropfen Orangenextrakt)
1 TL Vollrohrzucker
Meersalz und Pfeffer nach Geschmack

zum Servieren:
1 Kopf Buttersalat

1. Alle Zutaten außer dem Salat vermischen und mindestens eine Stunde kühl stellen.
2. Zum Servieren den Buttersalat auf vier Tellern anrichten und die rote Bete in der Mitte anhäufen.

Wissenswertes: Petersilie ist das meist genutzte aller Blattkräuter. Auf krauser Petersilie kann sich leicht Schmutz und Sand ablagern und deshalb sollte sie sorgfältig gewaschen und zwischen Handtüchern oder in einer Salatschleuder getrocknet werden. Bewahren Sie die Stängel für Brühe oder zur Herstellung von Gemüsesaft auf. Petersilie gibt einen frischen grünen Geschmack und ist reich an Vitamin A und C sowie Eisen und Kalium.

Der Geschmack von Zimt und Orangenblüten passt wunderbar zur natürlichen Süße des Wurzelgemüses. Dieses Gericht ist gemeinsam mit der *Marokkanischen Rote Bete* (Rezept siehe vorige Seite) serviert, farbenfroh und köstlich.

Schutzengel, bitte hilf mir,
deine Botschaft der Liebe, Freude
und des Friedens zu hören.

Marokkanische Möhren mit Zimt und Orangenblüten

Für 4 Personen
2 mittelgroße Möhren, gerieben
60 ml frisch gepresster Orangensaft
2 TL Dattelpaste
1 TL Zimt
1 TL Orangenblütenwasser (oder einige Tropfen Orangenextrakt)
1 Prise Meersalz
1 Kopf Buttersalat

zum Garnieren:
einige Orangenblüten

1. Alle Zutaten außer dem Salat und den Orangenblüten vermischenn und eine Stunde kühl stellen.
2. Auf einem Bett aus Buttersalat und mit Orangenblüten garniert, gekühlt oder mit Zimmertemperatur servieren.

Wissenswertes: Essbare Blumen sind duftende und schöne Verzierungen. Nehmen Sie nur Blüten bei denen Sie sicher sind, dass sie ungespritzt sind. Zu den beliebtesten Arten gehören die Blüten von Kapuzinerkresse, Stiefmütterchen, Schnittlauch und die Blütenblätter von Geranien, Rosen, Veilchen, Ringelblumen und Lobelien.

Ein arabischer Freund brachte mir die Zubereitung dieses unglaublich leckeren traditionellen Auberginensalats bei. Ich habe einige der Gewürze für unseren empfindlicheren Geschmack reduziert, aber ansonsten kommt er direkt aus den arabischen Nächten!

Schutzengel, bitte hilf mir,
in dem Bewusstsein friedvoll zu sein,
dass für all meine Bedürfnisse gesorgt ist.

Arabischer Auberginensalat

Für 4–6 Personen
1 große Aubergine, längs in 1,5 cm dicke Scheiben geschnitten
Olivenöl zum Bestreichen
1 Tomate, klein geschnitten

Arabisches Salatdressing:
½ EL natives Olivenöl extra
1 EL gutes Wasser
1 EL Balsamico-Essig
1 EL Tomatenmark
1 Knoblauchzehe, zerdrückt
2 EL frische Petersilie, gehackt
2 EL frischer Koriander, gehackt
½ TL gemahlenes Kurkuma
½ TL gemahlener Kreuzkümmel
½ TL Paprika, süß
1 Messerspitze gemahlener Cayenne-Pfeffer
¼ TL Meersalz (nach Geschmack)

zum Servieren:
10 Salatherzen

1. Die Auberginenscheiben auf den Schnittflächen dünn mit Öl bestreichen. In eine ofenfeste Form legen und im Herd etwa 20 Minuten rösten, bis sie weich sind. Herausnehmen und abkühlen lassen. Danach die Auberginenscheiben klein schneiden.
2. Die Zutaten für das Dressing in einer Schüssel gut vermischen und die Auberginenstückchen dazugeben. Gut durchmischen und 1 bis 2 Stunden kühl stellen.
3. Den kalten Auberginensalat auf den Blättern der Salatherzen servieren.

Auberginen und Paprika sind Verwandte aus der Familie der Nachtschattengewächse. In diesem nordeuropäischen Salat vereinen sie sich zu einer wunderbaren Kombination von Geschmack und Textur.

Schutzengel, bitte hilf mir, das Geschenk des freien Willens auf jeden auszudehnen.

Jugoslawischer Auberginen-Paprika-Salat

Für 4 Personen

1 große Aubergine
½ rote Paprika, entkernt und in Würfel geschnitten
½ grüne Paprika, entkernt und in Würfel geschnitten
1 Knoblauchzehe, zerdrückt
2 EL Limetten- oder Zitronensaft
½ Bund frische Petersilie, gehackt
1 EL natives Olivenöl extra
2 EL gutes Wasser
1 Frühlingszwiebel, in dünne Ringe geschnitten
½ TL Meersalz (nach Geschmack)
frisch gemahlener Pfeffer (nach Geschmack)
1 Kopf Endiviensalat oder eine entsprechende Menge Salatherzen, gewaschen, getrocknet und in Stücke zerteilt

1. Die Aubergine der Länge nach aufschneiden und die Schnittstellen mit Öl einreiben. Im Ofen bei 200 Grad 45 Minuten rösten, oder bis die Innenseite weich ist und die Haut angesengt.
2. Die Haut der Aubergine vorsichtig entfernen und wegwerfen. Das Fleisch in kleine Würfel schneiden.
3. Mit den restlichen Zutaten außer dem Salat zusammengeben und vorsichtig vermischen. Mindestens eine Stunde kühl stellen.
4. Zum Servieren die Salatblätter auf Tellern anrichten und die Auberginenmischung darauf geben.

Einzigartig in Geschmack und Biss, ist dieser von Natur aus süße Salat eine Gaumenfreude! Er ist als Vorspeise genauso perfekt geeignet wie als Abschluss einer Mahlzeit.

Schutzengel, bitte hilf mir,
die reine Freude des Liebens zu erleben.

Apfel-Fenchel-Salat mit Mohndressing

Für 4 Personen

Mohn-Dressing:
60 ml frisch gepresster Orangensaft
1 TL geriebene Schale einer Orange aus organischem Anbau
1 EL natives Olivenöl extra
1 TL Mohn
*¼ TL Spike® Würzmischung**

Salat:
2–3 rote Äpfel, entkernt und in Würfel geschnitten
1 mittelgroße Fenchelknolle, die härteren äußeren Blätter entfernt, gestiftelt
¼ kleine rote Zwiebel, in feine Streifen geschnitten (s. Seite 69)
2 Tassen Rucola oder anderer bitterer grüner Salat, gewaschen und getrocknet

1. Die Zutaten für das Dressing gut mischen.
2. Für den Salat Äpfel, Fenchel und Zwiebel in eine Schüssel geben, das Dressing darüber gießen und alles vermischen.
3. Den Apfel-Fenchel-Salat auf den Salatblättern anrichten und servieren.

* Spike© Würzmischung beinhaltet u. a. folgende Gewürze: Soja, geröstete Zwiebeln und Zwiebelpulver, Hefe, Knoblauch, Sellerie, Dill, Rettich, Senfpulver, Zitronenschale, Orangenpulver, Petersilie, rote und grüne Paprika, Pfeffer, Hagebutten, Pilzpulver, Spinat, Tomaten, süßes Paprikapulver, Selleriesamen, Cayennepfeffer, Bohnenkraut, Cumin, Ingwer, Koriander, Zimt, Oregano, Estragon, süßes Basilikum, Majoran, Rosmarin und Thymian.

Topinambur, die manchmal auch Jerusalem-Artischocken genannt werden, sind Wurzeln, die sehr ähnlich wie Artischockenherzen schmecken. Sie können gedünstet, kurz angebraten oder roh, wie in diesem einfachen Rezept, gegessen werden.

Schutzengel, bitte hilf mir, zufrieden zu sein wie ich bin.

Topinambur-Salat mit cremigem Knoblauch-Ingwer-Dressing

Für 4 Personen

Cremiges Knoblauch-Ingwer-Dressing:
¼ Tasse gerösteter Knoblauch-Käse-Aufstrich *(s. Seite 87)*
6 EL gutes Wasser
1 EL Shoyu oder helle Miso-Paste
1 EL Zitronensaft oder Reisessig
½ TL frisch geriebener Ingwer
½ TL Senfpulver

Salat:
700 g Topinambur (Jerusalem-Artischocken), gesäubert und in Scheiben geschnitten
½ kleine rote Zwiebel, in feine Streifen geschnitten (s. Seite 69)
120 g frischer junger Spinat oder junges Sonnenblumengrün

1. Die Zutaten für das Dressing mischen und beiseite stellen.
2. Für den Salat alle anderen Zutaten außer dem Blattgemüse in eine Schüssel geben, das Dressing darüber gießen und gut durchmischen.
3. Das Blattgemüse auf einzelnen Tellern auslegen, den Salat darauf anrichten und servieren.

Die mexikanische Küche ist wesentlich vielseitiger als man annimmt. Auf den Märkten, wo die Produkte liebevoll nach Farben sortiert angeboten werden, sind die verschiedensten Bohnen- und Erbsenarten erhältlich. Dieser Linsensalat verkörpert den Geschmack Mexikos mit seinem duftenden Koriandergrün, Oregano und Pfeffer. Viva Mexiko!

Schutzengel, bitte hilf mir,
aus friedlichem Herzen zu hören,
zu sehen und zu sprechen.

Mexikanischer Linsensalat

Für 4 Personen

200 g gekochte, abgetropfte Linsen (oder Linsensprossen)
1 Möhre, geraspelt oder gestiftelt
1 große Tomate, entkernt und in Würfel geschnitten
1 frische Anaheim-Chili, entkernt und klein geschnitten
2 große rote Zwiebeln, in dünne Scheiben geschnitten
1 Stange Sellerie, in dünne Scheiben geschnitten
2 EL gehackter frischer Koriander
1 EL Frühlingszwiebel, in dünne Ringe geschnitten
1 EL Limettensaft
1 EL natives Olivenöl extra
½ TL getrockneter Oregano, gerebelt
¼ TL Paprika- oder Chilipulver (nach Geschmack)
Meersalz und Pfeffer nach Geschmack
120 g junges Blattgemüse, Sonnenblumengrün oder Spinat, gewaschen, getrocknet und in Stücke geteilt

1. Linsen, Gemüse und Kräuter in eine Schüssel geben und mischen.
2. Die übrigen Zutaten verrühren und über den Salat gießen. Nochmals durchmischen und auf einem Bett aus Blattgemüse servieren, gekühlt oder mit Zimmertemperatur.

In den Pyrenäen sagt man, wenn man nicht zu jeder Mahlzeit Bohnen isst, isst man kein baskisches Essen. Dieser herrlich schmackhafte Salat erfüllt diese Bedingung und mehr!

Schutzengel, bitte hilf mir,
meinen Geist zu öffnen für Inspirationen
aus dem himmlischen Reich.

Baskischer Bohnen- und Kräuter-Salat

Für 4 Personen
600 g gekochte Bohnen
1 rote Zwiebel, gehackt
2 EL frischer Oregano, gehackt
2 EL frischer Basilikum, gehackt
1 EL natives Olivenöl extra
1 EL Limettensaft oder Balsamico-Essig
Meersalz und Pfeffer nach Geschmack
1 Kopf Römischer Salat, gewaschen, getrocknet und in Stücke geteilt

1. Alle Zutaten außer dem Salat mischen.
2. Vor dem Servieren mindestens eine Stunde gut durchziehen lassen.
3. Auf dem Salat gekühlt oder mit Zimmertemperatur servieren.

Wissenswertes: Oregano ist ein sehr aromatisches und starkes Gewürz. Seine Verwendung ist in Mexiko, Italien, Spanien und anderen Mittelmeerländern weit verbreitet und es ist bekannt für seinen leicht bitteren, aber angenehmen Geschmack. Benutzen Sie es zurückhaltend, da es den Geschmack von anderen Nahrungsmitteln überdecken kann. Wenn in einem Rezept 1 TL getrockneter Oregano verlangt wird, können Sie diese Menge auch durch 1 EL frischen, gehackten Oregano ersetzen.

Die verschiedensten Bohnenarten finden ihren Weg in die karibische Küche. Ich mag diesen würzigen Salat mit Augenbohnen, den ich einst in der Runaway-Bay auf Jamaica kostete, besonders gern!

Schutzengel, bitte hilf mir zu erkennen, dass ich einmalig bin und sehr geliebt werde.

Jamaikanischer Augenbohnensalat

Für 4–6 Personen
420 g gekeimte oder gekochte Augenbohnen
3 Frühlingszwiebeln, in dünne Ringe geschnitten
2 Knoblauchzehen, zerdrückt
1 große rote Paprika, in Würfel geschnitten
2 EL frische Jalapeño-Chilis, entkernt und fein gehackt
1½ EL Limetten- oder Zitronensaft
1 EL natives Olivenöl extra
1 EL gutes Wasser
½ TL Meersalz (nach Geschmack)
6 Salatherzen oder 120 g Sonnenblumengrün pro Person
frisch gemahlener schwarzer Pfeffer

1. Die Augenbohnen und alle anderen Zutaten außer dem Salat mischen und mindestens 15 Minuten ruhen lassen.
2. Den Salat auf Serviertellern anrichten und die Augenbohnen in die Mitte geben.
3. Großzügig frischen Pfeffer darüber mahlen.

Wissenswertes: Scharfe Chilis müssen vorsichtig gehandhabt werden. Berühren Sie danach nie Ihre Augen oder empfindliche Hautstellen, und auch keine Kinder oder Haustiere, bevor Sie sich gründlich die Hände gewaschen haben. Ein Hauptteil der Schärfe liegt in den Kernen und Membranen. Diese entfernen Sie indem Sie die Chili der Länge nach aufschneiden. Je länger geschnittene Chili in einem Gericht ist, desto schärfer wird es. Wenn Sie also ein Gericht im Voraus zubereiten, können Sie weniger Chili benutzen oder erst kurz vor dem Servieren Chili zugeben.

Rohe oder gekeimte Erbsen sind von Natur aus süß und knackig und ergeben einen schönen Kontrast zu den cremigen Avocados. Dieses Gericht macht sich wunderbar auf Salat oder als Füllung in Tomaten. Wenn es keine frischen Erbsen gibt, können Sie auch tiefgefrorene benutzen.

Schutzengel, bitte hilf mir, mich so zu sehen,
wie du mich siehst, ganz und perfekt.

Frische Erbsen in Avocado-Mayonnaise

Für 4 Personen

Avocado-Mayonnaise:
2 EL gutes Wasser
½ Avocado, geschält, entkernt und zerdrückt
1 EL Limetten- oder Zitronensaft
1 EL Schalotten oder Frühlingszwiebeln, klein geschnitten
1 EL Meersalz (nach Geschmack)

Salat:
140 g frische Erbsen oder Erbsensprossen
4 frische Champignons, gesäubert und in feine Scheiben geschnitten
1 kleine Tomate, entkernt und in Würfel geschnitten
½ kleine Gurke, entkernt und in Würfel geschnitten
12 Salatherzen oder 240 g Sonnenblumengrün, gewaschen und getrocknet

1. Die Zutaten für die *Avocado-Mayonnaise* zusammengeben und gut mischen.
2. Für den Salat die Zutaten außer den Salatherzen in eine Schüssel geben und mit der Mayonnaise vorsichtig vermengen.
3. Die Salatherzen dekorativ auf Serviertellern anrichten und die Erbsenmischung darauf geben.

Wissenswertes: Die Haut von Gurken aus organischem Anbau ist essbar, ansonsten rate ich, sie mit einem Kartoffel- oder Sparschäler zu entfernen. Zum Entfernen der Samen schneiden Sie die Gurke der Länge nach auf. Schneiden Sie mit einem scharfen Schälmesser auf beiden Seiten entlang der Kerne. Heben Sie die Kerne mit einem Löffel heraus, indem Sie den Löffel unter ihnen entlang führen. Sie können die Samen für die Herstellung von frischem Gemüsesaft aufheben.

SIEBTES KAPITEL

Himmlische Suppen

Ein Gespräch mit dem Geist über das Vertrauen

Energien des Lichts, bitte helft mir zu erkennen, dass das Universum mich dabei unterstützt, all das zu werden, dessen ich fähig bin. Helft mir, mich sicher zu fühlen, auch wenn man mich herausfordert, und zu verstehen, dass jede Lektion die Möglichkeit zu spirituellem Wachstum bietet. Lasst Vertrauen in mir wachsen, sodass ich lerne, zufrieden mit dem Prozess des Lebens und seinen vielen Höhen und Tiefen zu sein. Bitte helft mir zu lernen, dass ich auf eure Führung vertrauen kann zur Unterstützung in meinem Leben.

Ich weiß, dass diese Nahrung ein wunderschönes Geschenk des Lebens ist und bin erfüllt von Dankbarkeit für die Gelegenheit, ihre Schwingungsessenz mit meiner zu vereinen. Ich vertraue darauf, dass sie mich mit Gesundheit und Wohlbefinden versorgen wird. Ich liebe dich, ich preise dich, ich bin eins mit dir und allem, was ist.

REZEPTE AUF EINEN BLICK

Diese schnellen und einfachen pürierten Suppen sind großartig zum Mittag- oder Abendessen. Frisch gekeimte Erbsen geben dieser ungewöhnlichen, cremigen Erbsensuppe ihren lieblichen Gartengeschmack. Die gekochten Erbsen und Äpfel verleihen ihr eine sanfte Süße, die sie zu einer meiner Leibspeisen macht.

Schutzengel, bitte hilf mir, deine göttliche Gegenwart zu spüren.

Vitalitäts-Suppe

Für 2 Personen (komplette Mahlzeit)
360 ml frischer Gemüsesaft oder Rejuvelac *(s. Seite 29)*
170 g Blattgrün (Spinat, Sonnenblumen, Buchweizen, etc.)
1 mittelgroße Papaya, Birne oder Apfel, geviertelt und entkernt
½–1 mittelgroße Avocado, geviertelt, geschält und entkernt
40 g junge gekeimte Erbsen oder gemischte Bohnensprossen (s. Seite 21)
⅛–¼ TL gemahlener Kelp (Seetang) oder Dulse (Rotalge)
40 g Kürbiskernsprossen oder junge Sonnenblumensprossen (s. Seite 21)
2 TL Nährhefe
½ TL unpasteurisiertes helles Miso

1. Alle Zutaten im Mixer zusammengeben und zu einer glatten Suppe pürieren.
2. Gekühlt, mit Zimmertemperatur oder handwarm servieren.

Erbsen-Sprossen-Suppe

Für 4 Personen
320 g junge gekeimte Erbsen (s. Seite 21)
1 Tasse tiefgefrorene Erbsen
½–1 Avocado oder 8–12 Mandeln (24 Stunden eingeweicht)
1 mittelgroßer Apfel, geschält, entkernt und geraspelt
360 ml gutes Wasser
½ TL unpasteurisiertes helles Miso
1 Prise getrockneter Dill
Meersalz oder Shoyu nach Geschmack

1. Alle Zutaten im Mixer zu einer glatten Suppe pürieren.
2. Die Suppe durch ein Sieb passieren. Gekühlt, mit Zimmertemperatur oder handwarm servieren.

Die cremige Reichhaltigkeit der *Mandelcreme* macht diese Kürbissuppe zu einer exquisiten und sättigenden Mittagsmahlzeit oder einem erstem Gang. Egal wie Sie sie servieren – sie ist wunderbar! Suppen aus rohen Zutaten sind großartig gekühlt im Sommer oder leicht erwärmt im Winter.

Schutzengel, bitte hilf mir, innere Wahrheit und Führung anzuerkennen.

Kürbiscreme-Suppe

Für 4 Personen
2–3 kg Kürbis, geschält, entkernt und geraspelt
¾ Tasse Mandelcreme *(s. Seite 30)*
240 ml gutes Wasser
1 Frühlingszwiebel, in Ringe geschnitten
1 Prise Muskatnuss

1. Alle Zutaten im Mixer zu einer glatten Suppe pürieren.
2. Gekühlt, mit Zimmertemperatur oder handwarm servieren.

Yams-Schmaus-Suppe

Für 4 Personen
400 g Yamswurzel, geschält und geraspelt
2 frische Maiskolben, die Körner vom Kolben entfernt (ca. 300 g)
½–1 Avocado
1 TL unpasteurisiertes helles Miso

1. Alle Zutaten im Mixer zu einer glatten Suppe pürieren, dabei Wasser zufügen, um die gewünschte Konsistenz zu erhalten.
2. Gekühlt, mit Zimmertemperatur oder handwarm servieren.

Leuchtend Gold mit roten und gelben Sprenkeln, ist diese Suppe ein Fest sowohl für die Augen als auch für den Gaumen! Sie ist wirklich eine kulinarische Freude!

Schutzengel, bitte hilf mir,
die Essenz dessen zu werden,
der ich wirklich bin.

Sonnige Mohrrübensuppe

Für 4 Personen

700 ml frischer Möhrensaft
1 EL helle Misopaste (nach Geschmack)
½ TL Shoyu (nach Geschmack)
1 kleine Knoblauchzehe, zerdrückt (oder ¼ TL Knoblauchpulver)
2 TL frisches Basilikum oder ½ TL getrocknetes geriebenes Basilikum
1 Avocado, geschält, entkernt und in Würfel geschnitten
3 Eiertomaten, geschält, entkernt und in Würfel geschnitten
2 frische Maiskolben, die Körner vom Kolben entfernt (ca. 300 g)
1 EL gehackte rote Zwiebel
1 EL gehackter frischer Koriander

1. Möhrensaft, Miso, Shoyu, Knoblauch und Basilikum in den Mixer geben. Die Hälfte der Avocado, Tomaten und Maiskörner dazugeben und pürieren.
2. Das übrige Gemüse außer dem Koriander mischen.
3. Zum Servieren die pürierte Mischung in Servierschalen geben und das gemischte Gemüse unterrühren. Gekühlt, mit Zimmertemperatur oder handwarm servieren. Mit Koriander garnieren.

Wissenswertes: Um Suppen aus rohen Zutaten zu erwärmen, ohne die empfindlichen Vitamine und Enzyme zu zerstören, stellen Sie sie für 10 bis 20 Minuten in ein warmes Dörrgerät oder einen Ofen, bis sie gerade handwarm sind.

Diese duftende und köstliche Suppe ist eine wunderbare Art, Beta-Karotin zu sich zu nehmen! Da Curry eigentlich eine Mischung verschiedener Gewürze ist, geben verschiedene Curry-Sorten der Suppe ganz verschiede Geschmacksnoten. Einige sind scharf, andere süß, probieren Sie also verschiedene Sorten, um Ihre Favoriten zu entdecken.

Schutzengel, bitte hilf mir,
das Leben friedlich und mit
Geistesgegenwart zu leben.

Karotten-Curry-Suppe

Für 4 Personen
470 ml frischer Möhrensaft
470 ml dicke Mandel- *oder* Cashew-Creme *(s. Seite 30, 31)*
1 Eiertomate, geschält und entkernt
1 EL helle Miso-Paste (nach Geschmack)
½ EL mildes Curry-Pulver
½ kleine Zucchini oder gelber Crookneck-Kürbis, in Würfel geschnitten
¼ rote Paprika, geschnitten
2 EL gehackte rote Zwiebel
1 EL gehackter frischer Kerbel

1. Möhrensaft, Creme, Tomaten, Miso und Curry in den Mixer geben und pürieren.
2. Die restlichen Zutaten außer dem Kerbel miteinander verrühren.
3. Zum Servieren die pürierte Mischung in einzelne Schalen füllen und das gemischte Gemüse unterrühren. Gekühlt, mit Zimmertemperatur oder handwarm servieren. Mit Kerbel garnieren.

Wissenswertes: Kerbel sollte, um seine Schönheit und sein Aroma zu erhalten, immer erst am Ende der Kochzeit zugegeben werden oder zum Garnieren. Die Blätter des Kerbels trocknen leicht aus und verlieren gekocht ihren Geschmack. Als Dekoration gibt Kerbel delikaten Geschmack und Aroma, ähnlich wie Anis, aber fast pfeffrig. Genießen Sie Kerbel auch in Salaten und Dressings.

Es ist eine Freude, diese südamerikanisch inspirierte Suppe zu betrachten, und himmlisch, sie zu kosten. Das Geheimnis liegt darin, die Zwiebeln ganz sanft anzuschwitzen, sonst würden sie den Geschmack überdecken.

Schutzengel, bitte hilf mir zu erkennen, dass ich zu Größe fähig bin.

Südamerikanische Maissuppe

Für 4 Personen
1 große weiße Zwiebel, gewürfelt
470 ml gemischter Gurken-Sellerie-Kohl-Saft
2 frische Maiskolben, die Körner vom Kolben entfernt (ca. 300 g)
1 Tomate, entkernt und gewürfelt
1 EL gehackter frischer Koriander

1. 120 ml Saft in einer Pfanne erhitzen, die Zwiebeln hinzufügen und etwa 8 Minuten sanft anschwitzen, bis sie glasig sind.
2. Die Zwiebeln leicht abkühlen lassen. Zusammen mit dem restlichen Saft und den Maiskörnern in den Mixer geben und zu einer glatten Suppe pürieren.
3. Gekühlt, mit Zimmertemperatur oder handwarm servieren. Mit Koriander und Tomatenstückchen garnieren.

Wissenswertes: Um Maiskörner vom Kolben zu lösen, entfernen Sie zuerst die Blätter und die Fäden. Halten Sie den Maiskolben dann senkrecht über einen Teller, führen ein scharfes Messer zwischen Körner und Kolben und schneiden abwärts. Geben Sie dabei Acht, nicht in den Kolben zu schneiden. Um die wertvollen Körner zu lösen, nehmen Sie einen umgedrehten Löffel und schaben die Seiten des Kolben abwärts, und fangen dabei die Körner mit der Innenseite des Löffels auf.

Von Natur aus süß und cremig, kommt diese sämige Maissuppe immer gut an. Diese Version ist mit *Cashew-Creme* verfeinert, aber Sie können genauso gut im Handel erhältlichen Tofu-Cremekäse oder pürierten Tofu nehmen.

Schutzengel, bitte hilf mir,
die ganze Welt als lebendiges Licht zu sehen.

Sämige Maissuppe aus Iowa

Für 4 Personen
½ EL natives Olivenöl extra
1 Zwiebel, in Würfel geschnitten
1 große Kartoffel, geschält und in Würfel geschnitten
2 Stangen Sellerie, in Würfel geschnitten
¼ grüne Paprika, in Würfel geschnitten
¼ rote Paprika, in Würfel geschnitten
1 Lorbeerblatt
500 ml gutes Wasser
30–35 g ungebleichtes Mehl
470 ml einfache Sojamilch
¼ Tasse Cashew-Creme *(s. Seite 31)*
1 TL Meersalz (nach Geschmack)
2 frische Maiskolben, die Körner vom Kolben entfernt (ca. 300 g)
frisch gemahlener Pfeffer nach Geschmack

1. Einen großen Topf auf mittlere Hitze erwärmen und ölen. Die Zwiebeln etwa 5 Minuten kurz anschwitzen bis sie glasig sind. Dabei wenn nötig etwas Wasser zugeben, um ein Ansetzen zu vermeiden.
2. Sellerie, rote und grüne Paprika, Kartoffel, Lorbeer und Wasser zugeben und etwa 15 Minuten köcheln lassen, bis die Kartoffeln weich sind.
3. Das Mehl mit 240 ml Sojamilch verrühren, bis es glatt und ohne Klumpen ist. Gemeinsam mit der übrigen Sojamilch, der *Cashew-Creme* und dem Salz in den Topf geben und noch einige Minuten köcheln lassen, bis die Suppe andickt.
4. Den Mais unterrühren und vorsichtig erwärmen.
5. Mit frisch gemahlenem Pfeffer würzen und servieren.

Yamswurzel und Mais sind zwei Gemüsesorten, die die meisten Leute nicht im Traum roh essen würden, aber zusammen sind sie exquisit!
Der köstliche Geschmack von Fenchel und Dill vereinigt sich ebenfalls wunderbar mit der reichhaltigen *Cashew-Creme* in der herrlichen *Gurken-Cremesuppe.*

Schutzengel, bitte hilf mir,
einen ruhigen Geist und ein liebendes Herz zu erlangen.

Ingwer-Curry-Mais-Suppe

Für 4 Personen
200 g Yamswurzel oder Butternut-Kürbis, geschält und geraspelt
3 frische Maiskolben, die Körner vom Kolben entfernt (ca. 450 g)
1 TL unpasteurisiertes helles Miso (nach Geschmack)
½ TL Curry-Pulver
½ TL frisch geriebene Ingwerwurzel

1. Die Zutaten im Mixer zu einer glatten Suppe pürieren, dabei Wasser zugeben, um die gewünschte Konsistenz zu erreichen.
2. Gekühlt, mit Zimmertemperatur oder handwarm servieren.

Gurken-Cremesuppe

Für 4 Personen
2 Gurken, geschält, entkernt und klein geschnitten
1 Fenchelknolle, geschält und klein geschnitten
1 Zucchini, klein geschnitten
½ Avocado, geschält und klein geschnitten
¼ Tasse Cashew-Creme *(s. Seite 31)*
1 EL rote Zwiebel
1 EL unpasteurisiertes helles Miso (nach Geschmack)
1 TL gemahlener Koriander
½ TL getrockneter Dill
250–500 ml gutes Wasser
1 Frühlingszwiebel, in Ringe geschnitten
1 EL Minze, klein geschnitten

1. Alle Zutaten außer Frühlingszwiebel und Minze in den Mixer geben und pürieren, bis die Mischung glatt ist. Dabei Wasser zugeben, um die gewünschte Konsistenz zu erhalten.
2. Die Suppe in Servierschalen füllen und mit der Minze und der gehackten Frühlingszwiebel garnieren. Gekühlt servieren.

Diese Version der traditionellen spanischen Gemüsesuppe ist dick und stückig. Das Geheimnis liegt darin, nur die Hälfte der Zutaten zu pürieren. Durch die Avocado wird der Gazpacho besonders reichhaltig und köstlich!

Schutzengel, bitte hilf mir, die Geschenke des Lebens dankbar anzunehmen.

Gazpacho

(Kalte spanische Tomatensuppe)

Für 4 Personen

4–6 reife Tomaten, in Würfel geschnitten
1 mittlere Stange Sellerie, in Würfel geschnitten
½ Gurke, geschält, entkernt und in Würfel geschnitten
¼ rote Paprika, in Würfel geschnitten
4 Radieschen, in dünne Scheiben geschnitten
1 Frühlingszwiebel, in dünne Scheiben geschnitten
2 EL gehackte frische Petersilie
4 TL Zitronensaft
2 TL natives Olivenöl extra
1 TL Meersalz (nach Geschmack)
frisch gemahlener Pfeffer
1 Avocado, geschält, entkernt und kurz vor dem Servieren in kleine Würfel geschnitten
10 g junge Sonnenblumensprossen (s. Seite 21) oder Gewürzte Sonnenblumenkerne *(s. Seite 79)*

1. Alle Zutaten außer Avocado und Sonnenblumensprossen zusammengeben und gut mischen.
2. Die Hälfte der Tomatenmischung im Mixer oder in der Küchenmaschine pürieren.
3. Die pürierte Hälfte zur ursprünglichen Tomatenmischung zurückgeben und verrühren.
4. Wenn möglich zugedeckt eine Stunde kalt stellen.
5. Die Avocado vor dem Servieren in Würfel schneiden, in den Gazpacho geben und unterheben. In gekühlten Schalen servieren und mit Sonnenblumensprossen garnieren.

Nahrhaft und kräftigend ist diese köstliche, warme Brühe genau das Richtige für einen kalten Tag oder wenn Sie sich unwohl fühlen. Sie ist auch sehr gut dafür geeignet, den Magen nach einer Reinigungsdiät oder Fasten davon abzuhalten, gegen schwerere Nahrung zu rebellieren.

Schutzengel, bitte hilf mir, limitierende Gedanken und Verhaltensweisen loszulassen.

Miso Shiro

(Japanische Suppe aus fermentierten Sojabohnen)

Für 4 Personen

1 Liter Shiitake Dashi *(s. Seite 147)*
60 ml Hatcho Miso oder 120 ml weiches helles oder rotes Miso
30–55 g Tofu, in 1,5 cm große Würfel geschnitten (optional)
1 Frühlingszwiebel, in dünne Ringe geschnitten
einige Streifen Kombu- oder Wakame-Algen

1. *Shiitake Dashi* in einen Topf geben und zum Köcheln bringen. 240 ml Dashi abnehmen und abkühlen lassen, bis es handwarm ist. Miso untermischen, bis es sich glatt und cremig aufgelöst hat. Beiseite stellen.
2. Die Tofuwürfel in den Topf geben und von der Hitze nehmen. Auf Handwärme abkühlen. Die Miso-Dashi-Mischung hinzugeben. Seien Sie vorsichtig: Zu hohe Temperaturen würden die freundlichen Mikroorganismen und Enzyme des Miso zerstören.
3. In Servierschälchen anrichten und mit Frühlingszwiebel sowie ein oder zwei Algenstreifen dekorieren.

Variationen: Geben Sie jede beliebige der folgenden Zutaten hinzu:
- Dekorativ zugeschnittener Daikon-Rettich oder Rübe
- *Age* (frittierter Tofu) oder Seitan (Weizengluten)
- In Scheiben geschnittene frische Champignons, Shiitake- oder Enoki-Pilze
- Spinat- oder Chinakohl-Schnitzel (Napa)
- Dekorativ zugeschnittene gekochte Mohrrübe oder Süßkartoffel
- Gekochte Soba-Nudeln oder Glasnudeln
- Frische Mungbohnen-Sprossen
- Zuckerschoten

Diese einfache und nahrhafte japanische Suppe ist eine gute Möglichkeit, um Reisreste zu verwerten. Sie gibt einen großartigen ersten Gang für *Sunomono* (siehe Seite 101) und *japanische Sushimaki-Variationen* (siehe Seite 180) ab.

Schutzengel, bitte hilf mir,
mein Herz und meinen Geist
für alles zu öffnen, was ist.

Japanische Reis- und Algen-Suppe

Für 4 Personen
600 g heißer gekochter brauner Reis
1 Liter heißes Shiitake Dashi *(s. Seite 147)*
1 TL Wasabi-Pulver (japanischer Meerrettich), vermischt mit 2 EL gutem Wasser
Shoyu oder Miso nach Geschmack
3 Blätter Nori-Algen, in Streifen geschnitten

1 EL geröstete Sesamsamen zum Garnieren

1. Die Zutaten für die Suppe in einen Topf geben und behutsam auf Handwärme erhitzen.
2. Die Suppe in Servierschalen füllen und mit den Sesamsamen bestreuen. Warm servieren.

Wissenswertes: Es ist ganz einfach, lockeren braunen Reis zu kochen. Messen Sie den Reis ab, spülen ihn gründlich und lassen ihn in einem Sieb abtropfen. Bedecken Sie ihn mit der 1½-fachen Menge gutem Wasser (1 Tasse Reis zu 1½ Tassen Wasser) und bringen Sie den Reis zum Kochen. Reduzieren Sie die Hitze auf ein leichtes Köcheln und bedecken den Topf mit einem dicht schließenden Deckel und lassen Sie den Reis ungestört 50 Minuten kochen. Dann den Herd ausstellen und weitere 10 Minuten ruhen lassen. Heben Sie den Deckel während des Kochens nicht an und rühren Sie nicht um. Basmati-Reis braucht etwa 10 Minuten weniger Kochzeit, passen Sie die Zeiten entsprechend an.

Ich entdeckte Miso Ramen in einer der vielen Nudel-Küchen in Tokio und sie ist zu meiner Winter-Lieblingssuppe geworden! Nudeln und sanft gekochtes Gemüse in Miso-Brühe haben etwas sehr Nährendes, das besonders an kalten Abenden wunderbar ist!

Schutzengel, bitte hilf mir, Ängste loszulassen und meine Entscheidungen auf Licht und Liebe zu basieren.

Miso Ramen

(Japanische Gemüse-Nudel-Suppe)

Für 4 Personen
340 g chinesische Nudeln

6–8 getrocknete Shiitake-Pilze, 20 Minuten in 2 Tassen heißem Wasser eingeweicht
1 mittelgroße Zwiebel, in feine Streifen geschnitten (s. Seite 69)
2 Knoblauchzehen, gehackt
Olivenölspray oder ½ TL Sesamöl
10–12 frische Pilze, geviertelt
2 Mohrrüben, in Scheiben geschnitten
1 kleine grüne Paprika, in feine Streifen geschnitten
½ kleiner Chinakohl (Napa), quer in Scheiben geschnitten

½ TL Olivenöl oder Sesamöl
500 g Tofu, in 2,5 cm große Würfel geschnitten
1 Liter gutes Wasser
aufgehobenes Einweichwasser der Shiitake-Pilze

6 EL unpasteurisiertes Hatcho-Miso (oder anderes dunkles Miso)
4 Frühlingszwiebeln, schräg in 2,5 cm lange Stücke geschnitten
1 Prise gemischtes Chili-Pulver

1. Die Nudeln nach der Packungsanweisung kochen. Das Wasser abgießen und die Nudeln beiseite stellen.
2. Die Stiele der eingeweichten Shiitake-Pilze entfernen und wegwerfen. Die Pilze in feine Streifen schneiden und beiseite stellen. (Denken Sie daran, das Einweichwasser aufzuheben.)

Es gibt viele Arten asiatische Nudeln. Wählen Sie Ihre Lieblingssorte. Wir mögen für dieses Gericht am liebsten Ramen-, Somen- und Udon-Nudeln.

Schutzengel, bitte hilf mir,
Entscheidungen zu treffen,
die meinem höchsten Gut dienen.

3. Eine antihaftbeschichtete Pfanne oder einen Wok erhitzen und ölen. Zwiebeln und Knoblauch etwa 5 Minuten kurz anschwitzen, bis sie glasig sind, dabei nach Bedarf etwas Wasser zugeben, um ein Ansetzen zu vermeiden. Die Pilze dazugeben und weitere 5 Minuten garen. Kohl und Paprika zugeben und garen, bis der Kohl weich ist.
4. Während das Gemüse gart, eine weitere antihaftbeschichtete Pfanne erhitzen und ölen. Die Tofuwürfel unter Wenden braten, bis alle Seiten goldbraun sind.
5. Das aufbewahrte Shiitake-Einweichwasser mit Wasser auf 1,2 Liter auffüllen und zum Köcheln bringen. 240 ml der heißen Flüssigkeit abnehmen, abkühlen lassen und das Miso unterrühren, bis die Mischung glatt und cremig ist. Das gekochte Gemüse, die eingeweichten Shiitake-Pilze und die gebratenen Tofuwürfel in die köchelnde Suppe geben. Vom Herd nehmen und auf 40,5 Grad (handwarm) abkühlen lassen. Die Miso-Wasser-Mischung wieder dazugeben.
6. Während die Suppe abkühlt, 1 Liter Wasser aufkochen und die vorgekochten Nudeln zum Erwärmen in das heiße Wasser geben.
7. Zum Servieren die Suppe nach Wunsch leicht erwärmen. Die Nudeln auf Servierschalen verteilen und Gemüse und Brühe darüber geben. Mit Frühlingszwiebeln und Chili-Pulver garnieren.

Wissenswertes: Miso ist eine köstliche, salzig schmeckende Paste aus fermentierten Sojabohnen oder einer Kombination aus Soja und Getreide, die freundliche Bakterien enthält, welche heilsam für den Magen-Darm-Trakt sind. Es gibt ganz verschiedene Geschmacksvarianten, helles Miso ist am mildesten, die dunkleren Arten haben einen stärkeren Geschmack. Verwenden Sie Miso großzügig in Suppen, Saucen, Dressings und Getreidegerichten.

Der Geschmack und die Konsistenz der Pilze geben dieser beliebten asiatischen Suppe, die meistens ohne Fleisch angeboten wird, ihre Gourmet-Qualität. Die Kombination von Sesamöl, Chilipaste und Koriander macht die Brühe hervorragend! Sie ist leicht und dennoch aromatisch, mit einem unverkennbar asiatischen Geschmack.

Schutzengel, bitte hilf mir,
Gesundheit in meinem Körper herrschen zu lassen.

Pilz Won Ton

(Chinesische Kloßsuppe)

Für 4 Personen
4 getrocknete Shiitake-Pilze, 20 Minuten in 2 Tassen warmen Wasser eingeweicht
½ TL Olivenöl oder geröstetes Sesamöl
1 mittelgroße Knoblauchzehe, zerdrückt
250 g frische Pilze, gehackt
½ TL Pfeilwurzelstärke (oder Maisstärke) in 1 EL gutem Wasser
2 Frühlingszwiebeln, in dünne Ringe geschnitten
1½ TL Shoyu
16 Won-Ton-Blätter
2 EL Mehl und 3 EL Wasser, zu einer dicken Paste vermischt
6–8 Tassen kochendes Wasser

Brühe:
aufbewahrtes Shiitake-Einweichwasser plus ausreichend gutes Wasser, um 500 ml zu erhalten
1 EL Mirin
1 EL Shoyu
1 EL vegetarisches Brühpulver „Hühnchengeschmack"
1 TL Ahornsirup (oder anderer Süßstoff)
¼ TL geröstetes Sesamöl
⅛ TL gemahlene frische Chilipaste (Sambal Oelek)
2 Frühlingszwiebeln, in dünne Ringe geschnitten
1 Bund frischer Koriander

Wenn Sie dieses Gericht für Gäste zubereiten, bereiten Sie Brühe und Füllung im Voraus und füllen Sie die Won-Tons so kurz wie möglich vor der Ankunft der Gäste. Erhitzen Sie das Wasser zehn Minuten vor dem Servieren, um die Won-Tons zu garen, und wärmen die Brühe wieder auf.

Schutzengel, bitte hilf mir zu erkennen,
dass diese Welt unbeschreiblich wunderbar ist.

1. Eine Pfanne auf mittlere Temperatur erhitzen und ölen. Knoblauch hinzugeben und eine Minute anschwitzen.
2. Die frischen gehackten Pilze in die Pfanne geben und etwa 7 bis 8 Minuten unter häufigem Umrühren braten, bis sie fast alle Flüssigkeit verdampft ist. Wenn nötig etwas Wasser zugeben, um ein Ansetzen zu verhindern.
3. Die Shiitake-Pilze aus dem Einweichwasser nehmen, das Wasser aufbewahren. Die Stiele abschneiden und wegwerfen, die Pilze klein schneiden.
4. Wenn die frischen Pilze fertig gebraten sind, Shiitake-Pilze und Pfeilwurzelstärke zugeben und gut vermischen. Eine weitere Minute kochen und dann Frühlingszwiebel und Shoyu zugeben. Vom Herd nehmen und auf Zimmertemperatur abkühlen lassen. Grob in 16 Portionen aufteilen.
5. Vier Won-Ton-Blätter auf eine saubere, trockene Arbeitsfläche legen. Die Ecken jedes Blatts mit der vorbereiteten Mehlpaste bepinseln.
7. Eine Portion der Füllung auf die Mitte eines jeden Blatts geben.
8. Die Blätter diagonal über die Füllung zu Dreiecken falten. Die Kanten zum Verschließen fest andrücken.
9. Die beiden gegenüberliegenden Spitzen jedes Dreieck nach hinten biegen und überkreuzen, die Form einer Schwesternhaube bildend. Zum Verschließen andrücken. Die vier gefüllten Won-Tons auf gewachstes Papier legen und mit einem sauberen, feuchten Tuch bedecken. Schritte 6–9 mit den übrigen Won-Tons wiederholen.
10. Wenn alle 16 Won-Tons fertig gefüllt sind, vorsichtig in heißes Wasser geben und etwa 6 Minuten kochen, bis sie weich sind.
11. Während die Won-Tons kochen, die Zutaten für die Brühe vermischen und zum Köcheln bringen.
12. Die Brühe auf vier Suppenschalen verteilen, die gekochten Won-Tons hineinlegen und mit Koriander garniert servieren.

Wenn Sie Pilze mögen, werden Sie den intensiven Geschmack dieser cremigen, köstlichen Suppe lieben. Wir bevorzugen Steinpilze, Shiitake-Pilze oder Morcheln, es wird Sie aber jede Sorte in den Pilz-Himmel versetzen!

Schutzengel, bitte hilf mir zu sehen, dass jeder und alles spirituelles Strahlen ausströmt.

Schweizer Pilzcremesuppe

Für 4 Personen

30 g getrocknete Pilze Ihrer Wahl, ½ Stunde in warmen Wasser eingeweicht
½ TL natives Olivenöl extra
1 große Stange Lauch, gründlich gewaschen und in Ringe geschnitten
500 g frische Pilze, klein geschnitten
2 EL ungebleichtes Mehl
1 TL vegetarisches Brühpulver „Hühnchengeschmack“
1 Liter Mandelmilch *(s. Seite 30), Sojamilch oder Reismilch*
2 EL helles Miso (nach Geschmack)
¼ TL weißer Pfeffer

Zum Garnieren:
2 EL Mandelblättchen
1 EL frischer Kerbel, gehackt

1. Während die getrockneten Pilze einweichen, einen großen antihaftbeschichteten Suppentopf erhitzen und ölen. Den Lauch zugeben und etwa 5 Minuten andünsten, dabei bei Bedarf etwas Wasser zugeben, um ein Ansetzen zu vermeiden.
2. Die klein geschnittenen frischen Pilze in den Topf geben und 5 Minuten mitdünsten.
3. Mit Mehl und Brühpulver bestreuen und gut verrühren. Unter Rühren weitere 2 Minuten kochen.
4. Die Mandelmilch in den Topf geben, aufkochen und die Hitze reduzieren, sodass die Suppe nur noch leicht köchelt.
5. Die harten Stiele der eingeweichten Pilzen entfernen und wegwerfen. Die Pilze klein schneiden und in den Topf geben. Das Einweichwasser der Pilze aufbewahren und eventuellen Sand gründlich abseihen.
6. Die Suppe 30 Minuten sanft köcheln lassen, dabei nach und nach Wasser zugeben, um eine dicke Brühe zu erhalten. Vom Herd nehmen.
7. 120 ml des Pilz-Einweichwassers mit Miso und Pfeffer vermischen und mit einem Schneebesen oder kleinen Handmixer aufschlagen. Zur Suppe geben und unterrühren.
8. Die Suppe in Schalen füllen und mit den Mandelblättchen und dem Kerbel dekorieren.

Kartoffeln und Lauch geben in dieser französischen Kartoffelsuppen-Version eine perfekte Kombination ab. Ich persönlich mag besonders die Kartoffel- und Lauchstücke, die in der cremig pürierten Brühe schwimmen.

Schutzengel, bitte hilf mir, meinen Körper und Verstand zu heilen, damit ich in Harmonie mit dem Geist leben kann.

Französische Kartoffel-Lauch-Suppe

Für 4 Personen

½ TL natives Olivenöl extra

2 große Stangen Lauch, gründlich gewaschen und in Scheiben geschnitten

2 große weiße oder rote Kartoffeln, geschält und klein geschnitten

1,5 Liter gutes Wasser oder Gemüse-Kräuter-Brühe *(s. Seite 146)*

1 EL weißes Miso oder ¾ Tl Meersalz (nach Geschmack)

⅛ TL weißer Pfeffer

1 Prise Muskatnuss

1. Eine Pfanne auf mittlere Hitze erwärmen und ölen. Lauch zugeben. Behutsam etwa 6 bis 7 Minuten andünsten, bis er weich ist, dabei wenn nötig etwas Wasser zugeben, um ein Ansetzen zu vermeiden.
2. Die Kartoffeln mit dem Wasser oder der Brühe in einen Suppentopf geben und zum Kochen bringen. Die Hitze reduzieren, den Topf schließen und köcheln lassen, bis die Kartoffeln gar sind.
3. Die Hälfte des Lauchs und der Kartoffeln mit etwas Kochbrühe in den Mixer geben und pürieren.
4. Die Mischung durch ein Sieb passieren.
5. Die Kartoffel-Lauch-Mischung in den Suppentopf zurückgeben und alle übrigen Zutaten hinzufügen. Erhitzen und weitere 10 Minuten köcheln.

Herzhaft und kräftig ist dieser spanisch inspirierte Eintopf eine sättigende Mahlzeit. Sie können statt Limabohnen auch Favabohnen, mittelgroße weiße Bohnen oder so gut wie jede andere Bohnenart verwenden, wie es Ihnen lieber ist. Der Eintopf ist immer großartig, egal welche Bohnen Sie nehmen!

Schutzengel, bitte hilf mir, die höchsten Gedanken und Emotionen zu haben.

Baskischer Limabohnen-Kartoffel-Eintopf mit Tempeh-„Speck“

Für 4 Personen
½ TL natives Olivenöl extra
1 große Zwiebel, gehackt
2 große Kartoffeln, gründlich gebürstet und in Würfel geschnitten
200 g gekochte Limabohnen (siehe folgendes Wissenswertes)
150–200 g Kohl, in Scheiben geschnitten
2 Knoblauchzehen, gehackt
1 TL Paprika, süß
⅛ TL Safran (vorzugsweise spanischer)
1 TL Meersalz (nach Geschmack)
frisch gemahlener Pfeffer
55–85 g Tempeh-„Speck“, *gehackt (siehe folgendes Rezept)*

1. Eine antihaftbeschichtete Pfanne auf mittlere Hitze erwärmen und ölen. Die gehackten Zwiebeln anschwitzen, bis sie weich und glasig sind, dabei wenn nötig etwas Wasser zugeben, um ein Ansetzen zu verhindern.
2. Die Kartoffelwürfel und so viel Wasser dazugeben, dass sie bedeckt sind. Zum Kochen bringen und zugedeckt 15 Minuten köcheln lassen.
3. Die übrigen Zutaten außer Salz, Pfeffer und *Tempeh„Speck“* zugeben. Zudecken und weitere 15 bis 20 Minuten kochen oder so lange bis die Kartoffeln gar sind. Wenn nötig mehr Wasser dazugeben, damit der Eintopf nicht zu dick wird.
4. Mit Salz und Pfeffer nach Geschmack würzen und mit dem gehackten *Tempeh-„Speck“* garnieren. Heiß servieren.

„Tempeh Bacon“ ist ein hervorragendes, im Handel erhältliches Produkt mit Speckgeschmack, doch wenn Sie es in Ihrem Reformhaus nicht finden oder es lieber selber herstellen, ist dieser rauchig schmeckende Tempeh wunderbar für Tempeh-Speck-Salat-Tomaten-Sandwiches geeignet oder zum Garnieren von Suppen und Salaten.

Schutzengel, bitte hilf mir,
Stärke, Zähigkeit und Ausdauer zu entwickeln.

Tempeh-„Speck“

Ergibt ca. 225 g

½ TL natürliches Rauchsalz
2 EL Shoyu
240 ml gutes Wasser
1 EL Vollrohrzucker
2 Knoblauchzehen, zerdrückt
225 g Tempeh, in 0,5 cm dicke Streifen geschnitten

1. Alle Zutaten zusammengeben und 20 Minuten köcheln lassen.
2. Den Ofen oder Grill auf 200 Grad vorheizen.
3. Tempeh-Speck 10 Minuten grillen oder backen, bis er auf beiden Seiten braun ist, nach 5 Minuten wenden.

Wissenswertes: Limabohnen müssen wie die meisten anderen Bohnen über Nacht oder den ganzen Tag eingeweicht werden. Suchen Sie die Bohnen nach Verunreinigungen und kleinen Steinchen ab, bevor Sie sie gründlich in einem Sieb waschen. Bedecken Sie die Bohnen mit der dreifachen Menge Wasser und lassen sie einweichen, bis sie prall sind. Sie werden ihre Größe verdreifachen. Gießen Sie das Wasser ab und geben Sie die Bohnen in einen ausreichend großen Topf. Geben Sie so viel gutes Wasser dazu, dass die Bohnen bedeckt sind. Zum Kochen bringen und, um Schaumbildung zu vermeiden, die Hitze sofort auf ein sanftes Köcheln reduzieren. Legen Sie den Deckel auf den Topf und lassen Sie dabei einen Spalt zum Entweichen von Dampf frei. Die Bohnen 2 bis 3 Stunden köcheln lassen, bzw. so lange, bis die Bohnen weich sind. Kontrollieren sie halbstündlich, ob die Bohnen noch ganz von Wasser bedeckt sind. Heben Sie das vitaminreiche Kochwasser zum Gebrauch für Suppen auf.

Die Gewürzmischung dieser kubanischen Spezialität ist einmalig und köstlich. Wenn Sie noch nie schwarze Bohnen gekostet haben, erwartet Sie ein Hochgenuss!

Schutzengel, bitte hilf mir,
mit Würde, Humor und Weisheit ehrenvoll zu handeln.

Kubanische Schwarze-Bohnen-Suppe

Für 4–6 Personen
½ TL natives Olivenöl extra
1 mittelgroße Zwiebel, in Würfel geschnitten
2 Knoblauchzehen, zerdrückt
200 g gekochte schwarze Bohnen
½ TL gemahlener Kreuzkümmel
1 Prise Cayenne-Pfeffer
1 Prise Piment
1 EL dunkler Miso oder 1 TL Meersalz (nach Geschmack)
1 mittelgroße Mohrrübe, in Würfel geschnitten
Bohnenbrühe oder Gemüse-Kräuter-Brühe *(s. Seite 146)*

Zum Garnieren:
1 reife Tomate, in Würfel geschnitten
1 Bund frischer Koriander, gehackt

1. Einen antihaftbeschichteten Suppentopf auf mittlere Hitze erwärmen und ölen. Die Zwiebelwürfel kurz anschwitzen, bis sie hellbraun sind und bei Bedarf etwas Wasser zugeben, um ein Ansetzen zu verhindern. Den zerdrückten Knoblauch dazugeben und 1 Minute weiterkochen.
2. Die Hälfte der Bohnen und die Hälfte der Zwiebel-Knoblauch-Mischung mit etwas Wasser in den Mixer oder in die Küchenmaschine geben. Kreuzkümmel, Cayenne-Pfeffer, Piment und Miso dazugeben und pürieren.
3. Alle Zutaten in einen Topf geben und genug Bohnenbrühe dazugeben, um die gewünschte Konsistenz zu erreichen. Zugedeckt 30 bis 45 Minuten köcheln lassen.
4. Zum Servieren die Suppe in Schalen füllen und mit etwas gewürfelter Tomate und gehacktem Koriander garnieren.

Diese spanisch inspirierte Erbsensuppe kann auch in eine Fava- oder Limabohnensuppe umgewandelt werden und schmeckt wunderbar mit Zimmertemperatur oder aufgewärmt.

Schutzengel, bitte hilf mir, geistige Gelassenheit zu erfahren.

Spanische Erbsensuppe

Für 4 Personen
½ TL natives Olivenöl extra
1 mittelgroße Zwiebel, gehackt
½ Mohrrübe, klein geschnitten
1 EL vegetarisches Brühpulver „Hühnchengeschmack"
450 g tiefgefrorene junge Erbsen
¼ TL gemahlenes Basilikum (oder 1 TL frisches Basilikum, gehackt)
Meersalz und gemahlener Pfeffer nach Geschmack
700 ml gutes Wasser

1. Eine antihaftbeschichtete Pfanne auf mittlere Hitze erwärmen und ölen. Die gehackte Zwiebel etwa 5 Minuten anschwitzen, bis sie weich ist. Dabei bei Bedarf etwas Wasser zugeben, um ein Ansetzen zu vermeiden. Die klein geschnittene Mohrrübe zugeben und weitere 5 Minuten garen.
2. Die Zwiebelmischung und die restlichen Zutaten in die Küchenmaschine oder in den Mixer geben und pürieren. Die Mischung durch ein Sieb abseihen, um das Mark zu entfernen.
3. Die Mischung in einen Suppentopf gießen und evtl. noch Wasser zugeben. 5 Minuten sanft köcheln lassen und heiß servieren.

Die Konsistenz der Graupen stellt eine willkommene Ergänzung zu diesem sättigenden Gemüseeintopf dar. Mit einem Salat serviert ergibt er eine komplette Mahlzeit.

Schutzengel, bitte hilf mir, tolerant zu sein gegenüber den Ansichten anderer.

Irischer Gemüse-Graupen-Eintopf

Für 8 Personen
1 Liter gutes Wasser
150 g Graupen
½ TL Olivenöl oder geröstetes Sesamöl
1 mittelgroße Zwiebel, gehackt
3 Knoblauchzehen, zerdrückt
250 g leicht gekeimte Linsen (s. Seite 21) oder 160 g Linsen, eine halbe Stunde in heißem Wasser eingeweicht und abgegossen
1 Lorbeerblatt
1 EL italienische Gewürzmischung
1 l Gemüsebrühe nach Wahl (s. Seite 146, 147)
120 g frische Pilze, klein geschnitten
2 Mohrrüben, klein geschnitten
2 Stangen Sellerie, klein geschnitten
¼ Kohlkopf oder 1 Bund Mangold, klein geschnitten
1 EL vegetarisches Brühpulver „Hühnchengeschmack"
2 EL dunkle Misopaste
1 große Tomate, entkernt und in Würfel geschnitten

1. 1 Liter Wasser zum Kochen bringen. Die Graupen zugeben und umrühren. Die Hitze herunterschalten und zugedeckt Köcheln lassen.
2. Währenddessen eine antihaftbeschichtete Pfanne auf mittlere Hitze erwärmen und ölen. Zwiebeln und Knoblauch etwa 8 Minuten anschwitzen, bis sie glasig sind. Nach Bedarf etwas Wasser zugeben, um ein Ansetzen zu verhindern.
3. Die Zwiebel-Knoblauch-Mischung, Linsen, Lorbeerblatt und die italienische Gewürzmischung zu den Graupen geben und zugedeckt 40 Minuten köcheln lassen.
4. Die restlichen Zutaten außer der Misopaste und den Tomatenwürfeln zugeben und weitere 15 Minuten köcheln lassen, bzw. so lange bis Graupen, Linsen und Gemüse weich sind. Vom Feuer nehmen.
5. 120 ml der Brühe aus der Suppe abnehmen und mit der Misopaste verrühren.
6. Die Misobrühe zurück in die Suppe geben, die Tomatenwürfel unterrühren und servieren.

Wunderschön gefärbt und mit seinem zarten, süßen Geschmack ist dieses beliebte russische Gericht eine meiner Lieblingssuppen! Borschtsch ist schnell und einfach zuzubereiten und kann heiß oder kalt serviert werden.
Die einfache, milchfreie „Sour Creme" können Sie leicht zubereiten, wenn Sie *Cashew-Cremekäse, Mandelkäse* oder irgendeinen anderen Nusskäse oder Joghurt zur Hand haben.

Schutzengel, bitte hilf mir, immer vorurteilslos zu sein.

Borschtsch *(Russische Rote-Bete-Suppe)*

Für 4 Personen
½ TL natives Olivenöl extra
1 mittelgroße Zwiebel, in Würfel geschnitten
1 Knoblauchzehe, zerdrückt
1 Mohrrübe, in Würfel geschnitten
1 Stange Sellerie, in Würfel geschnitten
1 Liter Gemüse-Kräuter-Brühe *(s. Seite 146)*
250 g rote Bete, geschält und in Würfel geschnitten
½ TL Meersalz (nach Geschmack)

Zum Garnieren:
¾ Tasse Tofu Sour Cream *(siehe nächstes Rezept)*
2 TL frischer Dill oder Schnittlauch, gehackt

1. Einen Suppentopf auf mittlere Hitze erwärmen und ölen. Zwiebelwürfel und Knoblauch etwa 5 Minuten anschwitzen, bis sie weich sind. Nach Bedarf etwas Wasser zugeben, um ein Ansetzen zu vermeiden.
2. Die übrigen Zutaten außer *Sour Cream* und Kräuter zugeben und etwa 20 Minuten kochen, bis alles weich ist.
3. Die Hälfte der Suppe in einen Mixer geben und pürieren. Dann das Püree in den Topf zur Suppe zurückgeben.
4. Heiß oder gekühlt mit *Tofu Sour Cream* und Kräutern garniert servieren.

Tofu Sour Cream

Ergibt ca. ¾ Tasse
140–170 g Seidentofu
2 EL Mandel- *oder* Cashew-Käse *(s. Seite 36, 37)*
1 EL Zitronensaft
½ TL Dattelpaste

1. Alle Zutaten im Mixer oder in der Küchenmaschine zu einer glatten Creme pürieren.
2. In eine Keimbox oder in ein Glas geben und 8 bis 12 Stunden fermentieren lassen (Informationen zum Fermentieren siehe Seite 28).

Eine gute Art, Gemüsereste zu verwerten, besteht darin, eine Brühe als Suppen- oder Saucen-Basis oder als Ölersatz zum Anbraten von Gemüse zuzubereiten. Der Duft einer köchelnden Gemüsebrühe ist immer so tröstlich! Die Beigabe von Kräutern macht die Brühe perfekt für Saucen und aufwändigere Suppen.

Schutzengel, bitte hilf mir,
in einem Zustand der Dankbarkeit zu bleiben.

Gemüse-Kräuter-Brühe

Ergibt ca. 1½ Liter
1 Zwiebel, geschält und geviertelt
2 Knoblauchzehen, geschält und geviertelt
1 Bund frische Petersilie, mit Stängeln
2 Stangen Sellerie mit Blättern, in Scheiben geschnitten
1 Mohrrübe, in Scheiben geschnitten
¼ Kopf Kohl
1 Bouquet garni oder 1 Lorbeerblatt*
3–4 getrocknete Pilze (Steinpilze, Crimini- oder Shiitake-Pilze), in 470 ml gutem Wasser eingeweicht
aufbewahrtes Pilzeinweichwasser
2 Liter gutes Wasser

1. Alle Zutaten in einen großen Topf geben und zum Kochen bringen. Die Hitze reduzieren und zugedeckt eine Stunde köcheln lassen.
2. Die Brühe abseihen und das Gemüse wegwerfen. Die Brühe in einem luftdichten Behälter im Kühlschrank aufbewahren und in Suppen, Tunken und Saucen verwenden. Die Brühe hält sich bis zu drei Tagen.

Wissenswertes: Getrocknete Pilze enthalten oft Schmutz und Sand, der gewöhnlich beim Einweichen auf den Boden der Schüssel sinkt. Nach dem Einweichen jeden Pilz vorsichtig herausnehmen, abspülen und mit dem Blick prüfen. Den Sand mit einem feinen Drahtsieb aus dem Einweichwasser entfernen. Gießen Sie das Einweichwasser nie weg – fügen Sie es Suppen, Saucen, Tunken und Dressings bei.

* Das traditionelle französische „Bouquet garni" besteht aus einem Bündel von Würzkräutern. Die klassischen Kräuter sind Thymian- und Petersilienzweige und ein Lorbeerblatt. Manchmal kommt auch ein Stückchen Lauch oder Sellerie dazu. Variieren Sie die Zusammenstellung nach Ihren Vorlieben.

Shiitake-Pilze geben diesen beiden Suppenbrühen eine delikate Rauchigkeit. Diese köstlichen japanischen Brühen sind eine gute Basis für orientalische Suppen und Nudelgerichte.

Schutzengel, bitte hilf mir, anderen zuzugestehen, ihre Realität zu erschaffen, so wie ich die meine erschaffe.

Shiitake-Gemüse-Brühe

Ergibt ca. 1½ Liter
1 Zwiebel, geschält und geviertelt
2 Knoblauchzehen, geschält und geviertelt
1 Bund frische Petersilie, mit Stängeln
2 Stangen Sellerie mit Blättern, in Scheiben geschnitten
6 getrocknete Shiitake-Pilze
2 Liter gutes Wasser

1. Alle Zutaten in einen schweren Topf geben und zum Kochen bringen. Die Hitze reduzieren und eine Stunde köcheln lassen.
2. Die Brühe durch ein Sieb gießen und das Gemüse wegwerfen. Die Brühe in einem luftdichten Behälter im Kühlschrank aufbewahren, zum Gebrauch in Suppen, Tunken und Saucen. Hält sich bis zu einer Woche.

Shiitake-Dashi

(Japanische Pilzbrühe)

Ergibt ca. ¾ Liter
6 große getrocknete Shiitake-Pilze
1 Mohrrübe, geviertelt
5 cm langes Stück getrocknete Kombu-Alge
2 EL Shoyu
1 TL Mirin

1. Alle Zutaten in 1 Liter Wasser geben und zugedeckt eine Stunde köcheln lassen.
2. Die Brühe durch ein Sieb gießen und das Gemüse nach Belieben für eine andere Verwendung aufbewahren.
3. Die Brühe im Kühlschrank aufbewahren und nach Bedarf verwenden.

ACHTES KAPITEL

Gütiges Getreide

Ein Gespräch mit dem Geist über Wahlmöglichkeiten

Himmlische Wächter, bitte helft mir, ein Leben voll Gesundheit, Freude, Frieden und Fülle zu errichten. Ich bitte um Hilfe dabei, Entscheidungen zu treffen, die auf meinem besten Interesse sowie auf dem besten Interesse aller Beteiligten basieren. Helft mir, die Rechte aller Menschen zu respektieren sowie zu akzeptieren, dass ich das Recht habe, in allen mich betreffenden Dingen frei zu wählen. Helft mir zu erkennen, dass wir alle Trauben an der Weinrebe sind und jeder in seinem eigenen Tempo reift. Ich wähle ein friedliches und harmonisches Leben, erfüllt mit Liebe und Wohlergehen. Ich weiß, dass Wahlfreiheit mein Geburtsrecht ist, und ich bitte um göttlichen Beistand, um die bestmöglichen Entscheidungen zu treffen.

Ich ehre das Göttliche in dieser Nahrung und in allem Leben und erkenne alles als einen Ausdruck der Liebe Gottes. Wenn wir unsere Schwingungen vereinen, wird unsere gemeinsame Liebe vervielfacht. Ich liebe dich, ich preise dich, ich bin eins mit dir und der himmlischen Quelle von allem, was ist.

REZEPTE AUF EINEN BLICK

Diese natürlich süßen und gesunden gekeimten Müslis sind herzhaft genug, um Sie durch den Morgen zu bringen. Getreidekeimlinge erhöhen den Enzymgehalt von gekochtem Haferschleim und ergeben eine angenehme Konsistenz.

Schutzengel, bitte hilf mir zu erkennen,
dass ich stets durch göttliche Führung unterstützt werde.

Gekeimtes Frühstücksmüsli

Ergibt ca. 4 – 5 Tassen
100 g weicher Weizen oder Kamut
100 g Roggen
100 g Buchweizengrütze
60 g Sonnenblumenkerne
Süßstoff nach Wahl
Gemahlener Zimt nach Geschmack
Warmes gutes Wasser oder Mandelmilch *(s. Seite 30)*

1. Alle Getreide und Kerne zusammengeben und über Nacht in Wasser einweichen. 24 bis 36 Stunden keimen lassen (siehe Seite 20 – 22, *Die Freuden des Keimens*).
2. Pur mit warmer oder kalter *Mandelmilch* oder Wasser, Zimt und Süßstoff servieren. Das übrige Müsli kann bis zu 3 Tagen im Kühlschrank aufbewahrt werden.

Erleuchtete Hafergrütze

Für 2 Personen
40 g gekeimtes Frühstücksmüsli *(siehe oben)*
220 g Hafergrütze, gekocht
240 ml warmes gutes Wasser
1 Tasse Mandeljoghurt *oder* Cashewjoghurt *(s. Seite 34)*

1. Die gekochte Hafergrütze abkühlen lassen, auf nicht weniger als 40,5 Grad (handwarm).
2. Das gekeimte Getreide und die Grütze im Mixer pürieren. Dabei etwas warmes Wasser zufügen, sodass der Mixer weiter pürieren kann.
3. Wenn möglich, vor dem Essen eine halbe Stunde an einem warmen Ort ruhen lassen.
4. Mit *Mandel- oder Cashewjoghurt* und Süßstoff servieren.

Diese Mixgetränke sind eine einfache und schnelle Art, Getreide zu sich zu nehmen, und könnten alles sein, was Sie bis zum Mittagessen brauchen.

Schutzengel, bitte hilf mir, deine Qualitäten der Liebe und Güte anzunehmen.

Gekeimter Getreide-Bananen-Drink

Für 1 Person
½ Tasse gekeimte Buchweizengrütze (s. Seite 24)
50 g gekeimter Weizen, Kamut oder Roggen (s. Seite 21)
½ EL Leinsamen
20 g eingeweichte Mandeln (s. Seite 20) oder junge Sonnenblumensprossen (s. Seite 24)
1 Banane, geschält
240 ml warmes gutes Wasser

Alle Zutaten in den Mixer geben und pürieren. Dabei soviel Wasser wie nötig zugeben, um den Mixer in Bewegung zu halten. Genießen Sie den Drink!

Cremiger Apfel-Getreide-Drink

Für 1 Person
¾ Tasse gekeimte Buchweizengrütze (s. Seite 24)
40 g eingeweichte Mandeln (s. Seite 20)
1 Apfel, entkernt und geviertelt
2 TL Vollrohrzucker
½ TL Vanille-Extrakt
1 Tasse warmes gutes Wasser

Alle Zutaten in den Mixer geben und pürieren. Dabei soviel Wasser wie nötig zugeben, um den Mixer in Bewegung zu halten. Zum Wohl!

Die alten Essener haben ihr hefefreies Brot aus gekeimtem Getreide auf sonnenerhitzten Steinen in der Wüste gebacken. Ich stelle mir vor, dass Jesus, der berühmteste aller Essener, ganz ähnliches Brot wie dieses aß.

Schutzengel, bitte hilf mir zu erkennen, dass ich von dir und anderen Wesen des Lichts und der Liebe außerordentlich geliebt werde.

Essener* Mehrkornbrot

Ergibt 2 kleine Laibe
100 g Winterweizenkörner
100 g weiche Weizenkörner
100 g Kamut
100 g Vollkornroggen
50 g Hirse
2 EL Leinsamen
½ TL Meersalz

1. Die Körner und Samen zusammen 24 Stunden in einem 2-Liter-Gefäß einweichen. Abgießen, spülen, und wieder abgießen. Nochmals 24 Stunden keimen lassen, dabei nach 12 Stunden und am Ende des 24-stündigen Keimzyklus spülen (siehe Seite 22, *Die Freuden des Keimens*).
2. Das gut gespülte Getreide mit der „S"-Klinge der Küchenmaschine grob mahlen. Die Körner sollten beginnen, einen Teig zu bilden, aber nicht zu fein gemahlen sein. Wenn Sie einen Entsafter benutzen, nehmen Sie die Homogenisierplatte und homogenisieren die Hälfte des Getreides. Das übrige Getreide unterheben, bevor Sie die Brotlaibe formen.
3. Formen Sie 2 ovale Brotlaibe, etwa 2,5 – 5 cm dick.
4. Zum „Backen" ohne wertvolle Nährstoffe und Enzyme zu zerstören, die Brote auf ein Dörrblech legen und 3 Stunden bei 40,5 Grad trocknen. Das Brot wenden und weitere 4 bis 6 Stunden „backen", bis die Brote außen knusprig und innen feucht und geschmeidig sind.
5. Warm servieren oder bis zum Verzehr im Kühlschrank aufbewahren. Die Brote halten sich im Kühlschrank in einem luftdicht verschlossenem Behälter bis zu einer Woche.

* Die Essener waren eine antike religiöse Gemeinschaft und verfügten über ein in tausenden von Jahren gewachsenes Wissen über Heilpflanzen, die Wirkung von chemischen Verbindungen, naturgesetzliche Zusammenhänge, die Wechselwirkungen von Seele und Körper, die Wirkung des Unterbewusstseins und wirksame Methoden um es zu beeinflussen.

Wenn Sie allergisch auf Getreide reagieren, kann es gut sein, dass Sie dieses ungebackene gekeimte Roggenbrot ohne Nachwirkungen genießen können – so ging es auch anderen. Beginnen Sie immer mit einer kleinen Probe eines neuen Nahrungsmittels, um Ihre Reaktion zu testen.

Schutzengel, bitte hilf mir zu erkennen, dass jeder seinen eigenen Weg geht und ich nicht über andere urteilen kann.

Essener gekeimte Roggenbrötchen

Ergibt 8 – 12 Brötchen
400 g Vollkornroggen
2 EL Leinsamen
1 TL Kümmel
2 TL Shoyu
½ TL Meersalz

1. Vollkornroggen, Kümmel und Leinsamen zusammen 24 Stunden in einem 2-Liter-Gefäß einweichen. Abgießen, spülen und wieder abgießen. Weitere 24 Stunden keimen lassen, dabei nach 12 Stunden und am Ende des 24-stündigen Keimzyklus abspülen. (Siehe auch Seite 20, *Die Freuden des Keimens.)*
2. Die gekeimte Körnermischung mit Shoyu vermischen. In einer Küchenmaschine mit der „S"-Klinge grob mahlen. Die Körner sollten beginnen, einen Teig zu bilden aber nicht zu fein gemahlen sein. Wenn Sie einen Entsafter benutzen, nehmen Sie die Homogenisierplatte und homogenisieren die Hälfte des Getreides. Das übrige Getreide unterheben, bevor Sie die Brötchen formen.
3. Formen Sie 8 bis 12 runde oder längliche Brötchen, 2,5 – 5 cm dick.
4. Zum „Backen" ohne wertvolle Nährstoffe und Enzyme zu zerstören, die Brötchen auf ein Dörrblech legen und 3 Stunden bei 40,5 Grad trocknen. Die Brötchen wenden und weitere 4 bis 6 Stunden „backen", bis sie außen knusprig und innen feucht und geschmeidig sind.
5. Warm servieren oder bis zum Verzehr im Kühlschrank aufbewahren. Die Brötchen halten sich im Kühlschrank in einem luftdicht verschlossenen Behälter bis zu einer Woche.

Aromatisch und geschmackvoll, schmecken diese Brotstangen köstlich pur oder mit jedem der *sündhaften Aufstriche* (siehe Seite 67). Wenn Sie keine *gewürzten Sonnenblumenkerne* zur Hand haben, nehmen Sie einfach unbehandelte Samen jeder Art und würzen Sie sie mit Ihren Lieblingsgewürzen.

Schutzengel, bitte hilf mir, mir selbst und anderen gegenüber immer Respekt zu zeigen.

Pikante Sonnenblumenstangen

Ergibt 12–18 Brotstangen
200 g Winterweizenkörner oder Kamut
200 g Vollkornroggen
100 g gewürzte Sonnenblumenkerne (s. Seite 79)
½ TL Meersalz

1. Das Getreide und die Kerne zusammen 24 Stunden in einem 2-Liter-Gefäß einweichen lassen. Abgießen, spülen und wieder abgießen. Weitere 24 Stunden keimen lassen, dabei nach 12 Stunden und am Ende des 24-stündigen Keimzyklus abspülen. (Siehe auch Seite 20, *Die Freuden des Keimens.)*
2. Das gut gespülte Getreide mit der „S"-Klinge der Küchenmaschine grob mahlen. Die Körner sollten einen klebrigen Teig bilden. Wenn Sie einen Entsafter benutzen, nehmen Sie die Homogenisierplatte und homogenisieren Sie ¾ des Getreides und der Kerne. Das übrige Getreide unterheben, bevor Sie die Brotstangen formen.
3. Den Teig in 4 Portionen teilen. Jede Portion in 2 cm dicke und 13–15 cm lange Stränge rollen.
4. Zum „Backen" ohne wertvolle Nährstoffe und Enzyme zu zerstören, die Brotstangen auf ein Dörrblech legen und 3 Stunden bei 40,5 Grad trocknen. Wenden und weitere 4 bis 6 Stunden „backen", bis sie außen knusprig und innen feucht und geschmeidig sind. Warm servieren oder bis zu einer Woche in einem luftdichten Behälter im Kühlschrank aufbewahren.

Wissenswertes: Wenn Sie kein Dörrgerät haben, können Sie einen vorgeheizten Umluftofen benutzen. Erwärmen Sie den Ofen auf die niedrigste mögliche Temperatur, stellen Sie das Essen hinein, machen den Ofen aus und stecken einen hölzernen Löffel in die Tür, sodass sie nicht ganz geschlossen ist. Wiederholen Sie den Vorgang nach einer Stunde, dabei das Essen aus dem Ofen nehmen, solange er aufheizt. Wenn nötig wiederholen.

Diese natürlich süßen und gesunden gekeimten, ungebackenen Zimtrollen oder Plundern sind verglichen mit anderem süßen Gebäck einfach zuzubereiten. Sie können sie leicht nach Ihrem Geschmack variieren.

Schutzengel, bitte hilf mir zu erkennen,
dass ich ganz ich sein kann,
ohne Liebe zu verlieren.

Glasierte Melasse-Zimt-Plundern

Ergibt 8 Plundern
400 g Winterweizenkörner oder Kamut
40 g Melasse
1½ TL Zimt
3 EL Vollrohrzucker

1. Die Weizenkörner 24 Stunden in einem 2-Liter-Gefäß einweichen. Abgießen, spülen und wieder abgießen. Weitere 24 Stunden keimen lassen, dabei nach 12 Stunden und am Ende des 24-stündigen Keimzyklus abspülen. (Siehe auch Seite 20, *Die Freuden des Keimens.)*
2. Das gut abgespülte Getreide in einer Schüssel mit den anderen Zutaten außer dem Vollrohrzucker mischen. Mit der „S"-Klinge der Küchenmaschine grob mahlen. Das Getreide sollte einen klebrigen Teig bilden. Wenn Sie einen Entsafter benutzen, nehmen Sie die Homogenisierplatte und homogenisieren Sie drei Viertel des Getreides. Das übrige Getreide unterheben, bevor Sie die Plundern formen.
3. Den Teig in 8 Portionen aufteilen. Jeden Teil in lange 2 cm dicke Stränge rollen, dann jeden Strang zu einer Spirale formen.
4. Zum „Backen" ohne wertvolle Nährstoffe und Enzyme zu zerstören, die Plundern auf ein Dörrblech legen und 3 Stunden bei 40,5 Grad trocknen. Umdrehen und weitere 4 bis 6 Stunden „backen", bis die Plundern außen knusprig sind. Warm servieren oder bis zu einer Woche in einem luftdicht verschlossenen Behälter im Kühlschrank aufbewahren.
5. Vollrohrzucker in einer sauberen Nuss- oder Gewürzmühle zu Pulver vermahlen. In eine kleine Schale geben und nach und nach mit jeweils wenigen Tropfen Wasser vermischen, bis sich eine dicke Glasur ergibt. Die Glasur vor dem Servieren gleichmäßig auf die Plundern streichen. Warm servieren oder bis zum Verzehr im Kühlschrank aufbewahren.

Saftige Datteln und reichhaltige Walnüsse geben diesen Scones Konsistenz und Charakter. Als besonderen Genuss können Sie sie mit *Süßem Cashew-Käse* oder *Süßem Mandel-Aufstrich* servieren (siehe Seite 40, 82).

Schutzengel, bitte hilf mir,
Gott zu erfahren und Gott in allem und jedem zu erkennen.

Dattel-Walnuss-Scones

Ergibt 8 Scones
200 g Winterweizenkörner oder Kamut
200 g Vollkornroggen
12–20 Datteln, entsteint (die Menge ist abhängig von Größe und Süße)
100 g Walnusskerne, grob gehackt
1 TL Zimt
⅛ TL Muskatnuss

1. Die Weizenkörner und den Vollkornroggen zusammen 24 Stunden in einem 2-Liter-Gefäß einweichen. Abgießen, spülen und wieder abgießen. Weitere 24 Stunden keimen lassen, dabei nach 12 Stunden und am Ende des 24-stündigen Keimzyklus abspülen. (Siehe auch Seite 20, *Die Freuden des Keimens.*)
2. Das gut abgespülte Getreide in einer Schüssel mit den anderen Zutaten mischen. Mit der „S"-Klinge der Küchenmaschine grob mahlen. Das Getreide sollte beginnen einen Teig zu bilden, aber nicht zu fein gemahlen sein. Wenn Sie einen Entsafter benutzen, nehmen Sie die Homogenisierplatte und homogenisieren die Hälfte des Getreides. Das übrige Getreide unterheben, bevor Sie die Scones formen. (Mit der Küchenmaschine erhalten Sie bessere gekeimte Scones.)
3. Den Teig fest in eine runde Kuchenform pressen und in 8 gleich große runde Stücke schneiden.
4. Zum „Backen" ohne wertvolle Nährstoffe und Enzyme zu zerstören, die Scones auf ein Dörrblech legen und 3 Stunden bei 40,5 Grad trocknen. Die Scones wenden und weitere 4 bis 6 Stunden „backen", bis sie außen knusprig und innen feucht und geschmeidig sind.
5. Warm servieren oder bis zu einer Woche in einem luftdicht verschlossenen Behälter im Kühlschrank aufbewahren.

Es ist kaum zu glauben, dass diese Kräcker nicht gebacken sind! Sie sind dünn und knusprig und können wie alle anderen Kräcker serviert werden. Variieren Sie die Gewürze je nach Ihrer Stimmung. Ich liebe Algen und würze alles damit, von Popcorn bis zu Suppen! Sie sind voller Spurenmineralien und anderer schwer fassbarer Nährstoffe.

Schutzengel, bitte hilf mir, alle meine Entscheidungen auf Liebe und Vertrauen zu basieren.

Getreidesprossen-Kräcker

Ergibt 48 Stück

220 g gemischte Getreidesprossen (s. Seite 21)
1 TL Nährhefe
1 Prise Zwiebelpulver
1 Prise Knoblauchpulver
1 TL Meersalz oder Shoyu nach Geschmack
290–340 ml gutes Wasser
40 g Sesam oder Mohn

1. Alle Zutaten außer Sesam und Mohn in den Mixer geben und pürieren.
2. Mit einem Teelöffel kleine Häufchen auf Dörrbleche tropfen, dann sanft rütteln, damit sich flache, münzgroße Taler bilden.
3. Mit Sesam oder Mohn bestreuen und die Kräcker bei 40,5 Grad etwa 12 bis 24 Stunden trocknen, bis sie knusprig sind.
4. Zugedeckt an einem kühlen dunklen Platz aufbewahren.

Meergemüse-Getreidekräcker

Ergibt 48 Stück

220 g gemischte Getreidesprossen (s. Seite 21)
1 TL Nährhefe
1 Prise Knoblauchpulver
½ TL Shoyu
1 TL gemahlene Dulse (Rotalge), Kelp (Seetang) oder Nori
290–340 ml gutes Wasser
40 g Sesamsamen

1. Alle Zutaten außer dem Sesam in den Mixer geben und pürieren.
2. Mit einem Teelöffel Häufchen auf ein Dörrblech tropfen, dann sanft rütteln, damit sich flache münzgroße Taler bilden.
3. Die Getreidekräcker mit Sesamsamen bestreuen und bei 40,5 Grad etwa 12 bis 24 Stunden trocknen, bis sie knusprig sind.
4. Bedeckt an einem kühlen dunklen Platz aufbewahren.

Aromatische Kräuter verstärken den ohnehin schon köstlichen Duft dieser Brötchen beim Backen. Es gibt doch nichts Gemütlicheres und Tröstlicheres als frisch gebackenes Brot!

Schutzengel, bitte hilf mir,
meine Furcht loszulassen und frei zu sein.

Duftende Zwiebel-Kräuter-Brötchen

Ergibt 12 Brötchen

1 EL Trockenhefe
1 EL Dattelpaste
240 ml warmes gutes Wasser

200 g Vollkornweizenmehl

½ TL natives Olivenöl extra
1 mittelgroße Zwiebel, gehackt
1 Knoblauchzehe, gehackt
½ TL getrockneter Basilikum, gerebelt
½ TL getrockneter Majoran, gerebelt
½ TL getrocknetes Bohnenkraut, gerebelt
¼ TL getrockneter Rosmarin, gerebelt

1 EL natives Olivenöl extra
½ TL Meersalz
225 g ungebleichtes Mehl

1 EL Maismehl
Olivenöl zum Bestreichen

1. Trockenhefe und Dattelpaste im warmen Wasser auflösen und 5 bis 10 Minuten gehen lassen.
2. Um einen lockeren Teig zu erhalten, das Vollkornweizenmehl mit nicht weniger als 100 Schlägen unterrühren. Zugedeckt 20 Minuten an einem warmen Ort ruhen lassen.
3. Währenddessen eine Pfanne auf mittlere Temperatur erhitzen und ½ TL Öl zufügen. Die gehackten Zwiebeln etwa 5 Minuten anschwitzen, bis sie weich und glasig sind. Vom Herd nehmen und den gehackten Knoblauch und die Kräuter untermischen.

Probieren Sie den auf französische Art, im Ofen gerösteten Knoblauch (Seite 75) oder den *gerösteten Knoblauch-Käse-Aufstrich* (Seite 87) als wirklich köstlichen milchfreien Aufstrich.

Schutzengel, bitte hilf mir, mich zu erinnern, wer ich wirklich bin und warum ich hier bin.

4. Einen EL Öl und Salz zum Teig geben und unterheben. (Seien Sie vorsichtig, damit der Teig nicht in Stücke bricht.)
5. Das ungebleichte Mehl 40-Grammweise unterkneten, bis die Hälfte des Mehls verbraucht ist.
6. Die Zwiebelmischung über den Teig geben und vorsichtig untermischen, dabei langsam das restliche Mehl dazugeben, um ein Ankleben des Teigs auf dem Brett zu vermeiden.
7. Den Teig in eine geölte Schüssel geben, mit einem feuchten Handtuch bedecken und 1 Stunde an einem warmen Ort aufgehen lassen.
8. Den aufgegangenen Teig in seine Ursprungsgröße zurückschlagen und zu einem 4–5 cm dicken Zylinder rollen. In 12 gleich große Teile teilen und zu Brötchen formen.
9. Die Brötchen auf ein mit Maismehl bestäubtes Backblech legen und mit etwas Olivenöl bestreichen. 15 bis 20 Minuten an einem warmen Ort nochmals gehen lassen.
10. Währenddessen den Ofen auf 190 Grad vorheizen.
11. Die Brötchen 20 Minuten backen bis sie goldbraun sind.

Wissenswertes: Aktive Trockenhefe lebt nicht ewig. Heben Sie sie im Kühlschrank in einem luftdicht verschlossenen Behälter auf und erneuern Sie sie sicherheitshalber alle 6 Monate. Zum Gebrauch entnehmen Sie die gewünschte Menge Hefe und lassen sie auf Zimmertemperatur warm werden, bevor Sie sie in warmes Wasser geben. Vergewissern Sie sich, dass das Wasser nur handwarm ist und nicht heiß. Wenn Sie die Hefe in das Wasser eingerührt haben, stören Sie die Hefe nicht mehr, während sie wächst. Dies wird 5 bis 10 Minuten dauern. Wenn sie bis dahin nicht voll und schaumig ist, kann es sein, dass die Hefe nicht aktiv ist. Ehe Sie riskieren, Ihr Brot zu ruinieren, werfen Sie die Hefe lieber weg und beginnen noch einmal mit neuer Hefe von vorne.

Leicht zuzubereiten und schwer zu übertreffen – das sind diese wundervollen und natürlich süßen Mais-Muffins. Wie bei allen Rührkuchen sollten Sie den Teig nicht schlagen, sondern die Zutaten nur vorsichtig verrühren, bis alle trockenen Zutaten durchgefeuchtet sind. Variieren Sie nach Belieben mit frischem Mais, Paprikastückchen oder anderen Einfällen.

Schutzengel, bitte hilf mir,
mich in die Essenz von Engelsanmut
und Liebe zu entfalten.

Unschlagbare Mais-Muffins

Für 12 Stück
250 g gelbes Maismehl
100 g Vollkornweizenmehl
2 EL veganer Ei-Ersatz
2 TL Backpulver
½ TL Natron
1 TL Meersalz

300 ml reine Sojamilch, Reismilch oder Nussmilch
1½ EL Maisöl
40 g Ahornsirup

1. Den Ofen auf 190 Grad vorheizen.
2. Eine Muffinform einölen.
3. Die trockenen Zutaten zusammen in eine Schüssel sieben und beiseite stellen.
4. Die flüssigen Zutaten mischen, auf die Maismehl-Mischung gießen und sanft verrühren. (Nicht schlagen.)
6. In eine geölte Muffinform gießen und 20 Minuten backen. Warm servieren.

Diese oft als Salat servierte Variation des traditionellen Tabouli aus gekeimtem Getreide ist viel nahrhafter und bekömmlicher als das Original. Die Gewürze können variiert werden, um Rohkost-Pilafs verschiedener Arten zu kreieren. Genießen Sie das Tabouli gekühlt oder leicht erwärmt.

Schutzengel, bitte hilf mir,
Entscheidungen auf der Grundlage von
Wahrheit und Licht zu treffen.

Tabouli

(Gekeimter Weizen mit Petersilie aus dem mittleren Osten)

Für 4 Personen

110 g frisch gekeimte Weizen- oder Kamutsprossen (s. Seite 21)
2 Frühlingszwiebeln, in feine Ringe geschnitten
4 Bund frische Petersilie, gehackt
4 Stängel frische Minze, gehackt (optional)
1 mittelgroße reife Tomate, entkernt und in Würfel geschnitten
Saft einer großen Zitrone (60 ml)
2 EL natives Olivenöl extra
1 TL Meersalz (nach Geschmack)
frisch geriebener Pfeffer (nach Geschmack)

1. Die gekeimten Weizensprossen in der Küchenmaschine zerkleinern, bis jedes Korn in 2 oder mehr Stücke zerbrochen ist. Nicht zu stark mahlen, die Körner sollten nur zerbrochen (geschrotet) sein.
2. Die vorbereiteten Frühlingszwiebeln, Petersilie und Minze zugeben und kurz weiterverarbeiten.
3. Die übrigen Zutaten in einer anderen Schüssel vermischen.
4. Alles zusammengeben und gründlich per Hand mischen.
5. Gekühlt oder leicht erwärmt servieren. Das Tabouli hält sich im Kühlschrank bis zu 2 Tagen.

Polenta ist ein typisches Gericht aus der Mittelmeerregion. Ich mag diese Version mit Pilzen besonders! Sie ist auch mit *frischer Marinara-Sauce* oder *süßer roter Paprika-Sauce* köstlich (siehe Seite 172 und 176).

Schutzengel, bitte hilf mir,
heiter und gelassen zu bleiben,
selbst wenn ich herausgefordert werde.

Polenta (Italienisches Maismehl) mit Grillpilzen

Für 4 Personen
700 ml gutes Wasser (geteilte Verwendung)
1–2 Zwiebeln, gehackt
2 Knoblauchzehen, gehackt
1 kleine Mohrrübe, klein geschnitten
½ rote Paprika, klein geschnitten
2 EL frische Basilikumblätter, gehackt
2 EL frische Petersilie, gehackt
½ TL Meersalz
frisch gemahlener Pfeffer
150 g grob gemahlenes Maismehl (s. Wissenswertes *auf der folgenden Seite)*
Olivenöl zum Bestreichen
1 Portion gegrillte Pilze *(siehe folgendes Rezept)*

1. 60 ml Wasser in einem großen Topf erhitzen. Zwiebeln und Knoblauch 5 Minuten darin anschwitzen und dabei nach Bedarf etwas Wasser hinzufügen, um ein Ansetzen zu verhindern.
2. Klein geschnittene Mohrrübe und Paprika hinzufügen und weitere 2 Minuten kochen. Basilikum, Petersilie, Wasser, Salz und Pfeffer einrühren und zum Kochen bringen.
3. Das Maismehl unter ständigem Rühren langsam einrieseln lassen.
4. Die Hitze auf ein Köcheln reduzieren und 20 Minuten unbedeckt unter häufigem Rühren garen. Die Polenta ist fertig, wenn ein Holzlöffel in der Mitte des Topfes frei in der Masse stehen bleibt.
5. Ein großes sauberes Schneidebrett oder eine beschichtete Arbeitsplatte mit Wasser anfeuchten und die Polenta etwa 1,5 cm dick darauf streichen. Abkühlen und fest werden lassen.
6. Die Polenta in 7,5 cm große Dreiecke schneiden, mit Öl bestreichen und grillen oder braten, bis sie auf beiden Seiten goldbraun sind.
7. Heiß mit *Grillpilzen* bedeckt servieren.

Pilze und Knoblauch vereinen sich zu dieser geschmacklich intensiven Beilage, die von Polenta bis Pasta alles zur Geltung bringen kann. Versuchen Sie verschiedene Pilzarten wie Pfifferlinge, Morcheln, Portobello-Pilze, Shiitake oder schlichte Champignons – sie alle sind großartig.

Schutzengel, bitte hilf mir,
die Einzigartigkeit anderer zu respektieren.

Grillpilze

Für 4 Personen
1 TL natives Olivenöl extra
500 g Pilze, gewaschen, getrocknet und in Scheiben geschnitten
2 Knoblauchzehen, gehackt
2 EL frische Petersilie, gehackt
Meersalz
frisch gemahlener Pfeffer

1. Eine Pfanne oder den Grill auf mittlere Temperatur erhitzen und ölen. Pilze und Knoblauch anbraten, bis die Pilze goldbraun sind, dabei soviel Wasser wie nötig zufügen, um ein Ansetzen zu vermeiden.
2. Die gehackte Petersilie dazugeben, zudecken und die Hitze reduzieren, bis die Grillpilze servierfertig sind. Wenn nötig noch einige Esslöffel Wasser zugeben, um ein Ansetzen zu vermeiden.
3. Nach Geschmack mit Salz und Pfeffer würzen und zu Polenta (siehe gegenüberliegende Seite) oder *Karibischem Maismehl mit Okra* (siehe Seite 166) servieren.

Wissenswertes: Polenta ist ein grob gemahlenes Maismehl, das wie Grütze oder Haferbrei gekocht wird und abgekühlt in Formen geschnitten werden kann. Der Gebrauch von Maismehl ist in der italienischen Küche weit verbreitet – anstelle von Nudeln – sowie in der karibischen und südlichen Küche. Polenta ist leicht zuzubereiten, erfordert aber nahezu konstantes Rühren, damit sie beim Eindicken nicht anbrennt. Die Menge des benutzten Wassers bestimmt die Konsistenz. Beim Abkühlen wird Polenta dicker und sogar fest. Dies ermöglicht es, eine Vielzahl von Formen daraus herzustellen. Sie können die Polenta in Vierecke oder Dreiecke schneiden, oder Ausstechförmchen für andere lustige Motive nutzen.

Leichtes Anrösten macht Körner duftend und köstlich, und verhindert, dass der Pilaf breiig und klebrig wird. Dieser aromatische Hirse-Pilaf wird Ihre Sinne erfreuen!
Herrlich würzig und duftend passt *Garam Masala* wunderbar zu Getreidegerichten und Curry-Gemüse.

Schutzengel, bitte hilf mir,
in Harmonie mit der Erde zu leben.

Hirse-Pilaf mit Cashews aus dem Mittleren Osten

Für 4 Personen
200 g Hirse
½ TL natives Olivenöl extra
½ mittelgroße Zwiebel, gehackt
1 Knoblauchzehe, zerdrückt
½ TL frischer Ingwer, geschält und klein geschnitten
¼ – ½ TL frische Anaheim-Chili, entkernt und klein geschnitten
40 g grob gehackte Cashewkerne
½ TL Garam Masala Würzmischung *(siehe folgendes Rezept)*
½ TL Meersalz
400 ml gutes Wasser

1. Eine antihaftbeschichtete trockene Pfanne auf mittlere Temperatur erhitzen und die Hirse hineingeben. Hirse unter Rühren anbraten, bis sie hell gold wird, dann beiseite stellen.
2. Eine tiefe Pfanne auf mittlere Temperatur erhitzen und ölen. Zwiebeln einige Minuten anschwitzen, dabei etwas Wasser hinzufügen, um ein Ansetzen zu verhindern. Knoblauch, Ingwer und Chili zugeben und weitere 1 bis 2 Minuten rösten.
3. Die geröstete Hirse und die übrigen Zutaten zugeben und verrühren. Das Ganze zum Kochen bringen, zudecken, die Hitze reduzieren und 30 Minuten köcheln lassen.
4. Den Pilaf vom Herd nehmen und zugedeckt weitere 10 bis 15 Minuten ziehen lassen, dann servieren.

Garam-Masala-Würzmischung

1 EL ganze Kardamom-Samen
1 Stück Zimt, 2,5 cm lang
je 1 TL Kreuzkümmelsamen, ganze Gewürznelken und Pfefferkörner
⅓ einer durchschnittlich großen Muskatnuss

Alle Zutaten in der Gewürzmühle oder im Mörser mahlen, bis sie pulverig sind.

Basmatireis ist wunderbar aromatisch und geschmackvoll, sogar ohne die Unterstützung von Gewürzen. Dieser schmackhafte würzige Pilaf ist außerordentlich köstlich!

Schutzengel, bitte hilf mir, Licht auszustrahlen für unseren Planeten und alle, die es brauchen.

Ostindischer Basmatireis-Pilaf

Für 4 Personen
½ TL natives Olivenöl extra
1 TL schwarze Senfsamen
½ mittelgroße Zwiebel, gehackt
2 Knoblauchzehen, zerdrückt
1 TL frischer Ingwer, geschält und gehackt
150 g Basmatireis, gut gewaschen und abgetropft
30 g Pilze, klein geschnitten
1 TL Garam-Masala-Würzmischung *(siehe gegenüberliegende Seite)*
1 TL gemahlener Koriander
1 EL frische Petersilie, gehackt
½ TL Meersalz (nach Geschmack)
400 ml gutes Wasser

1. Eine antihaftbeschichtete Pfanne auf mittlere Temperatur erhitzen und ölen. Senfsamen zugeben und rösten, bis sie zu poppen beginnen. Die gehackten Zwiebeln hinzufügen und unter Rühren etwa 5 Minuten braten, bis sie glasig sind, dabei nach Bedarf etwas Wasser zugeben, um ein Ansetzen zu vermeiden.
2. Den zerdrückten Knoblauch und Ingwer zugeben und eine Minute mitbraten.
3. Abgetropften Reis, Pilze, *Garam Masala* und Koriander untermischen und unter häufigem Rühren etwa 10 Minuten garen.
4. Wasser, Petersilie und Salz zugeben und zum Kochen bringen. Zudecken, die Hitze reduzieren und 25 Minuten köcheln lassen. Nicht umrühren.
5. Vom Herd nehmen und zugedeckt weitere 10 Minuten ziehen lassen.

Ich habe Maismehl mit Okraschoten zum ersten Mal auf Barbados gekostet und konnte es kaum erwarten, nach Hause zu kommen und meine eigene Version zuzubereiten. Mais und Okra gehören beide zu unseren Favoriten, so war dem Gericht ein sofortiger Triumph sicher!

*Schutzengel, bitte hilf mir,
die Liebe in meinem Herzen und das Licht
in meinem Geist zu entfalten.*

Karibisches Maismehl mit Okra

Für 4 Personen

12 kleine ganze Okraschoten, in 0,5 cm dicke Scheiben geschnitten
750 ml gutes Wasser
½ TL Meersalz
1 EL vegetarisches Brühpulver „Hühnchengeschmack"
2 TL frische Jalpeño-Chili, entkernt und klein geschnitten
200 g gelbes Maismehl
80 g frische oder tiefgefrorene (aufgetaute) Maiskörner
¼ rote Paprika, entkernt und in Würfel geschnitten
2 Frühlingszwiebeln, in Ringe geschnitten

1. Wasser mit Salz zum Kochen bringen und Okra hineingeben. Die Hitze reduzieren und 5 Minuten köcheln lassen.
2. Das Brühpulver und die klein geschnittene Chili zugeben. Dann das Maismehl langsam unterrühren und unter ständigem Weiterrühren weitere 5 bis 10 Minuten kochen, bis die Mischung sehr dick wird.
3. Die übrigen Zutaten unterrühren und in eine geölte Form oder Kasserolle füllen.
4. Sofort servieren oder bis zum Servieren im warmen Ofen lassen.

Wissenswertes: Okra ist eine essbare grüne Schote, die während der Sommermonate frisch erhältlich ist. Man kann sie in Scheiben schneiden und roh essen, oder braten, garen oder Suppen beifügen. Okras enthalten eine geleeartige Flüssigkeit, die Suppen Substanz gibt und sehr wohltuend für den Verdauungstrakt ist. Ein köstliches und außergewöhnliches Gemüse für abenteuerlustige Geister!

Feiertage und Feste verlangen nach etwas wirklich Besonderem! Bei uns zu Hause ist dieser Pilaf zu einer Familientradition an Thanksgiving und Weihnachten geworden.

Schutzengel, bitte hilf mir,
die Gedanken der Engel zu denken.

Wildreis-Mandel-Pilaf

Für 4 Personen
½ TL natives Olivenöl extra
2 EL Schalotten, gehackt
200 g langkörniger brauner Reis, gewaschen und abgetropft
60 g geraspelte Mohrrüben
30 g Pilze, in Stücke geschnitten
1 Stange Staudensellerie, in dünne Scheiben geschnitten
100 g frischer Spinat oder Mangold, gründlich gewaschen, getrocknet und fein geschnitten
1 EL Gersten-Miso
1 EL vegetarisches Brühpulver „Hühnchengeschmack"
1 TL gemahlener Majoran
1 TL gemahlener Salbei
ca. 4 große Tassen gutes Wasser (geteilte Verwendung)
½ große Tasse Wildreis, gewaschen und abgetropft
50 g gehobelte Mandeln, leicht geröstet

1. Eine schwere antihaftbeschichtete Pfanne auf mittlere Temperatur erhitzen und ölen. Schalotten einige Minuten sanft anschwitzen, dabei nach Bedarf etwas heißes Wasser zufügen, um ein Ansetzen zu vermeiden.
2. Die übrigen Zutaten – außer dem Wildreis, 2 Tassen Wasser und den Mandelblättchen – zugeben und zum Kochen bringen. Die Hitze reduzieren, zudecken und 50 Minuten köcheln lassen. Nicht umrühren. Vom Herd nehmen und weitere 10 Minuten ungestört ziehen lassen.
3. Während Reis und Gemüse kochen, den Wildreis und mit 2 Tassen Wasser in einen Topf geben und zum Kochen bringen. Lose zudecken und sanft 45 bis 60 Minuten köcheln lassen (mittlere Hitze) bis der Reis gar ist. Abgießen und gut abtropfen lassen.
4. Wildreis und Mandeln vorsichtig unter die Gemüsemischung heben. Heiß servieren.

Das Geheimnis von Reis nach mexikanischer Art liegt darin, die Körner zu rösten. Dadurch machen Tomaten und Gewürze den Reis nicht klebrig, selbst wenn Sie braunen Reis verwenden. Wenn Sie den Reis zuerst sanft rösten, erhält er einen nussigen Geschmack, das Gericht bleibt locker, mit losen Körnern.

Schutzengel, bitte hilf mir,
die Vergangenheit loszulassen und zu vergeben.

Mexikanischer Würzreis

Für 4 Personen
½ TL natives Olivenöl extra
200 g mittel-körniger brauner Reis, gewaschen und abgetropft
1 Knoblauchzehe, gehackt
3 Frühlingszwiebeln, in dünne Ringe geschnitten
60 ml Tomatensauce
ca. 420 ml heißes gutes Wasser
1 TL Meersalz (nach Geschmack)
40 g frische oder tiefgefrorene Erbsen
½ Tomate, geschält (s. Wissenswertes*), entkernt und in Würfel geschnitten*

1. Eine tiefe antihaftbeschichtete Pfanne oder einen Topf (mit einem fest schließenden Deckel) auf mittlere Temperatur erhitzen und ölen. Den abgetropften Reis, Zwiebeln und Knoblauch zufügen und einige Minuten unter Rühren rösten, bis die Reiskörner glanzlos werden und nicht mehr zusammenkleben. (Sie beginnen geröstet auszusehen.)
2. Wasser, Tomatensauce und Salz mischen und zum Reis geben.
3. Den Reis zum Kochen bringen, dann zudecken und die Hitze reduzieren. 50 Minuten köcheln lassen ohne den Deckel zu öffnen.
4. Den Deckel abnehmen, Erbsen und Tomate unter den Reis heben, den Deckel wieder auflegen und den Topf vom Herd nehmen. Vor dem Servieren weitere 10 Minuten ungestört ziehen lassen.

Wissenswertes: Da sich die harte Haut von Tomaten beim Kochen löst, ist es besser, diese vorher zu entfernen. Zum Schälen einer Tomate können Sie eine von drei Varianten wählen: 1. die Haut unter dem Grill oder über einer Gasflamme einige Minuten ansengen; 2. die Tomaten für 5 bis 10 Sekunden in kochendes Wasser tauchen, herausnehmen und kalt abschrecken (beide Varianten werden die Haut genug ablösen, dass Sie sie leicht abziehen können); oder mit einem scharfen Schälmesser (am Besten geht es mit einem Spargelschäler) abschälen.

Normalerweise schwimmt gebratener Reis nur so in Öl, und obwohl er köstlich ist, fühlt man sich danach nicht immer gut. Dieses Gericht ist leicht und sättigend, verzichtet dabei aber auf das ganze Öl.

Schutzengel, bitte hilf mir, souverän und selbstbestimmt zu sein.

Chinesischer gebratener Gemüsereis

Für 4 Personen
200 g mittelkörniger brauner Reis, gewaschen und abgetropft
420 ml gutes Wasser
110 g Tofu, gespült, abgetropft und zerquetscht
¼ TL Kurkuma
⅛ TL Meersalz
100 g Kohl, geschnitzelt
1 kleine Zucchini, in feine Streifen geschnitten
¼ rote Paprika, in feine Streifen geschnitten
1 mittelgroße Mohrrübe, in feine Streifen geschnitten
4 Frühlingszwiebeln, in Ringe geschnitten
6 mittelgroße Pilze, klein geschnitten
1½ TL Sesamöl
½ TL Mirin
¼ TL Dattelpaste (oder anderer Süßstoff)
1 EL Shoyu

1. Den abgetropften Reis und Wasser in einen schweren Topf oder in einen elektrischen Reiskocher geben. Zum Kochen bringen, die Hitze auf ein Köcheln reduzieren und 50 Minuten garen lassen ohne den Deckel zu öffnen. Wenn der Reis gar und das Wasser ganz aufgenommen ist, den Topf vom Herd nehmen und weitere 10 bis 15 Minuten zugedeckt ziehen lassen.
2. Den Deckel abnehmen und den Reis auf Zimmertemperatur abkühlen lassen.
3. Den zerquetschten Tofu mit Kurkuma und Salz vermischen und beiseite stellen.
4. Einen Wok oder eine Pfanne auf mittlere Temperatur erhitzen und ½ Tl Öl zufügen. Wenn das Öl heiß ist, den Reis zugeben und 2 Minuten unter Rühren anbraten. Den Reis aus dem Wok nehmen und beiseite stellen.
5. Einen weiteren ½ TL Öl in den Wok geben, die Tofumischung erhitzen und 1 Minute unter Rühren braten. Den Tofu herausnehmen und beiseite stellen.
6. Den letzten ½ TL Öl in den Wok geben und das Gemüse unter Rühren 1 bis 3 Minuten braten, bis es fast gar ist.
7. Reiswein, Dattelpaste und Shoyu mischen und in den Wok geben.
8. Den beiseite gestellten Reis und Tofu unterrühren und erhitzen.

NEUNTES KAPITEL

Herrliche Hauptgerichte

Gespräch mit dem Geist über inneren Frieden

Du engelhafte Erscheinung, bitte hilf mir, inneren Frieden zu entwickeln, sodass ich die Welt um mich herum als friedvollen Ort erleben kann. Ich bitte dich, mir zu helfen, Frieden als zentralen Wert in meinem Herzen und Geist zu bewahren, damit ich selbst angesichts von Herausforderungen ruhig und entspannt bleibe. Ich bin dankbar für deine Liebe, deine Unterstützung und all die Wachstumsmöglichkeiten, die du mir eröffnest. Hilf mir, auf diesen Prozess zu vertrauen, und ihn entspannt durchleben zu können. Hilf mir, darauf zu vertrauen, dass alles nach der göttlichen Ordnung geschieht, und lass dies Freude und Klarheit in mein Leben bringen.

Ich bin voller Dankbarkeit für diese kostbaren Nahrungsgaben und erkenne sie als Symbol des großartigen Überflusses, für den die göttliche Quelle all dessen, was ist, fortwährend sorgt. Ich liebe dich, ich preise dich, ich bin eins mit dir.

REZEPTE AUF EINEN BLICK

Diese ungewöhnliche Rohkost-Lasagne wird Ihnen garantiert den Kopf verdrehen! Je nach Geschmack können Sie die Zucchini leicht anrösten. In diesem Fall verdoppeln Sie die im Rezept angegebene Menge, schneiden die Zucchini in dickere Scheiben und rösten sie im Ofen. Zur Abwechslung können Sie statt der Zucchini auch geschälte, in feine Scheiben geschnittene rohe Auberginen verwenden.

Schutzengel, bitte hilf mir zu erkennen, dass ich ein vollendetes Kind Gottes bin.

Lebendige italienische Lasagne

Für 4 Personen

Frische Marinara-Sauce:
2 mittelgroße Tomaten, entkernt und klein geschnitten
30 g sonnengetrocknete Tomaten, zwei Stunden eingeweicht und abgetropft
einige Stängel frische Petersilie, gehackt
1 EL Zwiebel, gehackt
4 große frische Basilikumblätter, gehackt
½ kleine Knoblauchzehe, zerdrückt
½ TL getrockneter Oregano, gerebelt
⅛ TL Meersalz (nach Geschmack)
frisch gemahlener Pfeffer

1 Tasse Mandel-Ricotta-Käse *(s. Seite 42)*
4 mittelgroße Zucchini
120 g frische Spinatblätter, gewaschen, abgetrocknet und gehackt
8 mittelgroße Champignons, gereinigt und in dünne Scheiben geschnitten

1. Die Zutaten für die Sauce zusammen in der Küchenmaschine pürieren.
2. Zucchini in dünne Scheiben schneiden und 30 Minuten in reichlich Salzwasser ziehen lassen. Dann die Zucchinischeiben abgießen und trocken tupfen.
3. Die Hälfte der getrockneten Zucchinischeiben in eine ca. 18 x 22 cm große Auflaufform schichten.
4. Die Hälfte der *Marinara-Sauce* gleichmäßig auf den Zucchinischeiben verteilen.
4. Die Hälfte der Champignons gleichmäßig über der Sauce verteilen, darüber die Hälfte des *Mandel-Ricotta-Käse.*
5. Die Hälfte des Spinats gleichmäßig über den *Mandel-Ricotta-Käse* verteilen und leicht festdrücken.
6. Die Schritte 3–5 wiederholen, dabei aber nur die Hälfte der restlichen *Marinara-Sauce* verwenden.
7. Nach der letzten Schicht mit der übrigen *Marinara-Sauce* abschließen.
8. Mit Zimmertemperatur oder leicht erwärmt servieren.

Dieses einzigartige und köstliche Gericht ist eine unserer Lieblingsspeisen! Ich empfehle Ihnen, die Auberginen zu rösten, aber wenn es Ihnen lieber ist, können Sie es auch 100 % roh zubereiten. Verwenden Sie dazu einfach eine statt zwei Auberginen und raspeln sie.

Schutzengel, bitte hilf mir, mich zu öffnen und mein Licht auf andere strahlen zu lassen.

Mediterrane Erntepfanne

Für 6 – 8 Personen
2 große Auberginen, geschält und in 1,5 cm dicke Scheiben geschnitten
1 Liter gutes Wasser und 2 EL Meersalz
1⅓ Tassen Mandelkäse *(s. Seite 36)*
2 EL frischer Basilikum, fein gehackt
160 g frischer Spinat oder Sonnenblumengrün, gewaschen, getrocknet und klein geschnitten
12 mittelgroße frische Champignons, gesäubert und in Stücke geschnitten
2 frische rote Paprika, entkernt und in Würfel geschnitten
4 mittelgroße Tomaten, entkernt und in Würfel geschnitten
1 dünne Stange Lauch (oder 1 rote Zwiebel), in Würfel geschnitten
1 Prise Knoblauchpulver
½ TL Shoyu (oder Meersalz nach Geschmack)

1. Die Auberginenscheiben 30 Minuten in reichlich Salzwasser ziehen lassen. Abgießen, abspülen und trocken tupfen.
2. Den Ofen auf 200 Grad vorheizen und die Auberginenscheiben auf dem Bratrost 10 bis 15 Minuten rösten. Aus dem Ofen nehmen und in Stücke schneiden.
3. Eine 20 x 20 x 5 cm große Auflaufform gleichmäßig mit der Hälfte der Auberginenscheiben auslegen.
4. Käse, Basilikum und Blattgrün gut vermischen.
5. Die Hälfte dieser Mischung gleichmäßig über den Auberginen verteilen.
6. Champignons und Paprika über die Käsemischung geben und festdrücken. Den übrigen Käse darüber verteilen.
7. Die restlichen Auberginenscheiben gleichmäßig auf den Käse schichten.
8. Tomaten, Lauch, Knoblauchpulver und Shoyu mischen und gleichmäßig über den Auberginen verteilen.
9. Mit Zimmertemperatur oder sanft im Ofen erwärmt servieren.

Jedermann liebt Pasta, aber gekochte Weizennudeln sind nicht für jeden gut verträglich. Wir finden, dass geraspelte Zucchini ein großartiger Ersatz als Grundlage für all die wunderbaren Pastasaucen ist. Man kann sie gekühlt als Salat oder leicht erwärmt essen.

Schutzengel, bitte hilf mir,
Unterweisung, Liebe und Weisheit zu teilen.

Italienische Zucchini-Pasta mit Pesto

Für 4 Personen

2 mittelgroße Zucchini, in feine Streifen geschnitten oder der Länge nach nudelähnlich geraspelt (siehe Wissenswertes *unten)*
8–10 Champignons, klein geschnitten
2–3 EL Pesto *(s. Seite 84)*
60 ml gutes Wasser
4–6 sonnengetrocknete Tomaten, eingeweicht bis sie weich sind, dann in feine Streifen geschnitten

1. Alle Zutaten außer den Tomaten mischen.
2. Gekühlt auf einem Bett aus Blattgrün und mit Tomatenstreifen garniert servieren, oder leicht im Ofen anwärmen, um die Zucchini weicher zu machen.

Wissenswertes: Um Zucchini in Nudelform herzustellen, benutzen Sie eine Küchenmaschine mit einem Raspel-Aufsatz, eine Reibe, einen Spiralizer/Durchlaufschnitzler oder eine Handraspel. Raspeln Sie der Länge nach, um lange, dünne linguineartige Fäden zu erhalten. Erwärmen Sie die Zucchini-Streifen leicht in einem Dörrgerät oder blanchieren sie sie kurz, dadurch bekommen sie weichen Biss wie Pasta al dente.

Dies ist eine großartige Verwendungsmöglichkeit für einige der Zucchini aus Ihrem Garten! Gelber Kürbis, Süßkartoffeln oder Yamswurzeln ergeben, zu „Engelshaar" geraspelt, ebenfalls großartige Pasta. Wir essen sie am liebsten leicht erwärmt, dadurch erhält die Pasta zarten al dente-Biss, doch erhitzen Sie sie nicht zu sehr, wenn sie die empfindlichen Enzyme nicht zerstören wollen!

Schutzengel, ich blicke auf dich in dem Vertrauen, dass ich im Geist werde wie du.

Italienische Zucchini-Pasta mit Spinat

Für 4 Personen

Sauce:
½ Knoblauchzehe, zerdrückt
1 EL natives Olivenöl extra
1 EL frischer Basilikum, gehackt
1 EL Limettensaft oder Balsamico-Essig
frisch gemahlener Pfeffer

2–3 mittelgroße Zucchini, in feine Streifen geschnitten oder längs geraspelt, um Nudeln zu ähneln (siehe Wissenswertes *auf der gegenüberliegenden Seite)*
2 große reife Tomaten, entkernt und gewürfelt
10 griechische Oliven
80 g frischer Spinat, gewaschen, getrocknet und gehackt

1. Die Zutaten für die Sauce mischen und beiseite stellen.
2. Die restlichen Zutaten ebenfalls vorsichtig mischen.
3. Die Sauce über das Gemüse gießen und nochmals gut durchmischen. Mit Zimmertemperatur oder leicht erwärmt servieren.

Wissenswertes: Verschiedene Sorten Balsamico-Essig unterscheiden sich auf Grund verschiedener Reifungsweisen und -zeiten sehr im Geschmack. Dies spiegelt sich auch im Verkaufspreis wider. Balsamico-Essig ist dunkelbraun (und deshalb wegen der Farbe für Kartoffelsalat oder andere helle Gerichte ungeeignet) und süßer und milder als die meisten anderen Essigarten. Benutzen Sie Balsamico-Essig für Marinaden, Salatdressings, Saucen, oder wenn ein süß-saurer Geschmack erwünscht ist.

Engels-Küche vom Feinsten! Dieses Gericht wird sogar Ihre skeptischsten Freunde begeistern und sie für frisches, ungekochtes Essen gewinnen. Kombiniert mit der *süßen roten Paprika-Sauce* ist es himmlisch!

Schutzengel, ich blicke auf dich in dem Vertrauen, dass ich immer Liebe erfahren werde.

Zucchini-Zwiebel-Kroketten mit süßer roter Paprika-Sauce

Für 4 Personen
4 kleine Zucchini, geraspelt
½ *Tasse* Cashew-Cremekäse (*s. Seite 37)*
2 EL geröstete getrocknete Zwiebeln
2 TL Zwiebelgewürz
½ TL unpasteurisierte helle Misopaste
½ TL Nährhefe
1 Prise Muskatnuss und weißer Pfeffer

1. Die Zutaten zusammen gründlich mit den Händen vermischen.
2. Aus der Mischung 8 kleine ovale, etwa 1,5 cm dicke Kroketten formen.
3. Die Kroketten 2–4 Stunden auf Plastikblechen bei nicht mehr als 40,5 Grad im Dörrgerät trocknen. (siehe *Wissenswertes* Seite 154)
4. Leicht erwärmt mit der *süßen roten Paprika-Sauce* servieren.

Süße rote Paprika-Sauce

Ergibt ca. 1½ Tassen
1 rote Paprika, entkernt und klein geschnitten
½ *Tasse* Cashew-Cremekäse (*s. Seite 37)*
2 EL rote Zwiebeln, gehackt
1 EL Zitronensaft
½ EL helles Miso
1 TL Dill
1 Prise weißer Pfeffer

Alle Zutaten im Mixer zu einer glatten Sauce pürieren.

Mit diesen Bohnenburritos müssen Sie sich nicht verstecken! Bohnenkeimlinge sind sehr viel besser verdaulich als gekochte Bohnen und behalten ihren hohen Protein- und Ballaststoffgehalt. Wir lieben diese Burritos pur, aber Sie können sie auch mit *Mexikanischer Tomatensalsa* (siehe Seite 68) servieren.

Schutzengel, bitte hilf mir, die reichliche Hilfe und Inspiration zu erkennen, die mir verfügbar ist.

Mexikanische Bohnensprossen- und Gemüse-Burritos

Für 4 Personen (8 Burritos)

100 g Blattgrün (Sonnenblumengrün, Salat, Spinat, etc.), gehackt
2 frische Anaheim-Chilis oder 1 kleine grüne Paprika, entkernt und gewürfelt
1 kleine Zucchini, gewaschen und in Würfel geschnitten
2 mittelgroße Tomaten, entkernt und in Würfel geschnitten
60 g gemischte junge Bohnensprossen (s. Seite 21)
2 Frühlingszwiebeln, in Ringe geschnitten
2 EL frischer Koriander, gehackt
½ Tasse gewürzter Mandel- *oder* Cashew-Käse *(s. Seite 40)*
½ TL Shoyu (oder Meersalz nach Geschmack)
etwas Tabasco (optional)
8 Dinkel- oder Weizenvollkorn-Tortillas (oder große Kohl- oder Salatblätter)

1. Alle Zutaten außer den Tortillas zusammen gut mischen.
2. Die Tortillas einzeln in einer gusseisernen Pfanne oder auf dem Tischgrill erwärmen, dann zwischen zwei sauberen Küchenhandtüchern warm halten.
3. Währenddessen die Füllung leicht auf niedriger Hitze erwärmen.
4. Die Füllung entlang der Mitte auf die Tortillas geben, dabei an einem Ende 5 cm Platz lassen. Dieses Ende zur Mitte umfalten und beide Seiten über die Füllung rollen, so entsteht eine lange Rolle. Sofort servieren.

Wie viele Leute lieben wir die vietnamesische Küche, und besonders diese Salatrollen, da sie nicht frittiert und unglaublich köstlich sind. Dieses Gericht verlangt ein wenig Übung, um die Roll-Technik zu meistern, aber wenn Sie es einmal geschafft haben, werden Sie es immer und immer wieder machen wollen!

Schutzengel, bitte hilf mir zu erkennen, dass deine Liebe mich umhüllt und sicher hält.

Vietnamesische Salatrollen

Für 4–6 Personen
2 Portionen sehr dicke Bon-Bon-Sauce *(s. Seite 183)*
½–1 TL thailändische rote Currypaste oder etwas Cayennepfeffer
12 mittelgroße Blätter Banh-Trang *(spezielle Frühlingsrollenblätter aus Weizen oder Reis, erhältlich in Asia-Shops)*
500 g Spinat (nur die Blätter) oder grünblättriger Salat, gründlich gewaschen und getrocknet
150 g Mungbohnensprossen asiatischer Art
2–3 Mohrrüben, geraspelt
2 Frühlingszwiebeln, in Ringe geschnitten
1 Bund frischer Koriander oder 6 große frische Basilikumblätter, gewaschen und getrocknet

1. Die Arbeitsfläche so vorbereiten, dass Sie ausreichend Platz haben und alle Zutaten in Reichweite sind. Eine Schüssel sauberes Wasser bereitstellen.
2. *Bon-Bon-Sauce* und Currypaste nach Ihrem Geschmack mischen.
3. Zwei Frühlingsrollenblätter für eine Minute in Wasser tauchen, damit sie weich werden.
4. Den Spinat und die Bohnensprossen in 6 gleich große Portionen teilen.
5. Ein Frühlingsrollenblatt auf die Arbeitsfläche legen und das zweite darüber, sodass sie sich zu etwa einem Viertel überlappen. (Dies verstärkt die Mitte durch die doppelte Lage und man erhält eine längere Oberfläche zum Rollen.)
6. Eine Portion Spinat auf die Blätter schichten, etwa ein Viertel vom nächstgelegenen Rand entfernt beginnend, dabei auf jeder Seite mindestens 2,5 bis 5 cm frei lassen.
7. 1 EL *Bon-Bon*-Curry-Mischung gleichmäßig über den Spinat verteilen.
8. 1 Portion Bohnensprossen, einige Mohrrübenraspel und ein paar Frühlingszwiebelringe gleichmäßig darüber streuen.
9. Mit ein paar Korianderblättchen bedecken.

Es gibt viele verschiedene Marken thailändisches Curry, aber die meisten enthalten Fischextrakt. Lesen Sie also die Inhaltsstoffe sorgfältig, wenn Sie tierische Produkte meiden wollen.

Schutzengel, bitte erleuchte meinen Seelenpfad und halte mich auf dem rechten Weg.

10. Das Blatt falten, sodass die Füllung bedeckt ist und vorsichtig zurückziehen, um die Mischung fest zu drücken. Zum Ende hin einrollen, dabei die Seiten einschlagen, bevor die zylinderförmige Rolle geschlossen ist.
11. Schritte 3–10 wiederholen, bis alle Rollen vorbereitet sind.
12. Bei Zimmertemperatur servieren, mit etwas zusätzlichem *Bon-Bon*-Curry zum Dippen.

Wissenswertes: Cilantro, auch bekannt als chinesische Petersilie, ist das Blatt der Korianderpflanze. Sein Geschmack ist erdig und pfeffrig und der Gebrauch ist weit verbreitet in der mexikanischen, chinesischen, ostindischen und marokkanischen Küche. Langes Kochen zerstört den Geschmack dieses delikaten Blatts, fügen Sie es daher erst gegen Ende der Kochzeit zu oder benutzen Sie es zum Garnieren. Die Stiele eignen sich gut als Beigabe zu frischem Gemüsesaft oder Suppenbrühen. Koriandersamen und Blätter sind in Rezepten nicht austauschbar.

Es macht Spaß, Sushi-Rollen selbst herzustellen – und bereitet noch mehr Freude, sie zu verzehren. Sogar Kinder lieben Sushi! Die Vielseitigkeit von Sushi-Rollen ist nur durch unsere Vorstellungskraft begrenzt. Hier einige unserer liebsten Sushi-Rezepte. (Anleitung am Schluss der Maki-Rezepte, Seite 181.)

Schutzengel, bitte hilf mir,
ein Beispiel für die Essenz
spiritueller Integrität zu sein.

Japanische Sushimaki *(In Algenblätter eingerolltes Gemüse)*

Gemüsemaki

Ergibt 2 Rollen
2 TL dunkles Miso oder japanische Würzpaste *(siehe nächste Seite)*
220 g Alfalfa-Sprossen oder Sonnenblumengrün
½ Mohrrübe, geraspelt
¼ Gurke oder Zucchini, längs in feine Streifen geschnitten
½ rote Paprika, entkernt und in feine Streifen geschnitten
2 ungeröstete Nori-Blätter

Pikante Avocado-Gurke-Maki

Ergibt 2 Rollen
2 TL japanische Würzpaste *(siehe nächste Seite)*
1½ Tassen Alfala-Sprossen
½ Gurke, längs in feine Streifen geschnitten
½ Avocado, geschält, entkernt und in 6 Scheiben geschnitten
Sesamsamen
2 ungeröstete Nori-Blätter

Thai-Maki

Ergibt 2 Rollen
2 TL japanische Würzpaste *(siehe nächste Seite)*
2 Blätter grünblättriger Salat, gewaschen und gründlich getrocknet
10 g Mungbohnensprossen asiatischer Art
2 EL Erdnüsse, gehackt
4 große frische Korianderzweige
2 ungeröstete Nori-Blätter

Nori ist das am häufigsten verwendete Meergemüse. Es wird zu großen, papierdünnen Blättern gepresst und ist geröstet oder roh erhältlich. Ich bevorzuge die ungeröstete Variante, da sie einen höheren Enzymgehalt hat. Alle Meergemüse sind reich an Spurenelementen, viele enthalten außerdem Vitamin B12.

Schutzengel, bitte hilf mir, Veränderungen zu akzeptieren und mich meinem Potential gemäß weiterzuentwickeln.

Kalifornische Reis- und Avocado-Maki

Ergibt 2 Rollen
2 TL unpasteurisiertes dunkles Miso *oder* japanische Würzpaste
100 g gekochter mittel- oder kurzkörniger brauner Reis
½ Gurke, längs in feine Streifen geschnitten
½ Avocado, geschält, entkernt und in 6 Scheiben geschnitten
Sesamsamen
2 ungeröstete Nori-Blätter

Japanische Würzpaste:
2 EL unpasteurisierte dunkle Misopaste
½ TL gemahlene frische Chilipaste (Sambal Oelek)
¼ TL geröstetes Sesamöl

Zum Garnieren:
eingelegte Ingwerwurzeln oder Zwiebelsprossen
Shoyu

Generelle Anleitungen für Sushimaki-Rezepte:

1. Vor dem Rollen der Sushimaki alle Zutaten und die nötige Ausrüstung in Reichweite vor sich auf die Arbeitsfläche stellen.
2. Ein Nori-Blatt auf eine Bambus-Sushimatte oder ein Geschirrtuch legen.
3. Mit 1 TL Würzpaste oder Miso eine waagerechte Linie auf ⅓ der Höhe des Nori-Blatts ziehen.
4. ½ des zubereiteten Gemüse für die jeweilige Maki-Art auf die Paste legen, beginnend mit dem Salat oder Alfalfa, dann Bohnensprossen oder Reis, gefolgt vom Rest, ein bisschen über die Seiten des Nori-Blattes herausragend.
5. Maki mit Hilfe der Bambusmatte oder des Tuches einrollen. Wenn die Rolle fertig ist, sanft festdrücken, von der Mitte ausgehend nach außen arbeitend.
6. Auf einem Schneidebrett die Rolle in 8 gleich große Stücke schneiden. Die übrigen Maki eine nach der anderen rollen, gemäß Schritt 2–6.
7. Die einzelnen Stücke lösen und dekorativ auf einem Tablett anordnen. Mit Shoyu und eingelegtem Ingwer oder Zwiebelsprossen servieren.

Dieses farbenfrohe Nest aus geraspeltem Gemüse ist ebenso hübsch wie köstlich! Wie viele thailändische Rezepte verlangt es Kokosmilch, aber Sie können auch Nussmilch oder sogar Reismilch verwenden. Nach Ihrem Geschmack können Sie außerdem jedes frische, fein gestiftelte Gemüse ersetzen.

Schutzengel, bitte hilf mir, auf dem Weg spirituellen Wachstums und Erleuchtung zu bleiben.

Thailändisches Kranichnest in Kokosnuss-Curry

Für 4 Personen
240 ml Kokosmilch
1 TL thailändische rote Currypaste
1 Knoblauchzehe, gehackt
1 EL Zitronensaft
570 g Butternut-Kürbis oder Mohrrüben, geraspelt
180 g Jicama (Yambohne), geraspelt
300 g Chinakohl (Napa), fein geraspelt
110 g frische Spinatblätter, fein geraspelt
2 große frische Basilikumblätter, in feine Stücke geschnitten
½ Bund frischer Koriander, fein gehackt

Zum Garnieren:
2 Frühlingszwiebeln, in feine Ringe geschnitten
40 g gehackte Erdnüsse

1. Die Kokosmilch erwärmen, bis sie handwarm ist. Den gehackten Knoblauch und Curry zufügen.
2. Die restlichen Zutaten mit der erwärmten Kokosmilch in eine Schüssel geben und gründlich mischen.
3. In tiefen Servierschalen oder auf Tellern Nester formen und mit Erdnüssen und Zwiebeln garnieren.
4. Mit Zimmertemperatur oder leicht im Ofen erwärmt servieren.

Wissenswertes: Um aus Blättern wie Basilikum oder Spinat Fäden zu schneiden, legen Sie sie übereinander und rollen sie fest vom Stamm zur Spitze auf. Halten Sie die Blattrolle fest und schneiden sie von einer Seite zur anderen in feine Streifen, dadurch erhalten Sie beim Aufrollen feine lange Fäden.

Dies ist eines meiner Lieblingsgerichte, wenn ich aufgefordert werde, zu einer Party etwas mitzubringen. Mit seiner bunten Geschmacksmischung erhält es immer Beifall! Es hat einen hohen Protein- und Ballaststoffgehalt und die *Bon-Bon-Sauce* ist exquisit! Sie können die Sauce auch als Mayonnaise für Sandwiches oder als Dressing für Kopf- oder Krautsalat nutzen.

Schutzengel, bitte hilf mir, meine Wünsche so zu fokussieren, dass sie im besten Interesse aller Beteiligten sind.

Chinesisches Bohnensprossen-Bon-Bon

Für 4–6 Personen
60 g gemischte junge Bohnensprossen (s. Seite 21)
6 getrocknete Shiitake-Pilze, 1 Stunde in gutem Wasser eingeweicht (das Einweichwasser aufbewahren)
10 g junge Kürbiskernkeimlinge (s. Seite 21)
10 g junge Sonnenblumensprossen (s. Seite 21)
25 g Walnusskerne, 12 Stunden eingeweicht und abgespült
1 rote Paprika, entkernt und in feine Streifen geschnitten
½ Stange Sellerie, in Würfel geschnitten
½ Gurke, in Würfel geschnitten
1 Frühlingszwiebel, in dünne Ringe geschnitten
⅓–½ Tasse Bon-Bon-Sauce *(siehe folgendes Rezept)*

zum Servieren:
¼ Chinakohl (Napa), in feine Streifen geschnitten (optional)

1. Shiitake-Pilze aus dem Wasser nehmen und das überschüssige Wasser ausdrücken. Einweichwasser für Brühen oder Saucen aufbewahren.
2. Die Stiele der Pilze abschneiden und wegwerfen. Die Pilze in feine Streifen schneiden.
3. Alle Zutaten zusammen gut mischen.
4. Auf einem Bett aus Kohl servieren.

Bon-Bon-Sauce

3 EL Tahin
1 EL frische Ingwerwurzel, geschält und gerieben
1 EL Zitronensaft
1 EL Ahornsirup
1 EL Shoyu (nach Geschmack)
½ Knoblauchzehe, zerdrückt
ca. 3 EL gutes Wasser

Alle Zutaten in den Mixer geben und zu einer glatten Sauce pürieren. Dabei Wasser nach Bedarf zufügen.

Feiertage verlangen Traditionen, und in meiner Familie bedeutet das: Pilzbraten an Weihnachten und Thanksgiving. Er ist himmlisch für Pilzliebhaber und die Reste sind großartig für Sandwiches. Ich serviere ihn normalerweise mit *Sesam-Tahin-Sauce*, aber *Zwiebel-Shiitake-* und *Pilz-Mandel-Sauce* sind auch empfehlenswert (siehe Seite 186 und 187).

Schutzengel, bitte hilf mir zuzulassen, dass göttliche Liebe mein Sein durchdringt.

Würziger Pilzbraten mit Sesam-Tahin-Sauce

Für 6–8 Personen
360 g Pilze, gehackt (geteilte Verwendung)
120 ml gutes Wasser (geteilte Verwendung)
1 große Zwiebel, geschält und gehackt
Olivenöl
1½ TL Geflügelgewürz
1 TL Meersalz
½ TL Selleriesamen, zerstoßen
3 EL Weizenvollkornmehl
3 EL Glutenmehl
6 Scheiben Vollkornbrot, gewürfelt und geröstet
1 EL ungebleichtes Mehl

1. Eine antihaftbeschichtete oder Edelstahlpfanne auf mittlere Temperatur erhitzen und 60 ml Wasser zugeben. Die Hälfte der Pilze dazugeben und kochen, bis sie gar sind und alles Wasser verdampft ist. Die gegarten Pilze in die Küchenmaschine geben und pürieren.
2. Die restlichen Pilze in dem übrigen Wasser kochen. In eine große Schüssel füllen und beiseite stellen.
3. Die Pfanne mit Olivenöl einstreichen und die gehackten Zwiebeln darin anschwitzen, bis sie weich und glasig sind. Dabei nach Bedarf etwas Wasser zugeben, um ein Ansetzen zu vermeiden. Die Hälfte der gekochten Zwiebeln mit den pürierten Pilzen in den Mixer geben und die andere Hälfte in die Schüssel mit den restlichen gekochten Pilzen.
4. Salz, Geflügelgewürz und Selleriesamen zu den pürierten Pilzen in den Mixer geben und weiter pürieren.
5. Den Ofen auf 175 Grad vorheizen.

Es gibt rohen oder gerösteten Sesam-Tahin. Ich verwende nach Möglichkeit rohe Fette, da es immer gesünder ist, Fette nicht erhitzt zu sich zu nehmen. Wenn Sie das Tahin ohnehin mitkochen wollen, spielt es keine Rolle, welches Sie benutzen. Der Geschmack ist verschieden, probieren Sie daher beide Sorten und sehen Sie, welches Ihnen besser schmeckt.

Schutzengel, ich heiße dich in meinem Leben willkommen und bitte dich, mich zu führen und zu beschützen.

6. Vollkorn- und Glutenmehl gründlich vermischen und zu den Pilzen und Zwiebeln in der Schüssel geben. Gut durchmischen, wenn nötig mit den Händen.
7. Die pürierte Pilzmischung und die gerösteten Brotwürfel dazugeben und nochmals gründlich vermischen.
8. Den Boden einer Kasten- oder Brotbackform mit Folie oder Backpapier auslegen. Mit etwas Öl einstreichen und mit Mehl bestäuben. Die Mischung einfüllen und glatt drücken.
9. Zugedeckt 1 Stunde bei 175 Grad backen. Den Deckel abnehmen und weitere 5 Minuten backen.
10. Aus dem Ofen nehmen und vor dem Entfernen aus der Form 5 Minuten ruhen lassen. Vor dem Aufschneiden weitere 10 Minuten ruhen lassen. Heiß mit *Sesam-Tahin-Sauce* oder kalt auf Sandwiches servieren.

Sesam-Tahin-Sauce

Für 4 Personen
2 EL Tahin
2 EL Shoyu
500 ml gutes Wasser
30 g ungebleichtes Mehl
¼ TL Knoblauchgewürz

1. Alle Zutaten in eine kleine Schüssel geben und gründlich vermischen.
2. Eine Pfanne leicht erwärmen, die Sauce hineingeben und köcheln lassen bis sie eindickt. Bei Bedarf evtl. mehr Wasser zugeben.

Butternut-Kürbis verleiht dem Blumenkohl in diesem ungewöhnlichen, kartoffelbreiartigen Gericht eine sanfte Süße. Ich empfehle Ihnen, den Kürbis-Blumenkohl leicht erwärmt und mit warmer *Zwiebel-Shiitake-Sauce* zu servieren.

Schutzengel, bitte hilf mir, in diesem Augenblick alle Energien des Lichts und der Liebe in mein Leben einzuladen.

Kürbis-Blumenkohl mit Zwiebel-Shiitake-Sauce

Für 4 Personen
500 g Butternut-Kürbis, geschält, entkernt und gewürfelt
1 ganzer Blumenkohl, gesäubert, den Strunk entfernt und zerkleinert
¼ Tasse Mandel- *oder* Cashew-Käse *(s. Seite 36, 37)*
1 EL natives Olivenöl extra (optional)
1 EL Shoyu (oder Meersalz nach Geschmack)
1 EL weiße Misopaste
1 Prise gemahlene Muskatnuss und weißer Pfeffer

1. Alle Zutaten in der Küchenmaschine zu einem glatten Brei pürieren.
2. Leicht erwärmt oder mit Zimmertemperatur mit *Zwiebel-Shiitake-Sauce* wie Kartoffelbrei servieren.

Zwiebel-Shiitake-Sauce

Für 4 Personen
4–6 getrocknete Shiitake-Pilze
60 ml warmes gutes Wasser
¼ Tasse Tahin
2 EL Zwiebelgewürz
½ EL Shoyu

1. Die Shiitake-Pilze 20 Minuten in warmem Wasser einweichen. Abgießen und das Einweichwasser aufheben. Die harten Stiele entfernen und wegwerfen. Pilze klein schneiden und beiseite stellen.
2. Das Pilz-Einweichwasser durch ein Sieb gießen, um Sand zu entfernen, und die Flüssigkeit mit den restlichen Zutaten, außer den Pilzen, in den Mixer geben. Zu einer glatten Sauce pürieren, die klein geschnittenen Pilze zugeben und gut verrühren.
3. Mit Zimmertemperatur oder leicht erwärmt servieren, über Kürbis-Blumenkohl (siehe oben), Kartoffelbrei, zu Brot oder Pasteten.

Dieses Gericht habe ich für eine Freundin mit Getreide-Allergie, die ihren Lieblingspilaf sehr vermisste, erfunden. Er ist leicht und schnell zuzubereiten und kann mit oder ohne Sauce serviert werden. Wir mögen ihn besonders gerne warm mit dieser cremigen *Pilz-Mandel-Sauce.*

Schutzengel, bitte hilf mir, Frieden für mich selbst einzuatmen und Frieden für die Erde auszuatmen.

Blumenkohl-Pilaf mit Pilz-Mandel-Sauce

Für 4 Personen
1 ganzer Blumenkohl, gesäubert, der Strunk entfernt und zerkleinert
6 Pilze, in Würfel geschnitten
1 kleine Mohrrübe, geraspelt
1 kleine Stange Sellerie, in Würfel geschnitten
¼ rote Paprika, entkernt und in Würfel geschnitten
1 kleine Frühlingszwiebel, in dünne Scheiben geschnitten
¼ Tasse gewürzte Sonnenblumenkerne *(s. Seite 79)*
4 TL Gersten-Misopaste, aufgelöst in 4 TL gutem Wasser
½ TL Geflügelgewürz

1. Den Blumenkohl in der Küchenmaschine mit der „Pulse"-Funktion krümelig zerkleinern, bis er die Konsistenz von Reis hat.
2. In eine Schüssel füllen und die übrigen Zutaten unterrühren.
3. Mit warmer *Pilz-Mandel-Sauce* servieren.

Pilz-Mandel-Sauce

Für 4–6 Personen
½ TL natives Olivenöl extra
1 EL Schalotten, gehackt
200 g gehackte Pilze
je 2 EL geröstete Mandelbutter und Gersten-Misopaste
30 g Hafermehl oder ungebleichtes Mehl
470 ml gutes Wasser

1. Eine antihaftbeschichtete Pfanne erhitzen und ölen. Die Schalotten und Pilze anbraten bis sie weich sind, dabei bei Bedarf etwas Wasser zugeben, um ein Ansetzen zu vermeiden.
2. Die übrigen Zutaten in den Mixer geben und pürieren.
3. Das Püree zur der Pilzmischung in der Pfanne geben und alles so lange köcheln, bis die Sauce eindickt.

Frisch, natürlich süß und cremig – dieses Mais-„Risotto“ ist köstlich als Hauptgericht oder als Beilage. Wenn Sie gerne Mais mögen und ihn bisher nur gekocht gegessen haben, werden sie angenehm überrascht sein, wie gut er ungekocht ist!

Schutzengel, bitte hilf mir, mir im zunehmenden Maße deines Lichts und deiner Liebe bewusst zu werden.

Frisches Mais-Risotto in italienischem Stil

Für 4 Personen

4 frische Maiskolben, Körner vom Kolben gelöst (ca. 600 g, geteilte Verwendung)
1 El Mandel-Käse *(s. Seite 36)*
1 TL helles Miso
½ TL Nährhefe
1 Prise weißer Pfeffer und Meersalz
3 EL in Würfel geschnittene rote Zwiebeln
2 EL Sellerie, in Würfel geschnitten
¼ rote Paprika, in Würfel geschnitten
6 frische Champignons, gehackt

1. Die Hälfte der Maiskörner mit *Mandel-Käse,* Miso, Hefe, Salz und Pfeffer im Mixer oder in der Küchenmaschine cremig rühren.
2. Die restlichen Zutaten einrühren und 1 Stunde stehen lassen.
3. Vor dem Servieren nochmals umrühren, damit die Mischung cremig ist; mit Zimmertemperatur oder leicht im Ofen angewärmt servieren.

Wissenswertes: Verwenden Sie Zuchtchampignons mit fest geschlossenen Unterseiten (Lamellen). Die Haut sollte glatt und filzig sein, nicht feucht und glänzend. Stutzen Sie die Stielenden, und wischen Sie die Hüte mit einem Papiertuch ab. Wenn Sie viele Pilze zum Kochen vorbereiten, waschen Sie einen nach dem anderen unter laufendem Wasser und halten sie dabei aufrecht, sodass die Unterseite nicht nass wird; dann mit einem Tuch abtupfen. Lassen Sie frische Pilze nie einweichen. Wenn die Stiele für das Rezept nicht benötigt werden, heben Sie sie zur späteren Verwendung, z. B. für Suppen, Getreidegerichte oder Saucen, auf. Bewahren Sie frische Pilze in Papier oder einem Leinentuch eingewickelt im Kühlschrank auf.

Meilenweite Maisfelder rufen endlose Ideen für köstliche Verwendungsarten für Mais hervor. Eins meiner Lieblingsrezepte sind die Maisschnitten. Sie sind nahr- und schmackhaft, und wenn welche übrig bleiben sollten, machen sie sich auch hervorragend auf Sandwiches!

Schutzengel, bitte hilf mir,
mich im Glanz deines göttlichen Lichts zu sonnen.

Maisschnitten aus Nebraska

Für 4 Personen
4 frische Maiskolben, Körner vom Kolben gelöst (ca. 600 g Maiskörner)
2 EL veganer Ei-Ersatz
6 EL gutes Wasser
4 EL feines Vollkornmehl oder ungebleichtes Mehl
½ TL Meersalz
1 Messerspitze weißer Pfeffer
1 TL Erdnussöl

1. Alle Zutaten, außer dem Erdnussöl, zusammen gut vermischen.
2. Eine Bratpfanne auf mittlere Temperatur erhitzen und das Öl hinzufügen. Formen Sie die Maisschnitten, indem Sie 2 Esslöffel der Maismischung in die Pfanne tropfen lassen und in Form drücken. Lassen Sie etwas Platz zwischen den einzelnen Schnitten, damit das Wenden einfacher ist.
3. Die Maisschnitten 2 bis 3 Minuten braten und wenden. Weitere 2 bis 3 Minuten braten und aus der Pfanne nehmen.
4. Die gebratenen Maisschnitten bis zum Servieren im Ofen warm halten. Allein oder mit *süßer roter Paprika-Sauce* (Seite 176) oder *Zwiebel-Shiitake-Sauce* (Seite 186) servieren.

Kartoffeln, Pilze und Gemüse tun sich in diesem schnellen und einfachen Mittag- oder Abendessen zusammen. Die Gewürze können Sie variieren, und so jedes Mal, wenn Sie dieses Gericht zubereiten, einen neuen Geschmack kreieren. Probieren Sie Curry, Chili, italienische Kräuter oder was auch immer Ihren Vorlieben entspricht.

Schutzengel, bitte hilf mir,
mich Vorstellungen zu öffnen, die jenseits
meines Wissens und meiner Erfahrung liegen.

Französisches Ofengemüse

Für 4 Personen

4 neue Kartoffeln, gewaschen und in 2,5 cm große Würfel geschnitten
12 große Pilze, halbiert
1 mittelgroße Aubergine, in ca. 3,5 cm große Würfel geschnitten
2 Zucchini, in ca. 3,5 cm dicke Scheiben geschnitten
1 große Zwiebel, geviertelt und zerteilt
2 rote Paprika, entkernt und in ca. 3,5 cm große Würfel geschnitten
4 Knoblauchzehen, gehackt
1 TL Paprika, süß
½ TL Zwiebelpulver
Olivenöl
Meersalz nach Geschmack
frisch gemahlener schwarzer Pfeffer

1. Alle Zutaten, außer Öl, Salz und Pfeffer, gut vermischen, damit alles Gemüse mit Gewürzen bedeckt ist.
2. Ein Backblech mit Olivenöl bestreichen und die Gemüse gleichmäßig darauf verteilen und 30 bis 40 Minuten im auf 190 Grad vorgeheizten Ofen rösten.
3. Nach Geschmack mit Salz und Pfeffer würzen und dekorativ auf jedem Teller anordnen. Heiß oder mit Zimmertemperatur servieren.

In Ostindien hat man ein unübertroffenes Händchen für Gewürze. Dieses duftende, schmackhafte traditionelle Linsengericht ist ein perfektes Beispiel dafür. *Garam Masala* ist ein Gewürz, das man in asiatischen Läden erhält und das, ebenso wie Curry, je nach Zusammenstellung variiert.

Schutzengel, bitte hilf mir, mit dem „Allwissenden Geist" zu verschmelzen.

Ostindisches Dal

(Mit Curry gewürzte Linsen)

Für 4 Personen

½ TL natives Olivenöl extra
1 mittelgroße Zwiebel, gehackt
3 Knoblauchzehen, zerdrückt
1 TL gemahlener Koriander
½ TL gemahlener Kreuzkümmel
⅛ TL Cayennepfeffer
½ TL gemahlenes Kurkuma
1 mittelgroße Tomate, geschält und gehackt
1 TL Paprika, süß
½ TL Garam Masala *(s. Seite 164)*
½ TL Meersalz (nach Geschmack)
1 TL Zitronensaft
1 TL Jalapeño-Chili, entkernt und gehackt
1 TL frische Ingwerwurzel, geschält und gerieben
200 g rote oder gelbe Linsen, gekocht
60–120 ml Flüssigkeit (gutes Wasser oder Linsenbrühe)

1. Eine antihaftbeschichtete Pfanne auf mittlere Temperatur erhitzen und ölen. Die gehackten Zwiebeln mit dem zerdrückten Knoblauch anbraten, bis sie goldbraun sind, dabei nach Bedarf etwas Wasser hinzugeben, um ein Ansetzen zu vermeiden.
2. Die Hitze reduzieren und die gemahlenen Korianderkörner, Kreuzkümmel, Cayennepfeffer und Kurkuma hinzufügen. Einige Sekunden lang umrühren und die gehackte Tomate dazugeben. Gut vermischen.
3. Die restlichen Zutaten hinzugeben und so viel Wasser wie nötig verwenden, um eine dicke Konsistenz zu erhalten, dabei umrühren. Zugedeckt bei geringer Temperatur 10 bis 15 Minuten köcheln lassen.
4. Heiß zu jedem gekochten Reis- oder Getreidegericht servieren.

Gewürzte und dann getrocknete Kichererbsenkeimlinge werden für die Zubereitung dieser köstlich pikanten, ungekochten Falafeln verwendet. Sie werden in Kohlblätter eingewickelt serviert, mit Blattsalat oder Sprossen, gehackten Tomaten und ein wenig *Sesam-Dip*.

Schutzengel, bitte hilf mir,
die Energie des Himmels
in mein irdisches Bewusstsein zu bringen.

Lebendige Falafeln

(Kichererbsen-Taler nach libanesischer Art)

für 4 Personen (16 kleine Taler)
2 Tassen Gewürzte Kichererbsen-Nüsse aus dem Mittleren Osten *(s. Seite 78)*
2 EL gehackte rote Zwiebel
2 EL gehackte frische Petersilie
¼ TL gemahlener Kreuzkümmel
¼ TL gemahlene Koriandersamen
1 Knoblauchzehe, zerdrückt
½ EL Zitronensaft
1 Prise Cayenne-Pfeffer

1. Alle Zutaten in der Küchenmaschine zu einer glatten Masse pürieren.
2. Die Mischung in 16 Portionen unterteilen. Jede der Portionen zwischen den Handflächen flach zusammendrücken. Drücken Sie mit dem Daumen am Rand des Talers entlang, damit sich ein Kreis bildet und der Taler gefestigt wird.
3. Wickeln Sie die Taler in Kohl oder Pita-Brot, mit ein wenig *Sesam-Dip*, Tomatenstückchen und Alfalfa-Sprossen.

Sesam-Dip

Für 4 Personen
6 EL Tahin (ungesalzenes Sesammus)
1–2 Knoblauchzehen, zerdrückt
Saft einer großen Zitrone (ca. 60 ml)
¼ TL Meersalz
ca. 3–4 EL gutes Wasser

1. Die ersten 4 Zutaten zusammengeben und gut vermischen.
2. Nach und nach genug Wasser einmischen, sodass eine dickflüssige Sauce entsteht.
3. Mit Zimmertemperatur servieren.

Traditionell werden Falafeln frittiert, doch diese moderne fettarme Version erlaubt es uns, sie ohne Schuldgefühle zu genießen. Warm in Pita-Brot mit klein gehacktem Salat oder Sprossen, Tomaten und *Sesam-Dip* (siehe Rezept auf der gegenüberliegenden Seite) servieren.

Schutzengel, bitte hilf mir,
eine höhere Schwingung von Weisheit
und Verständnis zu erfahren.

Falafeln

(Traditionelle Kichererbsentaler)

Für 4 Personen (16 kleine Taler)

100 g getrocknete Kichererbsen, über Nacht in 1 Liter gutem Wasser eingeweicht
1 TL Natron
1 TL Meersalz
1 mittelgroße Zwiebel, gehackt
2 EL frische Petersilie, gehackt, oder 1 EL getrocknete Petersilie
1 TL gemahlener Kreuzkümmel
1 TL gemahlene Koriandersamen
2 Knoblauchzehen, zerdrückt
1 EL Zitronensaft
1 Prise Cayennepfeffer
1 EL natives Olivenöl extra (geteilte Verwendung)

1. Die eingeweichten Kichererbsen in einem Sieb abtropfen lassen. Noch einmal spülen und erneut abtropfen lassen.
2. Kichererbsen, Salz und Natron in der Küchenmaschine oder im Mixer prozessieren, bis zur Konsistenz von grobem Mehl.
3. Die Kichererbsenmischung mit den anderen Zutaten, außer dem Öl, zusammen gut vermischen.
4. Die Mischung in 16 Portionen teilen. Jede der Portionen zwischen den Handflächen flach zusammendrücken. Drücken Sie den Daumen um den Rand des Talers, damit sich ein Kreis bildet und der Taler so weit wie möglich gefestigt wird. Sie werden gerade so zusammenhalten. Taler auf einen Teller legen, bis alle fertig vorbereitet sind.
5. Eine große Pfanne auf mittlere Temperatur erhitzen und die Hälfte des Öls hineingeben.
6. Behutsam 8 Taler in die Pfanne gleiten lassen und auf der einen Seite bräunen. Taler wenden und zudecken (die andere Seite wird bräunen, während sie garen). Die fertigen Taler herausnehmen, beiseite stellen und die übrigen 8 Taler wie oben beschrieben braten.
7. Heiß als Vorspeise, oder als Sandwich aus dem Mittleren Osten in Pita-Brot servieren, mit *Sesam-Dip* (siehe gegenüberliegende Seite), Tomatenstückchen und Kopfsalat.

Wenn Sie das nächste Mal ans Grillen denken, denken Sie an Tofu-Steaks. Die schmackhafte *Sesam-Miso-Glasur* verwandelt den milden Geschmack von Tofu in eine wahre Sinnenfreude! Sie können die Glasur auch für Zucchini, Auberginen oder Sommerkürbis verwenden. Schneiden Sie das Gemüse einfach in 2,5 cm dicke Scheiben und überspringen Sie den ersten Schritt.

Schutzengel, bitte hilf mir, Glauben, Mut und Liebe zu kultivieren.

Japanischer gegrillter Tofu mit Sesam-Miso-Glasur

Für 4 Personen
570 g extra-fester Tofu, in 8 gleich große Scheiben geschnitten
1 EL Meersalz

Sesam-Miso-Glasur:
60 ml Mugi-Miso oder Hatcho-Miso
3 EL Tahin (ungesalzenes Sesammus)
1 EL Mirin
2 TL Dattelpaste (oder ein anderer Süßstoff)
2 TL frische Ingwerwurzel, gerieben
1 Knoblauchzehe, zerdrückt
½ TL geröstetes Sesamöl

1. Die Tofuscheiben mit Salz und genügend Wasser, damit er bedeckt ist, in eine Pfanne geben. 20 Minuten lang köcheln lassen. Wenn der Tofu gekocht ist, nehmen Sie ihn behutsam aus der Pfanne und lassen ihn abtropfen. Die Tofuscheiben auf Küchentücher oder ein sauberes Handtuch legen, und mit einem Gewicht beschwert auf eine geneigte Oberfläche stellen, um alle noch verbleibende Flüssigkeit herauszupressen. 15 Minuten lang abtropfen lassen.
2. Den Grill, Bratrost oder Bratofen vorheizen. Wenn erforderlich ölen.
3. Die Zutaten für die Glasur in eine Schüssel geben und schaumig rühren.
4. Die Tofuscheiben grillen oder rösten, bis sie braun zu werden beginnen. Wenden und die Oberseite 3 mm dick mit der vorbereiteten Glasur bestreichen (fügen Sie evtl. ein paar Tropfen Wasser hinzu, falls die Paste zu dickflüssig ist). Erneut wenden und eine dünne Schicht Glasur auf die andere Seite pinseln. Wenn sich die Hitzequelle unten befindet, noch einmal wenden, um beide Seiten des Tofu zu grillen. Heiß servieren.

Diese Brochettes sind großartig für Grillfeste, denn sie sehen nicht nur schön aus, sondern schmecken auch köstlich. Statt Tempeh können Sie auch Tofu nehmen, und Sie können jedes Gemüse der Saison verwenden, das nicht zerfällt, wenn es aufgespießt wird.

Schutzengel, bitte hilf mir,
das Leben und all seine Segnungen zu schätzen.

Hawaianische Teriyaki-Tempeh-Brochettes

Für 4 Personen

Teriyaki-Sauce:
80 ml Limettensaft oder Reisessig
80 ml Shoyu
1 TL Sesamöl
1½ EL Mirin
2 EL reiner Ahornsirup oder Melasse
1 kleine Knoblauchzehe, zerdrückt
½ TL fein geriebene frische Ingwerwurzel
1 EL Pfeilwurzelstärke, in 60 ml gutem Wasser aufgelöst

570–680 g Tempeh, in 2,5 cm große Würfel geschnitten
2 rote Paprika, entkernt und in mundgerechte Stücke geschnitten
570 g Ananasscheiben aus der Dose, in große Stücke geschnitten
1 große rote Zwiebel, geachtelt und in Lagen getrennt
12–16 Pilze
Bambusspieße, eine halbe Stunde in Wasser eingeweicht, damit sie beim Grillen nicht verbrennen

1. Die Zutaten für die Sauce, außer der Pfeilwurzelstärke und dem Wasser, vermischen.
2. Die Sauce mit den Tempehwürfeln in eine Pfanne geben und 15 Minuten köcheln lassen, dabei die Tempehwürfel einmal wenden.
3. Tempeh aus der Sauce nehmen und abwechselnd mit Zwiebeln, Pilzen, Paprika und Ananas auf die Bambusspieße stecken.
4. Auf den heißen Bratrost oder Holzkohlegrill legen und circa 15 Minuten grillen bis das Gemüse gar ist.
5. Während die Brochettes garen, die übrige Sauce erhitzen und die Pfeilwurzel-Wasser-Mischung hinzugeben. Ein oder zwei Minuten kochen lassen, bis sie gerade eindickt. Vom Herd nehmen.
6. Ein paar Minuten, bevor die Brochettes fertig sind, die Sauce großzügig rundherum auf Tempeh und Gemüse pinseln. Heiß servieren.

Feine Reisnudeln sind einzigartig in Textur und Geschmack und ein perfekter Schmaus für Nudelliebhaber! In Kombination mit der scharfen Note von Knoblauch, Chilis und Shiitake-Pilzen, ist diese Spezialität aus Thailand phänomenal! Suchen Sie in der internationalen Abteilung Ihres Lebensmittelhandels nach getrockneten roten Chilis.

Schutzengel, bitte hilf mir zu erkennen,
dass jeder Augenblick eine heilige Erfahrung ist.

Thailändische Gebratene Reisnudelpfanne

Für 4 Personen
225 g flache Reisnudeln, der Anleitung entsprechend gekocht
½ TL geröstetes Sesamöl
1 Zwiebel, in feine Streifen geschnitten
3 Knoblauchzehen, gehackt
1–2 Mohrrüben, in feine Streifen geschnitten
½ große Gurke, geschält, längs in Scheiben geschnitten und entkernt
1 getrocknete rote Chili, 15 bis 20 Minuten eingeweicht und in Scheiben geschnitten
115–170 g Seitan oder gebackener Tofu, in feine Streifen geschnitten
500 g frische Bohnensprossen
6 getrocknete Shiitake-Pilze, 20 Minuten eingeweicht, in Scheiben geschnitten (Einweichwasser aufbewahren)
3 Frühlingszwiebeln, in Ringe geschnitten

Thailändische Wok-Sauce:
1 EL Shoyu (nach Geschmack)
½ TL geröstetes Sesamöl
½ TL frisch gemahlener schwarzer Pfeffer
180 ml Einweichwasser der Shiitake-Pilze
½ EL Pfeilwurzelstärke
¼ TL gemahlene frische Chilipaste (Sambal Oelek)

Zum Garnieren:
40 g Erdnüsse, gemahlen
4 EL gehackter frischer Koriander

1. Einen Wok oder eine große Pfanne auf mittlere Temperatur erhitzen und ölen. Zwiebeln hinzufügen und einige Minuten lang unter Rühren anschwitzen, dabei nach Bedarf etwas Wasser hinzufügen, um ein Ansetzen zu verhindern. Den gehackten Knoblauch dazugeben und eine weitere Minute braten.
2. Mohrrüben und Gurke hinzugeben und 2 bis 3 Minuten weitergaren. Die restlichen Zutaten, außer der Sauce und der Garnierung, einrühren.
3. Die Zutaten für die Sauce vermischen und in den Wok geben. So lange rühren, bis die Mischung einzudicken beginnt.
4. Die heißen, gekochten Nudeln mit in den Wok geben und behutsam vermischen.
5. Die Reisnudelpfanne auf Portionsschalen verteilen und jede Portion mit Erdnüssen und Koriander garnieren.

Thailändisches und vietnamesisches Essen werden oft verwechselt, und das ist nicht verwunderlich; wenn Sie diese beiden Gerichte vergleichen, werden Sie klare Ähnlichkeiten entdecken. *Bu'n Chay*, wie dieses Gericht in Vietnam heißt, wird mit Weizen-Ramen-Nudeln gemacht und mit Gemüse serviert. Es gibt ein großartiges Mittag- oder Abendessen ab.

Schutzengel, bitte hilf mir, Zweifel loszulassen und Botschaften der Hoffnung zu teilen.

Vietnamesisches Gemüse und Tofu auf Nudeln

Für 4 Personen
350 g Ramen-Nudeln
8 getrocknete Shiitake-Pilze, 20 Minuten in Wasser eingeweicht
2 Judasohr-Pilze (chinesische Morcheln), 20 Minuten in Wasser eingeweicht
½ TL geröstetes Sesamöl
160 g Brokkoli, in kleine, mundgerechte Stücke geschnitten
2 Mohrrüben, in Scheiben geschnitten
½ grüne Paprika, in feine Streifen geschnitten
1 Stange Sellerie oder Pak Choy, in Scheiben geschnitten
½ mittelgroße Zucchini, in feine Streifen geschnitten
¼ Kohl, geraspelt
1 Dose Babymais, abgetropft und abgespült
½ Block gebratener Tofu, in 2,5 cm große Würfel geschnitten

Zum Garnieren:
60 g Mohrrüben, fein geraspelt
30 g Erdnüsse, gemahlen
¼ TL frische Chilipaste (Sambal Oelek)

1. Lesen Sie auf der Packungsanleitung die Kochzeit für die Nudeln und bereiten sie danach zu. Die Nudeln sollen gar sein, aber nicht weichgekocht, wenn das Gemüse zum Verzehr bereit ist.
2. Einen Wok oder eine antihaftbeschichtete Pfanne auf mittlere Temperatur erhitzen und ölen. Brokkoli und Mohrrüben unter Rühren 2 Minuten lang braten, dabei nach Bedarf etwas Wasser hinzufügen, um ein Ansetzen zu vermeiden.
3. Die Stiele von den eingeweichten Pilzen entfernen und wegwerfen. Shiitake- und Judasohr-Pilze in Scheiben schneiden und mit dem restlichen Gemüse und den Tofuwürfeln in den Wok geben. Unter Rühren einige Minuten lang mit braten, bis das Gemüse gar ist, aber noch bissfest.
4. Servieren Sie das Gemüse auf den Nudeln in einzelnen Schalen, und garnieren Sie jede Portion mit Mohrrübenraspeln, Erdnüssen und ein wenig Chilipaste.

Der Kombination von Nudeln und Sesam lässt sich nur schwer widerstehen. Dieses entzückend einfache Gericht ist ein köstliches und sättigendes Mittag- oder Abendessen für die Sommerzeit.

Schutzengel, bitte hilf mir,
andere zu ermutigen und zu inspirieren.

Japanische Buchweizennudeln mit Sesam

Für 4 Personen
225 g Buchweizen-Yams-Soba-Nudeln
2 EL Shoyu (nach Geschmack)
120 ml Shiitake Dashi *(s. Seite 147)*
2 EL Ahornsirup oder Vollrohrzucker
2 EL Tahin (ungesalzenes Sesammus)
500 g frischer grüner Spargel oder grüne Bohnen, diagonal in 2,5 cm lange Stücke geschnitten
4 Frühlingszwiebeln, diagonal in 2,5 cm lange Stücke geschnitten
geröstete Sesamsamen zum Garnieren

1. Die Soba-Nudeln gemäß der Packungsanleitung kochen.
2. Shoyu, Dashi, Sirup und Tahin zusammen pürieren.
3. Die gekochten Soba-Nudeln mit Eiswasser abspülen und gründlich abtropfen lassen. Die pürierte Mischung unter die Nudeln mischen und kalt stellen.
4. Die Spargelstücke oder grüne Bohnen circa 4 Minuten in kochendem Wasser blanchieren, bis sie gerade gar sind. Abgießen, mit Eiswasser abspülen und gründlich abtropfen lassen.
5. Gemüse und Frühlingszwiebeln mit dem Reis vermischen und in den Kühlschrank stellen, bis sie gut gekühlt sind. Vor dem Servieren mit Sesamsamen garnieren.

Spargel und Morcheln machen dieses Pastagericht zu einer besonderen Köstlichkeit für den Frühling. Dieses Meisterwerk der Einfachheit ist leicht vorzubereiten!

Schutzengel, bitte hilf mir,
durch meine täglichen Lektionen zu lernen
und mich zu entwickeln.

Engelshaar-Pasta mit Spargel und Morcheln

Für 4 Personen
500 g Engelshaar-Pasta

½ TL natives Olivenöl extra
330 g frische Morcheln, gewaschen und längs geviertelt
2 EL Schalotten, gehackt
1 große Stange Lauch, gründlich gewaschen und in feine Scheiben geschnitten
250 g frischer grüner Spargel, in 5 cm lange Stücke geschnitten
2 große rote Paprika, geröstet, geschält, entkernt und in feine Streifen geschnitten
120 ml trockener Weißwein
2 EL Dijon-Senf
Meersalz und Pfeffer nach Geschmack

Zum Garnieren:
30 g geröstete Pinienkerne oder Mandelsplitter

1. Eine antihaftbeschichtete Pfanne auf mittlere Temperatur erhitzen und ölen. Morcheln, Schalotten, Lauch und Spargel hinzufügen und 6 bis 8 Minuten lang anbraten, bis das Gemüse weich ist. Dabei nach Bedarf etwas Wasser hinzugeben, um ein Ansetzen zu vermeiden.
2. Währenddessen Wasser für die Pasta aufkochen lassen und die Nudeln nach der Packungsanleitung zubereiten.
3. Die restlichen Zutaten zu den Gemüsen in die Pfanne geben und weitere 5 Minuten lang köcheln lassen. Nach Geschmack salzen und pfeffern.
4. Die Mischung mit der heißen Pasta vermischen und mit Pinienkernen oder den Mandelsplittern garnieren. Sofort servieren.

Eine befriedigende Mahlzeit ohne weitere Beilagen, könnte dieses Leibgericht des „Erleuchteten" auch einer Ihrer Favoriten werden! Variieren Sie das Gemüse nach Ihrem Geschmack und ersetzen Sie Tofu oder Tempeh, um Ihre eigene Version zu erstellen.

Schutzengel, bitte hilf mir, Herausforderungen als wertvolle Lernerfahrungen zu erkennen.

Buddhas Garten

(Chinesisches Gemüse mit Seitan)

Für 4 Personen
225 g Chuka Soba (ostasiatische Nudeln)
4 große getrocknete Shiitakepilze and 3 getrocknete chinesische Morcheln, in 2 Tassen heißem Wasser eingeweicht (Flüssigkeit aufbewahren)

Buddhas Sauce:
½ TL Sesamöl
2 TL Ingwer, geschält und gehackt
60 ml Shoyu
60 ml Mirin
¼ Tl frische Chilipaste (Sambal Oelek)
1 Tasse Pilzeinweichwasser (aufgehoben)
3 EL Pfeilwurzelstärke oder Stärkemehl plus 3 EL kaltes Wasser

½ TL geröstetes Sesamöl
2 TL geschälte Ingwerwurzel, in sehr feine Scheiben und Streifen geschnitten
2 mittelgroße Mohrrüben, in feine Streifen geschnitten
½ rote Paprika, in feine Streifen geschnitten
2 kleine Zucchini, in feine Streifen geschnitten
115 g Wasserkastanien oder 90 g Jicama (Yambohne), in feine Streifen geschnitten
300 g Seitan (Weizengluten), gespült, abgetropft und in feine Streifen geschnitten
100 g asiatische Mungbohnensprossen oder 100 g geschnetzelter Kohl
6 Schalotten, in ca. 5 cm lange Stücke geschnitten

1. Die Soba-Nudeln gemäß der Packungsanleitung kochen, abtropfen lassen und gut mit kaltem Wasser spülen, dann erneut abtropfen lassen und beiseite stellen.

Für dieses Rezept bevorzuge ich die langen, asiatischen Mungbohnensprossen, die man in Asia-Shops und vielen Lebensmittelläden erhält.

Schutzengel, ich danke dir dafür,
dass du dein Licht, deine Liebe
und deine Hingabe mit mir teilst.

2. Die überschüssige Flüssigkeit aus den Pilzen drücken und das Einweichwasser aufbewahren. Die Stiele von den Pilzen entfernen und wegwerfen. Die Pilze in Scheiben schneiden.
3. Die Zutaten für die Sauce vermischen und beiseite stellen.
4. Eine antihaftbeschichtete Pfanne oder einen Wok auf mittlere Temperatur erhitzen und ölen. 2 TL gehackten Ingwer dazugeben und sanft garen. Aus der Pfanne nehmen und mit den übrigen Zutaten für die Sauce in einer kleinen Schüssel zusammengeben. Beiseite stellen.
5. Die Gemüse und die vorbereiteten Pilze in den Wok geben und in der Reihenfolge der jeweils erforderlichen Garzeit unter Rühren braten. Mohrrüben 1 Minute garen lassen, bevor Sie Paprika und Zucchini hinzugeben. Nach einer weiteren Minute die übrigen Zutaten hinzugeben und gut erhitzen.
6. Die Nudeln erneut abspülen und abtropfen lassen und zu der Sauce in den Wok geben. Alles behutsam vermischen, dabei kontinuierlich rühren, bis die Sauce dick und die ganze Mischung heiß ist. Sofort servieren.

Wissenswertes: Seitan, manchmal auch Weizenfleisch genannt, ist ein proteinreiches Produkt, das aus Weizenglutenmehl hergestellt wird. Es kann im Reformhaus oder Spezialitätengeschäft gekauft werden oder mit ein wenig Aufwand zu Hause zubereitet werden. Die Textur von Seitan ist sehr fleischig, und man kann es in vielen Rezepten verwenden, die Fleisch erfordern. Auf Grund seiner netzartigen Struktur und dem sanften Geschmack, nimmt es eine Vielzahl von Gewürzaromen wie ein Schwamm auf.

ZEHNTES KAPITEL

Göttliche Desserts

Ein Gespräch mit dem Geist über Liebe

Geliebter, bitte hilf mir, bedingungslos zu lieben und geliebt zu werden. Hilf mir zu erkennen, dass ich es wert bin und es verdiene, geliebt zu werden. Ich habe den Wunsch, die Angst vor Zurückweisung loszulassen, die die Liebe fernhält. Hilf mir, mein Herz zu öffnen und die heilende Kraft der Liebe einströmen zu lassen. Meine Absicht ist es, das Göttliche in allem und jedem zu sehen, sodass ich frei lieben kann. Bitte steh mir bei, in jeder Person, die ich treffe, nach dem Funken Gottes zu suchen. Hilf mir, mein eigenes Licht zu sehen und es frei erstrahlen zu lassen, sodass ich ein Leitstern für andere werden kann.

Ich fühle, dass in diesem Essen Liebe gegenwärtig ist, und bin dankbar für die Nahrung, die ich durch es erhalte. Ich gestatte es dieser Liebe und Dankbarkeit, sich in meinem Herzen auszubreiten und mich mit göttlichem Licht zu füllen. Ich liebe dich, ich preise dich, ich bin eins mit dir und allem, was ist.

REZEPTE AUF EINEN BLICK

Wenn Sie gerne Gebäck essen, aber nicht gerne backen, dann sind diese backfreien Rezepte genau das Richtige für Sie! Je länger die Cookies im Dörrgerät bleiben, desto knuspriger werden sie. Der Teig eignet sich auch hervorragend für Pie-Böden!

Schutzengel, bitte steh mir bei meinen Zwiegesprächen mit der Natur und dem Göttlichen bei.

Sweet Nut'ins

Ergibt 48 Cookies oder 2 weiche Pie-Böden

260 g ganze Mandeln, 24 Stunden eingeweicht, gespült und abgetropft
90 g Walnusskerne, 12 Stunden eingeweicht, gespült und abgetropft
480 g Datteln, entkernt und grob gehackt
einige Tropfen Orangen- oder Mandelextrakt

1. Alle Zutaten in die Küchenmaschine geben. Mit der „S"-Klinge zermahlen, bis die Mischung zusammenzukleben beginnt.
2. Aus jeweils einem Esslöffel Mischung in der Handfläche kleine Bällchen rollen.
3. Um die Bällchen zu „backen" ohne wertvolle Nährstoffe und Enzyme zu zerstören, drücken Sie sie flach und legen sie auf ein Dörrblech und „backen" sie 24 Stunden bei 40 Grad oder bis die Cookies die gewünschte Festigkeit und Knusprigkeit erreicht haben.
4. Die Cookies in einem luftdicht verschlossenen Behälter im Kühlschrank oder an einem kühlen Ort aufbewahren. Gekühlt halten sie sich bis zu drei Monate lang.

Sie brauchen sich keine Sorgen darum zu machen, dass diese Cookies verbrennen könnten, denn sie werden gar nicht gebacken! Die Zeit im Dörrgerät bestimmt die Festigkeit. Weich und feucht sind sie köstlich – fest und knusprig unglaublich!

Schutzengel, bitte hilf mir, mich selbst nach den Frequenzen des Lichts auszurichten.

Macadamia-Bananen-Kokosnuss-Cookies

Ergibt 48 Cookies oder 2 Pie-Böden

160 g Macadamia-Nüsse, 24 Stunden eingeweicht, gespült und abgetropft
130 g ganze Mandeln, 24 Stunden eingeweicht, gespült und abgetropft
160 g Datteln, entkernt und grob gehackt
einige Tropfen Mandelextrakt
2 reife Bananen
40 g ungesüßte getrocknete Kokosnussflocken

1. Nüsse, Datteln und Mandelextrakt in der Küchenmaschine mit der „S"-Klinge zermahlen, bis die Mischung beginnt zusammenzukleben. Die Bananen hinzufügen und alles zu einem Teig verarbeiten. Dann die Kokosnussflocken unterrühren.
2. Zum „Backen" ohne wertvolle Nährstoffe und Enzyme zu zerstören, den Teig esslöffelweise auf ein Dörrblech geben und 24 Stunden bei 40 Grad oder bis die Cookies die gewünschte Festigkeit und Knusprigkeit erreicht haben, garen.
3. Die Cookies in einem luftdicht verschlossenen Behälter im Kühlschrank oder an einem kühlen Ort aufbewahren. Gekühlt halten sie sich bis zu drei Monate lang.

Die Kombination von Aprikosen und Mandeln in diesen schmackhaften Cookies ist wundervoll. Falls Sie nicht abwarten können bis sie gebacken sind, eignen sich diese Cookies auch hervorragend zum roh essen!

Schutzengel, bitte hilf mir,
ein perfektes Beispiel dafür zu sein,
was Menschlichkeit bedeuten kann.

Aprikosen-Mandel-Cookies

Ergibt 48 Cookies oder 2 weiche Pie-Böden

260 g ganze Mandeln, 24 Stunden eingeweicht, gespült und abgetropft
90 g Walnusskerne, 12 Stunden eingeweicht, gespült und abgetropft
160 g Datteln, entkernt und grob gehackt
320 g ungeschwefelte, getrocknete Aprikosen, gehackt

1. Alle Zutaten in die Küchenmaschine geben. Mit der „S"-Klinge zermahlen, bis die Mischung zusammenzukleben beginnt.
2. Aus jeweils einem Esslöffel Mischung in der Handfläche kleine Bällchen rollen.
3. Um die Bällchen zu „backen" ohne wertvolle Nährstoffe und Enzyme zu zerstören, drücken Sie sie flach und legen sie auf ein Dörrblech. „Backen" Sie die Cookies bei 40 Grad 24 Stunden lang oder so lange bis die Cookies die gewünschte Festigkeit und Knusprigkeit erreicht haben.
4. Die Cookies in einem luftdicht verschlossenen Behälter im Kühlschrank oder an einem kühlen Ort aufbewahren. Gekühlt halten sie sich bis zu drei Monate lang.

Johannisbrot (Carob) ist schon seit Jahrhunderten bekannt. (Es wird sogar in der Bibel erwähnt.) Es mag teuflisch gut schmecken, ist aber eigentlich himmlisch!

Schutzengel, bitte hilf mir, meine innere Schönheit zu erkennen und nach außen auszustrahlen.

Carob-Dattel-Cookies

Ergibt 48 Cookies oder 2 weiche Pie-Böden

260 g ganze Mandeln, 24 Stunden eingeweicht, gespült und abgetropft
90 g Walnusskerne, 12 Stunden eingeweicht, gespült und abgetropft
480 g Datteln, entkernt und grob gehackt
60 g ungeröstetes, ungesüßtes Carobpulver
2 EL Getreidekaffee (Kaffeesurrogatextrakt)
¼ TL gemahlener Zimt

1. Alle Zutaten in die Küchenmaschine geben. Mit der „S"-Klinge zermahlen, bis die Mischung zusammenklebt, bei Bedarf etwas Wasser hinzufügen, damit der Teig besser zusammenhält.
2. Aus jeweils einem Esslöffel Teig in der Handfläche kleine Bällchen rollen. (Falls die Mischung zu feucht sein sollte, lassen Sie den Teig einfach vom Esslöffel tropfen, wie Sie es mit Plätzchenteig machen würden.)
3. Um die Bällchen zu „backen" ohne wertvolle Nährstoffe und Enzyme zu zerstören, drücken Sie sie flach und legen sie auf ein Dörrblech. „Backen" Sie die Cookies bei 40 Grad 24 Stunden oder so lange, bis die Cookies die gewünschte Festigkeit und Knusprigkeit erreicht haben.
4. Die Cookies in einem luftdicht verschlossenen Behälter im Kühlschrank oder an einem kühlen Ort aufbewahren. Gekühlt halten sie sich bis zu drei Monate lang.

Weich und mürbe oder fest und knusprig – es kommt ganz darauf an, wie lange diese Cookies im Dörrgerät/Ofen bleiben. Kinder lieben sie!

Schutzengel, bitte hilf mir,
den Ausdruck des Lichts in allem und jedem
zu sehen.

Sesam-Cashew-Happen

Ergibt 48 mürbe Cookies
70 g Melasse
80 g Dattelpaste
2 EL Cidreessig
1 EL Erdnuss- oder Maisöl
½ TL Meersalz
300 g ganze Sesamsamen
150 g Cashewkernbruch oder gehackte Cashewnüsse

1. Die flüssigen Zutaten erhitzen und etwas Salz hinzufügen. Circa 5 bis 7 Minuten leise köcheln lassen und dabei häufig umrühren, bis die Mischung sehr dick wird. Leicht abkühlen lassen.
2. Sesamsamen und Cashewbruch zu der Flüssigkeit geben und umrühren. Es sollte ein dicker und zähflüssiger Teig sein.
3. Zum „Backen“ ohne wertvolle Nährstoffe und Enzyme zu zerstören, Teig mit einem Esslöffel auf ein Dörrblech tropfen lassen, und 24 Stunden bei 40 Grad „backen“ oder so lange, bis die Cookies die gewünschte Festigkeit und Knusprigkeit erreicht haben.
4. Die Cookies in einem luftdicht verschlossenen Behälter im Kühlschrank oder an einem kühlen Ort aufbewahren. Gekühlt halten sie sich bis zu drei Monate lang.

Wenn Sie einen besonderen Leckerbissen reichen wollen, aber nicht einen Tag vorher loslegen können, sind diese Kekse schnell und leicht zubereitet, wirken und schmecken aber wirklich besonders.

Schutzengel, bitte hilf mir,
das Leben voller Freude zu erleben.

Mandel-Feigen-Kekse mit Aprikosen-Coulis

Für 4 Personen

260 g ganze Mandeln, 8 bis 12 Stunden eingeweicht, abgespült und abgetropft
90 g Walnusskerne, 8 bis 12 Stunden eingeweicht, abgespült und abgetropft
500 g getrocknete Feigen, 1 Stunden in warmem gutem Wasser eingeweicht, abgetropft und gehackt
16 frische reife Aprikosen, entkernt (Zimmertemperatur)
120 ml frischer Apfelsaft (Zimmertemperatur)
⅛ TL Zimt
1 Prise Muskatnuss
4 Zweige frische Minze zum Garnieren

1. Mandeln, Walnusskerne und Feigen in die Küchenmaschine geben. Mit der „S"-Klinge zermahlen, bis die Mischung zusammenhält.
2. Aus jeweils zwei Esslöffeln Mischung in der Handfläche Bällchen rollen.
3. Die Bällchen flach drücken, um kleine Kekse zu formen, und 1 bis 2 Stunden bei geringer Hitze im Ofen backen.
4. Kurz vor dem Servieren die übrigen Zutaten, außer der Minze, pürieren, und gleichmäßig in vier einzelne Dessertschälchen gießen. Immer zwei Kekse in jedes Schälchen legen. Mit einem Zweig Minze garnieren und servieren. Die übrigen Kekse können in einem luftdicht verschlossenen Behälter im Kühlschrank bis zu einer Woche aufbewahrt werden, oder wahlweise im Dörrgerät zu festen Keksen verarbeitet werden.

Wenn Sie Johannisbrot (Carob) mögen, dann wird dieses Rezept ihren Hunger auf Süßes stillen! Getreidekaffee und Zimt geben diesem Konfekt einen schokoladigen Geschmack, aber ohne Schokolade. Es ist kaum zu glauben, dass etwas derart Köstliches so gut für Sie sein kann!

Schutzengel, bitte hilf mir zu der Erkenntnis, dass sich das Universale Gesetz in meinem Leben ausdrückt.

Carob-Nuss-Konfekt

Ergibt 16 Konfektstücke

200 g Paranüsse, 24 Stunden eingeweicht, gespült, abgetropft und gemahlen
200 g ganze Mandeln, 24 Stunden eingeweicht, gespült, abgetropft und gemahlen
80 g Dattelpaste
50 g Vollrohrzucker
80 g ungeröstetes, ungesüßtes Carobpulver
60 g Getreidekaffee (Kaffeesurrogatextrakt)
1½ TL gemahlener Zimt
1 TL Vanilleextrakt

1. Alle Zutaten in der Küchenmaschine zusammen zu einer glatten Masse pürieren.
2. Die Masse auf ein quadratisches 20 cm-Backblech streichen und etwas fest drücken und für mindestens 2 Stunden kalt stellen.
3. In 5 cm große Quadrate schneiden und kalt oder gefroren servieren. Das Konfekt hält sich bis zu einer Woche.

Datteln wurden als eine der sieben heiligen Früchte der Essener angesehen. Das ist nicht verwunderlich. Sie sind so süß und köstlich! Dieses Rezept hat eine lange Tradition und ähnelt sehr der Art, wie die Essener Datteln zubereitet hätten.

Schutzengel, bitte hilf mir die Allgegenwart des „Einen" Gottes in meinem eigenen Körper zu spüren.

Marokkanische mit Mandeln gefüllte Datteln

Ergibt 36 Stück
3 EL Dattelpaste
einige Tropfen Orangenextrakt oder 1 EL Orangenblütenwasser
150 g Mandeln, zu feinem Pulver gemahlen
36 ganze Datteln, entkernt und auf einer Seite längs eingeschnitten

1. Die Dattelpaste und den Orangenextrakt mischen. Mit dem Mandelpulver vermengen.
2. Jede Dattel mit ½ Teelöffel der Mischung füllen und servieren. Die gefüllten Datteln halten sich im Kühlschrank im luftdicht verschlossenen Behälter eine Woche oder länger.

Wissenswertes: Datteln gibt es in einer Vielzahl von Größen, Farben und Geschmacksrichtungen. Manche sind sehr trocken, während andere feucht und klebrig sind. Zum Füllen schlage ich wegen ihrer Größe und Textur Medjool-Datteln vor. Die Medjool-Dattel stammt ursprünglich aus Marokko und war Königen und anderen Würdenträgern vorbehalten. In den 20er Jahren des letzten Jahrhunderts wurde ihre Existenz durch verschiedene Krankheiten bedroht. Man exportierte junge Pflanzen in die Vereinigten Staaten, um sie u. a. in Bard Valley anzupflanzen. Dort werden heute 70 % der Medjool-Datteln der USA geerntet. Prüfen Sie beim Entkernen das Innere der Dattel, um sicherzugehen, dass es keinen Insektenkot enthält. Falls doch, werfen Sie die Dattel weg. Glücklicherweise verdirbt eine schlechte Dattel nicht die ganze Packung.

Viele Kulturen auf der ganzen Welt benutzen natürlich süßes Wurzelgemüse als Grundlage für Süßigkeiten. Sie werden verstehen, warum, wenn Sie dieses wunderbare, süße Konfekt, welches im Inneren eine süße Überraschung verbirgt, probieren!

Schutzengel, bitte hilf mir,
alle Gefühle loszulassen, die der Liebe entgegenstehen.

Japanischer Süßkartoffel-Konfekt

Ergibt 24 Konfektstücke

340 g Süßkartoffeln, gekocht, geschält und zerstampft
150 g Vollrohrzucker
150 g süßes Reismehl
12 süße Edelkastanien aus der Dose, in Hälften geschnitten (oder verwenden Sie 24 Walnusskernhälften)

1. 2 Liter Wasser zum Kochen bringen.
2. Unterdessen die zerstampften Süßkartoffeln gut mit dem Vollrohrzucker vermischen.
3. Das Reismehl hinzugeben und zu einem glatten Teig verkneten.
4. Den Teig in 24 Kugeln gleicher Größe teilen.
5. Eine Kastanienhälfte in die Mitte jeder Kugel drücken und das Loch schließen.
6. Wenn das Wasser sprudelnd kocht, die Süßkartoffelkugeln 6 Minuten lang pochieren. Herausnehmen und abtropfen lassen.
7. Abkühlen lassen und genießen!

Ich habe süße Adzuki-Bohnen zum ersten Mal in Hawaii probiert und war überrascht, wie gut sie sind. Dieser japanisch inspirierte Leckerbissen ist kinderleicht zuzubereiten und ein großartiger, proteinreicher Snack für die Kleinen, wenn sie aus der Schule heimkommen.

Schutzengel, bitte hilf mir,
im Moment zu sein, in jedem Moment.

Japanische Süße Adzuki-Bohnen

Ergibt 2 Tassen
70 g Adzuki-Bohnen, sorgfältig gewaschen
140 g Vollrohrzucker

1. Die Bohnen über Nacht in 500 ml Wasser einweichen. Abtropfen lassen.
2. Die abgetropften Bohnen mit 1 Liter Wasser in einen Topf geben und zum Kochen bringen. Zudecken und die Hitze abschalten. 1 Stunde ruhen lassen.
3. Vollrohrzucker hinzufügen und zugedeckt 30 Minuten lang köcheln, oder so lange bis die Bohnen weich sind.
4. Den Deckel abnehmen und weitere 15 Minuten garen. Im eigenen Saft abkühlen lassen. Dann die Bohnen abgießen, abtropfen lassen und kühl stellen.

Wissenswertes: Vollrohrzucker ist ein vollwertiger Süßstoff, der wie brauner Zucker schmeckt. Nach dem Entsaften des Zuckerrohrs wird der Saft blitzgetrocknet, um Geschmack, Vitamine und Mineralien zu erhalten. Benutzen Sie Vollrohrzucker zum Süßen von allem, was nach Zucker verlangt. Bedenken Sie jedoch, dass der charakteristische Eigengeschmack feinere Nuancen übertönen kann, und Vollrohrzucker kann ein Gericht mit seiner warmen braunen Tönung einfärben.

Hmm! Viel mehr ist aus einem Sommer nicht herauszuholen! Dieser frische Obst-Pie ist so gesund, warum erklären Sie ihn nicht einfach zur Abendmahlzeit?!

Schutzengel, bitte hilf mir,
ein Leitstern des Lichts für andere zu werden.

Frischer Pfirsich- und Beeren-Pie

Für 8 Personen

Boden:
½ Portion Sweet Nut'ins *(s. Seite 204)*

Füllung:
5–6 reife süße Pfirsiche, gewaschen, entkernt und in Scheiben geschnitten
½ Liter süße Beeren nach Wahl, gewaschen und geputzt

Glasur:
½ TL Agar-Agar-Pulver (oder ½ EL Agar-Agar-Flocken)
80 ml gutes Wasser
3 EL Pfirsich- oder Aprikosen-Fruchtaufstrich

Zum Servieren:
1 Tasse süße Mandel- *oder* Cashew-Creme

1. Zur Zubereitung des *Sweet Nut'ins*-Bodens die Zutaten in der Küchenmaschine mit der „S"-Klinge zermahlen, bis die Mischung zusammenhält.
2. Den Boden gleichmäßig in eine Springform mit einem Durchmesser von 20–22 cm pressen, dabei an den Seiten hochziehen. (Wenn Sie einen festen Boden wünschen, trocknen Sie ihn vor dem Belegen 4 bis 6 Stunden bei 40 Grad.)
3. Die Pfirsichscheiben gleichmäßig und dekorativ auf den Boden schichten, dabei leicht an den Seiten hochlegen. Die Beeren in die Mitte geben und von dort zum Rand hin verteilen, dabei einen 5 cm breiten Rand aus Pfirsichen stehen lassen.
4. Für die Glasur Agar-Agar 15 Minuten lang in einem Topf in 80 ml Wasser einweichen (Agar-Agar in Pulverform braucht nur 5 Minuten Einweichzeit). Nach dem Einweichen in einen kleinen Topf geben, erhitzen und 5 Minuten unter häufigem Umrühren, Köcheln. Leicht abkühlen lassen. Dann den Fruchtaufstrich dazumischen.
5. Die lauwarme Glasur gleichmäßig über den Pie gießen.
6. Damit der Pie ein besonders leckerer Schmaus wird, servieren Sie ihn mit süßer *Mandel-* oder *Cashew-Creme.*

Wenn Sie diese Torte probieren, wird es Ihnen scheinen, als seien Sie im Himmel, und der sei in Hawaii! Der Macadamia-Boden ergänzt sich wunderbar mit den tropischen Früchten.

Schutzengel, bitte hilf mir, mich selbst anzunehmen und anderen zu zeigen, wer ich wirklich bin.

Tropische Fruchttorte

Für 8 Personen

Boden:
½ Portion Macadamia-Bananen-Kokosnuss-Cookies *(s. Seite 205)*

Füllung:
170–225 g getrocknete Ananas, in Stücke gehackt und 2 Stunden in 500 ml frischem Orangensaft eingeweicht
2½ Bananen, geschält und in dünne Scheiben geschnitten
2–3 Papaya, geschält, entkernt und in dünne Scheiben geschnitten

Glasur:
½ TL Agar-Agar-Pulver oder ½ EL Agar-Agar-Flocken
80 ml gutes Wasser
3 EL Ananas-Fruchtaufstrich

1. Zur Zubereitung des Bodens die Zutaten, außer den Bananen, in die Küchenmaschine geben. Mit der „S"-Klinge zermahlen, bis die Mischung anfängt, zusammenzuhalten. ½ Banane zugeben und erneut durchkneten.
2. Den Bodenteig gleichmäßig in eine leicht geölte Springform mit 20–22 cm Durchmesser (oder in eine Pie-Form) drücken, dabei an den Seiten hochziehen. (Wenn Sie einen festen Boden wünschen, trocknen Sie ihn 4 bis 6 Stunden bei 40 Grad.)
3. Die eingeweichte Ananas abtropfen lassen und in die Küchenmaschine geben, mit der „S"-Klinge zermahlen, bis sie beginnt zusammenzuhalten. Gleichmäßig auf den Tortenboden geben und sanft festdrücken, dabei einen ca. 2,5 cm breiten Rand frei lassen.
4. Die Bananen- und Papaya-Scheiben gleichmäßig und dekorativ über die Ananas schichten.
5. Für die Glasur Agar-Agar 15 Minuten lang in einem Topf in 80 ml Wasser einweichen (Agar-Agar in Pulverform braucht nur 5 Minuten Einweichzeit). Nach dem Einweichen in einen kleinen Topf geben, erhitzen und 5 Minuten unter häufigem Umrühren, Köcheln. Leicht abkühlen lassen. Dann den Fruchtaufstrich dazumischen.
6. Die lauwarme Glasur gleichmäßig über die Torte gießen.

Wenn Sie gerne Beifall für Ihre Gourmet-Schöpfungen erhalten, ist diese herrliche Köstlichkeit die erforderliche Vorarbeit wohl wert. Diese Torte ist jenseits jeder Beschreibung!

Schutzengel, bitte hilf mir, die Freude in diesem gegenwärtigen Augenblick zu erkennen.

Birnen-Mandel-Torte

Für 8 Personen
1 Portion Easy All-Nut-Boden *(s. Seite 217)*

Käsefüllung:
½ Tasse fester, ungewürzter Mandel-Käse *(s. Seite 36)*
3 EL Dattelpaste
½ TL Mandelextrakt

Glasur:
½ TL Agar-Agar-Pulver (oder ½ EL Agar-Agar-Flocken)
80 ml gutes Wasser
3 EL Aprikosen-Fruchtaufstrich

3 frische Birnen, geschält, entkernt und in Scheiben geschnitten

1. Zur Zubereitung des Bodens halten Sie sich an das Rezept auf der nächsten Seite.
2. Den Boden gleichmäßig in eine Springform mit einem Durchmesser von 20 – 22 cm (oder in eine Pie-Form) drücken, dabei an den Seiten hochziehen. (Wenn Sie einen festen Boden wünschen, trocknen Sie ihn 4 bis 6 Stunden bei 40 Grad.)
3. Die *Käse-Füllung* auf den Boden streichen und die Birnenscheiben darauf schichten.
4. Für die Glasur Agar-Agar 15 Minuten lang in einem Topf in 80 ml Wasser einweichen (Agar-Agar in Pulverform braucht nur 5 Minuten Einweichzeit). Nach dem Einweichen in einen kleinen Topf geben, erhitzen und 5 Minuten unter häufigem Umrühren köcheln. Leicht abkühlen lassen. Dann den Fruchtaufstrich dazumischen.
5. Die lauwarme Glasur gleichmäßig über die Birnen gießen.
6. Vor dem Servieren mindestens eine Stunde lang kühl stellen.

Wenn Sie sich vor dem Tortenbacken scheuen, weil die Zubereitung des Bodens kompliziert und zeitaufwändig ist und viel Butter oder gehärtete Fette erfordert, dann ist dieses Rezept wie für Sie gemacht! Es ist einfach und köstlich!

Schutzengel, bitte hilf mir, jederzeit auf dem Boden und friedlich zu bleiben.

Easy All-Nut-Boden

Ergibt 1 Pie-Boden
70 g Mandeln
45 g Pekan- oder Walnüsse
Maisöl

1. Den Ofen auf 175 Grad vorheizen (nur für vorgebackenen Boden).
2. Die Nüsse in der Küchenmaschine oder mit der Nussmühle mahlen, bis die Mischung beginnt zusammenzuhalten.
3. Den Boden und Rand einer Springform mit einem Durchmesser von 20 cm mit Öl einstreichen.
4. Den Teig fest und gleichmäßig auf den Boden und an die Seiten der Form drücken. Die Oberfläche des Bodens leicht mit Öl einpinseln.
5. Wenn ein Rezept einen vorgebackenen Tortenboden verlangt, diesen 5 bis 8 Minuten lang backen.

Wissenswertes: Agar-Agar ist ein weiterverarbeitetes Produkt aus Meergemüse, das, in Wasser aufgelöst, ein Gelatine-ähnliches Gel bildet. Da Gelatine durch das Verkochen tierischer Gewebe hergestellt wird, ist Agar-Agar die Wahl des Vegetariers für Aspike und gelierte Gerichte, sowie zum Andicken von Soßen und Dressings. Es ist in drei Arten erhältlich: Stäbchen, die auseinandergebrochen, eingeweicht und geköchelt werden müssen; Flocken, die eingeweicht und geköchelt werden müssen; und Pulver, das nur in heißem Wasser eingeweicht werden muss. Agar-Agar ist fast geschmacksneutral und eignet sich daher gut zur Zubereitung von Desserts.

In meiner Kindheit habe ich mich immer gefragt, warum die Erwachsenen den furchtbaren Thanksgiving-Mincemeat-Pie so gerne mochten. Ich denke, dies ist eine Version, für die jeder dankbar sein kann. Sie ist fantastisch!

Schutzengel, bitte hilf mir,
meine Verbindung mit der „Unendlichen Quelle
von Allem" zu spüren.

Gehackter Obst-Pie

Für 12 Personen
1 vorgebackener Easy All-Nut-Boden *(s. Seite 217) mit einem Durchmesser von 20 cm*

Füllung:
115 g getrocknete Äpfel
115 g getrocknete Birnen
115 g getrocknete Pfirsiche
115 g getrocknete Feigen
360 ml frischer Orangensaft
120 ml Grand Marnier (optional)
2 EL Zitronensaft
½ TL Zimt
½ TL Piment
½ TL Muskatnuss

1. Die Stiele der Feigen und die Kerngehäuse der Birnen entfernen und wegwerfen.
2. Alle Früchte, Säfte und Gewürze zusammen in einen Topf geben, erhitzen und 40 Minuten lang sanft köcheln. Die Früchte abgießen, Flüssigkeit aufbewahren.
3. Den Ofen auf 190 Grad vorheizen.
4. Die Fruchtmischung in der Küchenmaschine zerkleinern und nach Bedarf kleine Mengen der aufbewahrten Flüssigkeit hinzugeben, bis sich eine zähflüssige Füllung ergibt. (Die Mischung sollte gehackt, nicht püriert sein.) Gleichmäßig auf den vorgebackenen Tortenboden streichen.
5. Die Torte im Ofen 30 Minuten fertig backen. Vor dem Aufschneiden abkühlen lassen.

Wenn Sie diesen Pie kosten, wird Ihnen ein Licht aufgehen, warum er auch „Seelennahrung" genannt wird! Sie können sicher sein, dass dieser Pie nicht im Kühlschrank dahinschmachten wird!

Schutzengel, bitte hilf mir, daran zu denken, mit den Lichtenergien zu kommunizieren.

Süßkartoffel-Pie

Für 8 Personen

1 ungebackener Easy All-Nut-Boden *mit 20 cm Durchmesser, unter Verwendung von Mandeln und Pekannüssen (s. Seite 217)*

Füllung:

400 g Yamswurzeln oder Süßkartoffeln, gekocht, geschält und zerquetscht
2 EL ungebleichtes Mehl
1 TL Zimt
70 g Vollrohrzucker

Zum Servieren:

1 Tasse gesüßte Mandel-Creme *(s. Seite 30)*

1. Den Ofen auf 175 Grad vorheizen.
2. Alle Zutaten für die Füllung in den Mixer oder in die Küchenmaschine geben und zu einer glatten und cremigen Masse pürieren.
3. Die Süßkartoffelfüllung auf den ungebackenen Tortenboden geben und 30 Minuten backen.
4. Vor dem Aufschneiden ganz abkühlen lassen.
5. Je nach Wunsch mit gesüßter *Mandel-Creme* servieren.

Dieser Pie findet jedes Mal, wenn ich ihn zubereite, großen Beifall. Pies aus frischem Kürbis sind so lecker und cremig, dass Sie nie wieder Kürbis aus der Dose verwenden werden wollen.

Schutzengel, bitte hilf mir, immer auf meine Intuition zu vertrauen.

Tofu-Kürbis-Pie mit Cashew-Creme-Glasur

Für 8 Personen
1 ungebackener Easy All-Nut-Boden *(s. Seite 217) mit einem Durchmesser von 20 cm*

Füllung:
2 EL Agar-Agar-Flocken (oder 2 TL Agar-Agar-Pulver)
60 ml gutes Wasser
500 g Kürbis oder Butternut-Kürbis, geschält, entkernt, in Stücke geschnitten und gedünstet
225 g fester Seidentofu, abgetropft und trocken getupft
70 g Vollrohrzucker
70 g Dattelpaste oder Ahornsirup
1 EL Maisöl
3 EL Pfeilwurzelstärke
1 TL gemahlener Zimt
½ TL gemahlene Muskatnuss
½ TL gemahlener Ingwer
¼ TL gemahlene Nelke
1 TL Vanilleextrakt
¼ TL Meersalz

Cashew-Creme-Glasur *(siehe gegenüberliegende Seite)*

1. Agar-Agar 15 Minuten lang in einem Topf in 60 ml Wasser einweichen (5 Minuten für Agar-Agar-Pulver). Nach der Einweichzeit erhitzen und 5 Minuten unter häufigem Umrühren köcheln lassen.
2. Den Ofen auf 175 Grad vorheizen.
3. Die restlichen Zutaten für die Füllung in den Mixer geben, das vorbereitete Agar-Agar hinzugeben und gründlich mischen.
4. Die Füllung auf den ungebackenen Pieboden geben und 40 Minuten backen. Den Boden mit Alufolie abdecken, die Hitze auf 120 Grad herunterstellen und weitere 20 Minuten backen. Abkühlen lassen.
5. Wenn der Pie abgekühlt ist, die Glasur zubereiten (s. nächstes Rezept) und gleichmäßig auf den Pie gießen.

Dieser saftige, köstliche, ungebackene Möhrenkuchen hat sogar einen Guss aus „Creme-Käse"! Jeder, dem ich ihn vorsetze, möchte das Rezept haben. Er wird sicher auch zu einem Lieblingsrezept Ihrer Familie!

Schutzengel, bitte hilf mir,
das Licht zu verankern
und in Harmonie mit dem Geist zu sein.

Cashew-Creme-Glasur

1 EL Agar-Agar-Flocken
(oder 1 TL Agar-Agar-Pulver)
60 ml gutes Wasser
90 g Cashewnüsse
80 ml gutes Wasser
½ TL Vanilleextrakt
50 g Dattelpaste

1. Agar-Agar mit 60 ml Wasser in einen Topf geben und 15 Minuten einweichen (5 Minuten für Agar-Agar-Pulver). Nach dem Einweichen erhitzen und 5 Minuten unter häufigem Umrühren köcheln.
2. Die restlichen Zutaten in einen Mixer geben und so lange pürieren, bis eine glatte cremige Masse entsteht. Agar-Agar hinzugeben und erneut mischen.
3. Die Glasur gleichmäßig über den Pie gießen und kühl stellen.

Glatt und köstlich, wird diese Glasur Sie vergessen machen, wie sehr Sie früher Schlagsahne mochten!

Schutzengel, bitte hilf mir, daran zu denken, dass ich eins mit „Dem Einen" bin.

Apfel-Möhren-Kuchen

Für 8 Personen

Kuchen:
30 g gemahlene Trockenäpfel
30 Datteln, entkernt und gehackt
4 mittelgroße Mohrrüben, geschält und geraspelt
4 mittelgroße Äpfel, entkernt und geraspelt
40 g geraspelte ungesüßte Kokosnuss (geteilte Verwendung)
2 TL gemahlener Zimt
¼ TL gemahlene Muskatnuss

Creme-Käse-Guss:
½ Tasse fester Mandel-Käse *oder* Cashew-Creme-Käse *(s. Seite 36, 37)*
3 EL Dattelpaste
½ TL Mandelextrakt

1. Die Zutaten für den Kuchen per Hand vermischen, dabei 2 EL Kokosnussraspeln zurückbehalten, dann die Zutaten in die Küchenmaschine geben und zermahlen.
2. Die Kuchenmischung fest in eine Springform mit 20 cm Durchmesser drücken, oder in eine andere Form vergleichbarer Größe.
3. Die Zutaten für den *Creme-Käse-Guss* zusammen gut mischen. Den Guss gleichmäßig über dem Kuchen verteilen und mit den zurückbehaltenen Kokosnussraspeln bestreuen. Mindestens 2 Stunden kalt stellen.
4. Den Kuchen aus der Springform lösen und servieren. Der Apfel-Möhren-Kuchen hält sich im Kühlschrank bis zu drei Tagen.

Dies hier war als Kind immer mein Lieblingskuchen. Die Butter und Eier meiner Mutter habe ich durch Zutaten ersetzt, die meinem momentanen Geschmack entsprechen. Wenn ich ihn zubereite, kommt das Kind in mir zum Vorschein. Hmmm, lecker!

Schutzengel, bitte hilf mir,
die Illusion der Trennung loszulassen
und meine Einheit mit allen Dingen zu erkennen.

Apfel-Gewürzkuchen

Für 8 Personen
60 g gemahlene Trockenäpfel
4 mittelgroße Äpfel, entkernt und geraspelt
1 Tasse Buchweizengrütze, frisch gekeimt (s. Seite 21)
100 g Dattelpaste oder fein gemahlene Datteln
70 g Mandeln
2 TL gemahlener Zimt
½ TL Piment
¼ TL gemahlene Muskatnuss
¼ TL gemahlener Ingwer
100 g getrocknete Korinthen (oder gehackte Rosinen)
45 g Walnusskerne
1 Tasse dicker Gesüßter Cashew-Käse, *optional (s. Seite 37)*

1. Alle Zutaten, außer Korinthen und Walnüsse, in der Küchenmaschine zermahlen. Korinthen und Walnüsse hinzufügen und mit der „Mix"-Funktion vermischen.
2. Die Kuchenmischung fest in eine Springform mit 20 cm Durchmesser drücken (oder eine andere Form vergleichbarer Größe).
3. Den Apfel-Gewürzkuchen für mindestens 2 Stunden kalt stellen.
4. Den Kuchen aus der Springform lösen und servieren. Nach Wunsch auf jedes Stück 2 Esslöffel *Gesüßter Cashew-Käse* geben. Der Apfel-Gewürzkuchen hält sich im Kühlschrank bis zu drei Tagen.

Dieser hausgemachte Apfelkuchen schmeckt sehr ähnlich wie Französischer Apfelkuchen. Er ist großartig als Leckerbissen nach der Schule, oder in dünne Scheiben geschnitten und mit *Gesüßtem Cashew-Käse* garniert als elegantes Dessert!

Schutzengel, bitte hilf mir, daran zu denken, den Atem Gottes zu atmen.

Ananas-Upside-Down-Kuchen aus Hawaii

Für 8 Personen

Guss:
1 EL Maisöl
70 g Vollrohrzucker
2 EL Dattelpaste
4 Scheiben Ananas aus der Dose, abgetropft, Saft aufbewahren
3 EL Ananassaft (von den Ananas aus der Dose)

Kuchen:
255 g feines Vollkornmehl
¾ TL Natron
½ TL Meersalz
60 ml Maisöl
2 TL veganer Ei-Ersatz
90 g granulierter Fruchtzucker
80 ml pure Sojamilch
½ EL Vanilleextrakt
4 Scheiben Ananas aus der Dose, abgetropft und in Stücke geschnitten
160 ml Ananassaft (von den Ananas aus der Dose)

1. Den Boden einer rechteckigen Glasbackform mit einer Seitenlänge von 20 cm, oder einer anderen Form vergleichbarer Größe, mit 1 EL Öl bestreichen.
2. Den Vollrohrzucker gleichmäßig auf das Öl streuen. Den Reissirup, und dann 3 EL Ananassaft gleichmäßig darüber träufeln. 4 Scheiben Ananas darauf legen, festdrücken und beiseite stellen.
3. Den Ofen auf 190 Grad vorheizen.
4. Feines Mehl, Natron und Salz in eine Schüssel sieben und beiseite stellen.

Normalerweise scheue ich vor Lebensmitteln aus der Dose zurück, aber in diesem Fall benutze ich Ananas aus der Dose, weil sie gebacken wird und garantiert süß ist.

Schutzengel, bitte hilf mir, jederzeit meine Verbundenheit mit „dem Einen“ zu fühlen.

5. Die restlichen Zutaten, außer den Ananasstücken, cremig verrühren.
6. Flüssige und trockene Zutaten vermischen, und die Ananasstücke einrühren.
7. Die Mischung behutsam und gleichmäßig in die Form streichen und 30 Minuten backen.
8. Nach dem Backen den Kuchen 5 Minuten ruhen lassen. Vorsichtig auf eine Platte stürzen und vor dem Aufschneiden eine halbe Stunde abkühlen lassen. Warm oder kalt servieren.

Wissenswertes: Ei-Ersatz enthält oft Eiweiß, sehen Sie sich die Packung deshalb vor dem Einkauf genau an, wenn Sie tierische Produkte meiden wollen. Ei-Ersatz ist wunderbar geeignet zum Andicken, Säuern und Binden beim Backen, und ebenso für gekochte Saucen. Auch aus Sojamehl und Wasser lässt sich ein selbst gemischter Ei-Ersatz herstellen. Pro Ei im Rezept verrührt man 1 EL Sojamehl mit 2 El Wasser.

Bananen und Kokosnuss scheinen geradezu füreinander gemacht zu sein! Dies ist eine himmlische Creme und ein herrlicher Leckerbissen für all die irdischen Engel in Ihrem Haushalt!

Schutzengel, bitte hilf mir zu erkennen, dass ich es verdiene, in meinem Leben Liebe, Freude und Harmonie zu erleben.

Karibische Bananen-Kokosnuss-Creme

Für 6 Personen
5 EL veganer Ei-Ersatz
50 g Vollrohrzucker
½ EL Agar-Agar-Pulver oder 2 TL Fruchtpektin
300 g Kokoscreme (siehe Wissenswertes *unten)*
4 reife Bananen, in Scheiben geschnitten
40 g geraspelte, ungesüßte Kokosnuss (geteilte Verwendung)

1. Die Kokoscreme zum Köcheln bringen und die trockenen Zutaten einrühren. Den Topf vom Herd nehmen und weiterrühren, bis die Creme nur noch lauwarm ist.
2. Drei Viertel der Bananenscheiben und die Hälfte der Kokosraspeln in die Kokoscreme einrühren.
3. Die Creme in eine Servierschüssel gießen und dekorativ mit den restlichen Bananenscheiben garnieren. Die restlichen Kokosraspeln darüber streuen und so lange kalt stellen, bis die Creme fest ist.

Wissenswertes: Der Unterschied zwischen Kokoscreme und Kokosmilch besteht schlicht und ergreifend in der Menge Kokossaft oder Wasser, die der Mischung hinzugefügt wird. Um aus einer jungen (unreifen) Kokosnuss frische Kokoscreme herzustellen, löffeln Sie das weiche Fleisch heraus und geben es mit genug Kokossaft zum Pürieren in den Mixer. Wenn Sie eine reife Kokosnuss verwenden, stechen Sie zwei der „Augen" durch und gießen die milchige Flüssigkeit in ein Glas ab. Öffnen Sie die Schale mit einem Hammer und schneiden Sie das feste Fleisch heraus. Mit etwas Kokossaft im Mixer pürieren, dann die Mischung durch ein Passiertuch oder Mull abseihen, um das faserige Fruchtfleisch zu entfernen.

Ein wahrer Augenschmaus ist dieses Parfait. Schön anzusehen und zugleich eine erlesene Köstlichkeit! Es ist ein edles Dessert, das Sie Ihren kritischsten Gästen vorsetzen können.

Schutzengel, bitte hilf mir, die Liebe der Universellen Lebenskraft durch mich fließen zu spüren.

Französisches Himbeer-Parfait

Für 6 Personen

1 EL Agar-Agar-Flocken (oder 1 TL Agar-Agar-Pulver)
120 ml gutes Wasser
115–140 g weicher Seidentofu, glatt und cremig püriert
90 g Cashewnüsse, 12 Stunden eingeweicht, abgespült und abgetropft
160 ml gutes Wasser
120 g Dattelpaste
1 TL Vanilleextrakt
400 g frische oder tiefgefrorene Himbeeren
8–12 Blätter frische Minze zum Garnieren

1. Agar-Agar mit dem Wasser in einen Topf geben und 10 Minuten einweichen.
2. Dann erhitzen und 15 Minuten köcheln lassen (5 Minuten für Agar-Agar in Pulverform), dabei häufig umrühren, bis sich das Agar-Agar vollständig aufgelöst hat.
3. Die restlichen Zutaten, außer den Himbeeren und der Minze, im Mixer zu einer glatten, cremigen Masse pürieren. Das aufgelöste Agar-Agar dazugeben und erneut mixen.
4. Die Himbeeren unterheben, einige zum Garnieren zurückbehalten.
5. Das Parfait in einzelne Dessertschälchen löffeln und kalt stellen. Vor dem Servieren mit ein paar frischen Himbeeren und Minzeblättern garnieren.

Wir können unseren lateinamerikanischen Nachbarn dafür dankbar sein, dass sie viele schmackhafte Speisen in unsere Kultur eingeführt haben, darunter die Schokolade. Dieser *Schokoladen-Orangen-Pudding* ist ein köstliches Fest zu Ehren Mexikos!

*Schutzengel, bitte hilf mir,
in einer Linie mit meinem wahren Zweck
zu sein.*

Mexikanischer Schokoladen-Orangen-Pudding

Für 8 Personen
2 EL Agar-Agar-Flocken (oder 2 TL Agar-Agar-Pulver)
240 ml gutes Wasser (geteilte Verwendung)
60 ml frisch gepresster Orangensaft oder Orangensaftkonzentrat
70 g Cashewnüsse
300 g Seidentofu, abgetropft und zerbröckelt
3 EL ungesüßter Kakao (oder Carobpulver)
1 EL Getreidekaffee (Kaffeesurrogatextrakt)
einige Tropfen Orangenextrakt
35 g Vollrohrzucker
80 g Dattelpaste
1 EL Vanilleextrakt
2 EL Pfeilwurzelstärke in 2 EL gutem Wasser
5 TL veganer Ei-Ersatz in Pulverform
6 EL gutes Wasser

1. Agar-Agar mit der Hälfte des Wassers in einem Topf 15 Minuten lang einweichen (5 Minuten für Agar-Agar in Pulverform). Nach dem Einweichen erhitzen und 5 Minuten unter häufigem Umrühren köcheln lassen. Den Orangensaft hinzufügen und weitere 10 Minuten lang kochen, oder so lange, bis sich das Agar-Agar vollständig aufgelöst hat.
2. Während das Agar-Agar und der Orangensaft köcheln, die Cashewnüsse mit dem restlichen Wasser in den Mixer geben und gründlich mixen.
3. Den zerbröckelten Tofu, Kakao, Getreidekaffee, Orangen- und Vanilleextrakt, Vollrohrzucker und die Dattelpaste zu der Cashew-Milch in den Mixer geben und pürieren.
4. Die pürierte Mischung in einen schweren Topf schütten, erhitzen und ca. 5 Minuten unter ständigem Rühren köcheln.

Scheuen Sie sich nicht, die Schokolade in diesem Rezept durch Johannisbrot (Carob) zu ersetzen, der Pudding wird trotzdem sündhaft lecker sein!

Schutzengel, bitte unterstütze mich dabei,
Gesundheit, Freude und Überfluss
zu erschaffen.

5. Die Agar-Mischung hinzugeben und weitere 5 Minuten lang köcheln lassen. (Wenn die Mischung bis dahin nicht völlig glatt ist, noch einmal in den Mixer geben und pürieren; dann wieder in den Topf schütten und neu aufkochen.)
6. Die Stärkemehl-Wasser-Mischung dazugeben und 45 Sekunden weiter kochen. Rühren nicht vergessen. Den Topf vom Herd nehmen und 15 Minuten abkühlen lassen.
7. Während die Mischung leicht abkühlt, den Ei-Ersatz mit den 6 EL Wasser aufschlagen, bis sich sanfte Wellen bilden.
8. Den geschlagenen Ei-Ersatz vorsichtig aber gründlich unter den Pudding heben.
9. Den Pudding in einem luftdicht verschlossenen Behälter 2 bis 3 Stunden kalt stellen.
10. Vor dem Servieren den Pudding mit dem Handmixer schaumig aufschlagen.

INFORMATIONEN UND BEZUGSQUELLEN

Literaturempfehlungen:

Cousens, Gabriel: *„Bewußt essen, Bd.3, Vier Schritte zur bewußten Ernährung“*, Nietsch 2001

Cousens, Gabriel: *„Die Kunst der Zubereitung lebendiger Nahrung“*, Nietsch 2003

Cousens, Gabriel: *„Sevenfold Peace: World Peace Through Body Mind Family Community Culture Ecology God“*, Pub Group West 1990

Gerber, Richard: *„Vibrational Medicine: New Choices for Healing Ourselves“*, Bear & Company 1996

Graham, Dr. Douglas: *„Nutrition and Athletic Performance“*, Nelson's Books (oder Bezug über den Autor, foodnsport@aol.com)

Hay, Louise: *„Heile Deinen Körper“*, Lüchow 2003

Jensen, Bernard: *„Der Fruchtsaft-Doktor“*, Goldmann 2002

Kulvinskas, Viktoras: *„Leben und Überleben“*, Hirthammer 2001

Meyerowitz, Steve: *„Wheatgrass Nature's Finest Medicine“*, Sproutman Publications, 1999

Nison, Paul: *„Raw Knowledge: Enhance the Powers of Your Mind, Body and Soul“*, Three Forty Three Pub Co, 2002

Onstad, Dianne: *„Whole Foods Companion: A Guide for Adventurous Cooks, Curious Shoppers, and Lovers of Natural Foods“*, Chelsea Green Publishing Company, 2004

Raymond, Jennifer: *„Peaceful Palate“*, Book Publishing Company (TN) 1996

Rhio: *„Hooked on Raw: Rejuvenate Your Body and Soul With Natures Living Foods“*, Beso Entertainment, 2000

Robbins, John: *„Ernährung für ein neues Jahrtausend“*, Nietsch 2002

Shannon, Nomi; Clement Brian: *„The Raw Gourmet: Simple Recipes for Living Well“*, Alive Books, 1999

Tyler Herbst, Sharon: *„The New Food Lover's Companion“*, Barron's Educational Series, 2001

Wigmore, Ann: *„The Sprouting Book“*, Avery Publishing Group, 1986

Adressen und Bezugsquellen

Auf der Internetseite des Windpferd-Verlages finden Sie unter der Rubrik „Leserservice“ die Adressen verschiedener vegetarischer Organisationen und Bezugsadressen für diverse Zutaten und Gewürze.

www.windpferd.de

REZEPTVERZEICHNIS

Miso

Nüsse & Samen, siehe auch unter Culture

Pasta und Nudeln

Thailändische Gebratene Reisnudelpfanne 196
Vietnam. Gemüse und Tofu auf Nudeln 197

Salate

Saucen, Dips und Aufstriche

Wissenswertes

Kim Waters ist eine vielseitige Künstlerin, die sich auf verschiedene Arten kreativ auszudrücken weiß: mit Gemälden, Skulpturen, Wandgestaltung, Möbelmalerei, Buchillustration, Grafikdesign für Buch- und CD-Cover – und auch in der Musik. 1952 in Chicago geboren, zog sie später mit ihrer Familien nach Washington, wo sie die Schule besuchte.

Kim ist Lead-Sängerin der erfolgreichen New-Age-Band *Rasa*. Inspiriert von den mystischen Lehren und dem reichen kulturellen Erbe Indiens, singt sie seit vielen Jahren Devotional Songs für die Vaishnava-Heiligen. Als Malerin ist Kim Autodidaktin. Sie war jedoch von klein auf von einem künstlerischen Umfeld umgeben, denn ihre Eltern sind die Künstler David and André Waters, und ihre Schwester, die Schauspielerin Kerry Waters, malt ebenfalls. Ihre sehr detailgetreuen Gemälde haben einen kindlichen Sinn für Phantasie und Wunder behalten.

Kims Bilder sind von der Magie der Träume und der Imagination durchdrungen. Die stärksten Einflüsse auf ihre Arbeit entstammen den künstlerischen und spirituellen Traditionen Indiens (besonders Rabindranath Tagores Lyrik und den Lehren von A.C. Bhaktivedanta, Swami Prabhupada), doch sie hat sich auch von der Malerei aus dem Mittelalter und der Renaissance inspirieren lassen, den Präraffaeliten, der keltischen Kunst und sogar von George Harrisons Musik.

Kim hat Kinderbücher geschrieben und/oder illustriert, darunter *The butter thief*, das auf einer alten indischen Sage beruht. Ebenfalls von ihr illustriert sind *Illuminations from the Bhagavad Gita, Enchanted Tales, The Vrindavan Fold-Out Temple* und *Devi, A Stand-up Altar*.

Wer mit Kim wegen ihrer Kunst in Kontakt treten möchte, kann dies über die Webseite www.rasa-music.com tun.

Cherie Soria kam in Santa Barbara, Kalifornien zur Welt. Nachdem sie *Der Stumme Frühling* von Rachel Carson gelesen hatte, wurde sie mit Anfang zwanzig Vegetarierin, und inzwischen ist sie eine international bekannte Ausbilderin, Dozentin und Kolumnistin für vegetarische Küche geworden. Sie ist eine beliebte Rednerin und Moderatorin für Kochstunden auf internationalen Konferenzen für vegetarische und vegane Kochkunst, und die „American Vegan Society" hat Videos wie *„Forget Cooking: Prepare and Enjoy Living Foods!"* und *„Kitchen Gardening: Sprout a New Leaf on Life!"* mit ihr produziert.

1998 gründete Cherie das „Living Light Culinary Arts Institute", die erste Schule für Vegetarische und Rohkost-Kochkunst in Amerika, offen für Privatpersonen, Küchenchefs und Ausbilder (s. nächste Seite). Sie hat die Lehren der verstorbenen Dr. Ann Wigmore übernommen, bei der sie in Puerto Rico studierte, und hat Rezepte entwickelt, die ebenso gut schmecken wie sie gut für die Gesundheit sind.

Im Jahr 2003 tat sich Cherie mit Dan Ladermann zusammen, und gemeinsam organisierten sie das erste jährliche „Raw World International Festival of Raw Food Enthusiasts" auf Costa Rica. Außerdem wirkt sie als Beraterin mit beim jährlich in Portland veranstalteten „International Festival of Raw and Living Foods" sowie beim jährlichen Essener-Treffen in Breitenbush Hot Springs in Detroit, Oregon.

Neben *Mit Engeln speisen* ist Cherie Koautorin des Buches *Eating Pure Life* (und der spanischen Version, *Comiendo Pura Vida*).

Cherie ist zudem zertifizierte Hypnosetherapeutin, Essener-Priesterin, Schwarze-Gürtel-Trägerin in Karate und metaphysische Beraterin. Sie gibt Seminare, die verschiedene Themenbereiche abdecken, darunter *„Bewusstsein des Höheren Selbst"* und *„Treffen mit Ihren Himmlischen Wächtern"*. Sie hat Tausenden von Menschen dabei geholfen, sich der Wirkungen bewusst zu werden, die Nahrung und persönliche Einstellung auf das körperliche, emotionale, mentale und spirituelle Wohlbefinden haben.

Living Light Culinary Arts Institute

Das von Cherie Soria gegründete „Living Light Culinary Arts Institute“ ist international bekannt als die erste Schule weltweit für Vegetarische und Rohkost-Kochkunst. Das Institut bietet praxisorientierte und zertifizierte Kurse für Privatpersonen, Küchenchefs und Ausbilder an. Die Bandbreite der Teilnehmer reicht von Anfängern bis zu leitenden Küchenchefs aus Paris – jeder arbeitet in seinem eigenen Rhythmus. Die Schüler können damit rechnen, unter der Leitung von Cherie und den Living-Light-Mitarbeitern eine neue Ebene an Professionalität und Selbstvertrauen zu erreichen, während sie gleichzeitig ihre Kochtalente ausbauen. Die Teilnehmer lernen alle Aspekte der Kreation von Rohkostgerichten kennen, von Appetitanregern bis hin zu Desserts.

Der Unterricht ist in Segmente aufgeteilt, sodass die Schüler sie leicht ihrem individuellen Zeitplan anpassen können. Das Küchenchef-Training beginnt mit „FUNdamentals of Raw Living Foods“, gefolgt von „Essentials of Raw Culinary Arts“, und fortschreitend zu „Raw Culinary Arts Associate Chef Training“, „RawFusion Spa Cuisine“. Auch Rohkost-Catering und Rezeptentwicklung gehören zum Programm. “Entertaining with Raw Living Foods“, “The Art and Craft of Food Design“, und “Holiday Entertaining with Raw Living Foods“ runden den Lehrplan ab.

Das einzigartige Lehrertraining von Living Light – das Live Culinary Arts Associate Instructor Training – schließt das Küchenchef-Training mit ein. Dieser Kurs bietet den Teilnehmern besonders viel Unterstützung beim Lernen und zeigt, wie man effektiv Kochvorführungen präsentiert, Menüs plant, Kochseminare organisiert und sogar die eigenen Workshops vermarktet. Unter Cheries Anleitung kann jeder ein selbstsicherer Rohkost-Ausbilder werden!

Die Zertifikate des LLCAI genießen in der Vegetarier- und Rohkostszene aufgrund ihrer hohen Qualitätsanforderungen hohes Ansehen. Die Kurse sind so gestaltet, dass sie den Teilnehmern dabei helfen, die angestrebten Ziele zu erreichen und sogar noch zu übertreffen, obgleich jeder mit unterschiedlichem Wissensstand und Talent anfängt.

Für mehr Informationen über Workshops am LLCAI, Kochvideos, Cheries Bücher oder Spezialzubehör für eine Rohkostküche, rufen Sie unter +1-800-816-2319 an, schreiben Sie eine E-mail an info@RawFoodChef.com, oder besuchen Sie unseren Online-Shop unter www.RawFoodChef.com.

Darüber hinaus veranstaltet Living Light jeden Winter auf Costa Rica das 16-tägige „Raw World International Festival of Raw Food Enthusiasts“. Dort schwimmen die Teilnehmer im herrlich warmen Wasser und genießen die wundervollen Strände von Montezuma, auf der unberührten Halbinsel Nicoya. Das Programm umfasst eine sensationelle Adventure-Tour, Gourmet-Rohkost-Küche, dynamische Präsentationen von Größen aus der internationalen Rohkostszene, Musik, Veranstaltungen und tonnenweise Spaß. Besuchen Sie die Webseite www.RawWorld.org, um phänomenale Bilder vom Festival und der Adventure-Tour zu sehen.

Lernen Sie die Zubereitung köstlicher, vegetarischer Rohkost-Gericht von den besten Lehrern!

Silke Bader

Aus unserer Quelle für Dich

Engelsbilder und Engelsworte

Diese himmlischen Kärtchen verzaubern jeden Betrachter – und ein jeder findet seine Botschaft, die vollkommen die Atmosphäre des jeweiligen Augenblicks widerspiegelt.
Die himmlischen Botschaften kommen in Bild und Text gleichermaßen zur Geltung – und das macht den so ganz besonderen Charme dieser Kärtchen aus. Sie erfreuen das Herz, sie berühren unsere Seele und sie lösen bisweilen Entzücken aus: weil sie einfach zum Verlieben sind.
Silke Baders Engel sind uns Menschen gar nicht so unähnlich: Sie sind weise, zuversichtlich, fürsorglich, spontan, voller Herzensliebe, Freude und Hingabe, schenken Geborgenheit, Freundschaft und noch viel mehr …
In der schönen kleinen Box können die Engel immer mit uns sein, und ihr Geschenk an uns lautet: Aus unserer Quelle für dich!
Silke Bader, Jahrgang 1973, lebt in Bayern am Ammersee als freischaffende Künstlerin und ist Herausgeberin des „Ich-Bin-Magazins", das sich „den göttlichen Funken in jedem Menschen" zum Thema gesetzt hat.

Umfang: 44 Karten und 1 kleine Broschüre · Format Karten: 6,6 x 8,8 cm in einer Stülpschachtel

ISBN 3-89385-457-6 · www.windpferd.de

Merlin's Magic

Engel – Symphonie von Liebe und Licht

Zauberhafte Klänge berühren das innere Licht in uns und laden die Engel in unser Leben ein. Das ist Musik für all jene, die spüren, dass durch die Liebe der Engel das Leben leichter und glücklicher wird. Das Licht in uns wird immer leuchtender werden.
„Diese Musik ist wie der goldene Sonnenstrahl, der durch die Wolken bricht und uns verzaubert, wie die Berührung eines Engels."
– Petra Schneider – Autorin von „Engel begleiten uns"

Spielzeit: ca. 60 Minuten · ISBN 3-89385-977-2
Eine Hörprobe findet sich unter: www.windpferd.de

Merlin's Magic

Engel
Die himmlischen Helfer

Diese Musik öffent die inneren Tore zu den himmlischen Helfern

Sie lädt die Engel ein, zurückzukommen, uns mit ihrer unvorstellbar großen Liebe und Freude zu umgeben, zu führen und in allem beizustehen. Je stärker wir uns den Schwingungen der Engel öffnen, desto mehr werden sie uns helfen, unsere eigene göttliche Wahrheit zu erfahren. Musikalisch ist diese CD einfach himmlisch. Von sanften Tönen getragen, lässt sie uns in lichtvolle Sphären entschweben und erfüllt uns zugleich mit dem sicheren Gefühl, ganz im Schutz der Engel zu stehen.

Spielzeit: ca. 60 Minuten · ISBN 3-89385-881-4
Eine Hörprobe findet sich unter: www.windpferd.de